中国古代社会百态

古代文苑

戴扬本/著

東方出版中心

内容提要

本书系“中国古代社会百态”丛书之一。

文苑乃文人所聚之地，亦即通常所称的文坛或文人圈，是集中反映中国古代文人各种状况与情态的特殊社会空间。本书共分十大类，比较全面地考察了古代文人在功名、情爱、社交、山水、才艺、信仰、性情、操行、生死等方面的主要表现。其中，无论是文质彬彬的雅士风流、寄情山水与酒的潇洒狂放，还是文人相轻的闹剧、斯文扫地的丑态，皆会给读者留下深刻印象。全书资料丰富，内容翔实，形象而又多角度地展现了一幅古代文人社会的全景图像。

目 录

前言

“文苑”一词，在我国有着十分悠远的历史。大约在两千年前，古人已经把文人学士集聚之地称为文苑，用今天的话来说，便是文坛或文化界的意思。因此，文苑百态，也就是对文人生活各个侧面的描写。

从范晔的《后汉书》开始，在人物的传记部分里，正式开辟了《文苑传》，用来记载“文词秀美，以才气清逸著称”者的言行和逸事，因而，也就有了“鸿笔之彦，著之文苑”的说法。此后，这类文苑传的体例便为许多史书继承，将各个时代有一定影响的文人的各种传说和故事保留了下来。同时，在文人的笔记小说里，也可以看到许多关于文人行止、遭际、情感和为学的记载。

《文苑传》出现在《后汉书》，并不是一件偶然的事情。从我国古代文学发展的历史来看，文学开始被看作一种独立的学问，正是在范晔生活的魏晋南北朝时期。

当然，这并不等于说，我国古代文学是从魏晋时代开始的，因为早在三千多年前，我们的祖先，就唱出了嘹亮的歌声，《诗经》就是一部经过孔子删订整理的诗歌作品集。纵观先秦以及两汉时代，并不缺少精彩动人的文学作品，记事文学有《左传》、《战国策》，论辩说理如《老子》、《孙子兵法》及其他诸子之书，而《孟子》、《庄子》的文字，既继承了论说文的雄辩，又开汪洋恣肆、气势磅礴、具有丰富想象力之散文的先河，更不用说像西汉时代的司马迁和他那伟大不朽的著作《史记》了。而且，那个时代的学者们对文学也有过许多精辟的议论。先秦和两汉，完全称得上是我国古代文学灿烂辉煌的时期。不过，话又说回来了，从那个时代人们对文学的观点来看，却基本上认为文学是服从政教的。儒家的经典里一再强调着类似的观点，汉代的经生们更是把文学看作经学的附庸。所以，在这之前的史书，比如司马迁的《史记》和班固的《汉书》里，便只有《儒林传》，而没有《文苑传》。

从汉末开始，原先定于一尊的儒家思想显露出了衰微的迹象，人们的思想逐渐趋于多元化，对文学的看法也逐渐有所改变。随着文章被认为具有“经国大业、不朽盛事”的意义，文学终于被提高到与政教和德行相等的高度。文章既然不再是什么末事，文人的地位也由此得到了肯定。这意味着，随着社会和文学自身的发展，就一个社会阶层而言，中国历史上的文人终于得以形成，文学事业也开始了一个新的发展时期。了解了这一点后，我们就不难理解，何以在西汉前期，像司马迁这样以史学和文学相并见长的大家，他的才能和成就虽然得到社会的承认，其地位依旧不过在医巫星历之列；一代辞赋名家如司马相如、扬雄，为文宏丽典雅，也只是以文学侍从的身分，以博取帝王的愉悦来从事文学创作活动。到了魏晋时期，这种情况终于完全改变了。

文人一旦形成一个社会阶层，便以引人注目的充沛活力，在社会上发挥其日益增大的影响和作用。尤其是从隋唐开始，通过科举考试，文人有了更多的可能跻身政治舞台，来施展自己的政治理想。当然，我们在这里关注的，只是他们以文学艺术作品的形式在历史上留下的痕迹。文人所处的社会阶层的特殊性，使他们的人生充满了许多偶然的机遇，或许能青云直上，得以直接伴龙颜而邀得恩宠，或许只能是伴着青灯黄卷，终老于山野乡村。不过，在精神文化产品的制作和散播上，文人所具有的独特地位和作用，是任何其他社会阶层不可替代的。对后人来说，他们的气质、风貌，往往很大程度上影响到人们对一个时代的理解和认识。他们留给后人的作品，记录着他们对时代的深刻感受，对我们今天理解古代历史和文化，极富启迪作用。而了解那些发生在他们身边的种种故事，又能使我们在欣赏他们的作品时，加深自己的理解和感受。

说到文人，我们便容易联想到今天的知识分子。二者在许多方面确实有着相似的地方，比如，所从事的劳动的形式，对社会责任感的自觉认同，以及对功名表现出来的强烈欲望等。但是，从现代社会的分工情况来看，知识分子的涵义显然要比文人一词宽泛得多。有鉴于此，我们不妨对本书记述的“文苑”的范围先作一个大致的界定。首先，在时间上，我们主要是以文人阶层在社会上的形成，也就是大致从魏晋开始，下限到清代中叶，我们通常称作进入近代社会之前的这段历史时期为主。汉代以及汉以前的部分文人，他们的思想以及行为方式，对后来文人的价值观念产生了深刻影响的，也有一部分包括在这里面。其次，在文人身分的界定上，我们是以“四民”之中，相对农、工、商等社会分工的“士”阶层而言。在古代社会，“士”的内涵，实在是极其丰富，况且他们一旦得到某种机遇，比如取得了功名，成为社会大舞台上的一个角色，他的精神世界，与一个单纯的文人相比，就会发生某种变化。在绝大部分的文人看来，“入仕”无疑是他们自认为施展理想的最积极的方式了，许多文人一生的经历，其实就是一幅“进退出处”和“诗酒人生”交织在一起的历史。如诗圣杜甫曾长时期担任地方官吏，被后人誉为“唐宋八大家”的欧阳修、王安石，都曾官至宰相的高位。而被看作“建安文学”代表人物之一的曹操，更是一个著名的政治家，三国鼎立时期魏国的实际奠基人。不过，儒家理想的政治抱负，强烈的功名欲望和进取心，也并不一定妨碍他们对艺文的爱好和追求，日常生活中，通常会依旧充满着文人的各种情趣。我们的目光，正是着眼于他们作为文人的形象，也就是说，将他置于文苑之中的一员来看待，这正是根据本书“文苑”的特定范围决定的。至于名为“百态”，不过是力图为读者展示文人形象诸多视角的一种约略说法而已。因为我们希望这样的一个小册子，能够使得读者在欣赏古代文学作品之余，对作者的生活背景或日常生活的情趣多一点了解，并透过这种方式，对我们源远流长的文化增加一点兴趣。如果能起到这么一个小小作用的话，对笔者来说，可谓“于愿足矣”。

戴扬本

草于丽娃河畔

古代文苑

一　文人与功名

两千多年前的儒家经典《左传》上，有一句被后世的中国文人奉为金科玉律的箴言："太上有立德，其次有立功，其次有立言，虽久不废，此之谓不朽。"在古代中国，没有哪一个社会阶层的人们，比文人更热衷于政治，或者说，希望通过政治的途径，来实现自己立功名、建事业的理想了。到了封建社会的后世，人们更是"遍读圣贤书，售与帝王家"，读书，似乎就是学一套治理天下的本事，替君主管理国家，实行儒家"治国平天下"的理想。这是多数文人价值观念的真正实现。著书立说，即所谓"立言"，在一些文人看来，似乎还是属于第二位的事情。据此，古代的文人又分出了"君子之儒"和"小人之儒"的说法，前者格外注重儒家学说的经世致用的一面，后者则以专攻翰墨，皓首穷经，耕耘于笔砚之间，以自己心血凝聚的文字，在历史上留下了痕迹。其实，所谓"君子之儒"只是一个特定的说法，按照我们今天的看法，这些跻身统治阶层，为自己的政治理想而努力的儒生，他的人生重心已经移到了政治舞台，不再是文苑，严格地说，也就不再是我们在此叙述的范围。然而追求功名又是文人几乎无一例外的价值准则，于是，便出现了文人在企求功名之荣和遭受功名之累的夹缝里生存的种种表现。

1 投笔从戎建功业

东汉的光武帝在奠定了帝业之后，按照传统的做法，任命了当时的一个大学问家班彪，开始系统地整理西汉的历史。班彪有两个儿子，一个叫班固，一个叫班超，还有一个女儿叫班昭（即曹大家）。他们从小生活在这样一个充满书香的环境里，耳濡目染，都跟父亲在文学和史学方面打下了深厚的学问基础。

班固从小就喜欢读书，当时流行的所谓九流百家之言，他都透彻地下过工夫进行研究，所以，学问涉猎的范围很广。同时，他又是一个性情十分宽和的人，从来不以自己的才高而傲视他人，在当时的儒生中人缘很好。他的弟弟班超和他有点不同，性格大大咧咧的，但能够吃苦耐劳，并擅长辞令，读书求知涉猎的范围也很广。后来，班彪去世了，他们都回到了乡下的故居，班固根据父亲遗留下来的书稿，潜精研思，打算完成父亲未竟的事业。不料，他的工作，竟被人诬告为"私改国史"，这在"史官文化"的社会里，可是个了不得的罪名，遂立即被逮捕入狱，情况十分危急。班超恐怕兄长遭遇不测，连夜赶到京城，直接向皇帝求见，凭着他那雄辩的口才，使皇帝理解了班固著述《汉书》的成就和意义。班固不但被无罪释放，还被任命为兰台令史，成了皇帝敕命的史官。

此后，班超侍奉母亲，也一同来到了洛阳。家里经济情况不好，班超只得经常为官府抄写文书，充当一名书手，以此来供养母亲的生活。可是，班超不是一个安于现状的人，他在抄书的时候，常常不由地停下笔来，感叹自己的志向不得实现，并说道：

"大丈夫没什么远大的志向，至少也应该像傅介子、张骞那样，用开拓国家疆域这样的功勋，来建功封侯，这才不枉为人生一世，怎么能够一直埋头在笔砚里呢?"同伴们听了都讥笑他，认为这是不着边际的想法。

后来，班超果然如愿以偿，投笔从戎了。他受命出使西域，与派往西进的军队一起，分几路打败了北匈奴统治者，驱散了他们在西域车师前后王国一带的势力，打开了深入西域的大门。他亲自率领一支军队，大战于巴里坤湖一带，建立了战功。到了鄯善后，他从鄯善王态度的前后反复，觉察到有匈奴使者来此进行秘密活动。通过秘密调查，他掌握了鄯善王遭到威胁的情况后，当机立断，以"不入虎穴，焉得虎子"的英勇气概鼓舞同伴，乘夜格杀了匈奴使者，确保了鄯善国与汉朝之间关系的稳定发展。此后，他作为汉朝的外交使者，到了于阗，又进抵疏勒，经过他的努力，西域大部分地区与汉朝断绝了六十多年的关系，基本上得到恢复了。为了保持和巩固汉朝与西域各国的关系，班超在西域地区逗留了二十多年，直到70岁的那年，才回到了洛阳。一介文人，从戎边到承担外交使命，沟通了中西经济文化交流方面的多种联系，他建立的功业，在历史上，恐怕很难有人能和他相比了。

像班超这样追求边塞军功的理想，历史上唯有在汉代和唐代的文人思想上表现得格外充分。说来原因也十分简单，因为这两个朝代，是我国历史上经济和军事力量最强盛的时期。继汉代之后，大唐帝国从初唐的玄宗时代，东征西讨，大破突厥，屡败吐蕃，又招安了回纥，历来在边境上构成多年威胁的问题，基本上得到解决了。随着西域各国的纷纷内附，唐王朝又在边地设置了六个都护府。生活在这个时代的文人，自然意气风发，对于到边塞建立功勋，驰骋疆场，个个充满了热切的期望。对这些文人来说，建立像班超的功业，当然没有可能了，他们纷纷选择到边塞节度使的幕府中充当僚属，就连“诗中有画，画中有诗”的诗人、画家兼音乐家的王维，竟然也曾一度出使凉州，并担任了一个时期的判官。可以想见，唐前期文人中间的这股“从军热”，对大家具有多么强大的吸引力。

文人在这场持续了上百年的“边塞热”中，给后人留下的是文学宝库中独具一格的“边塞文学作品”。我们今天在捧读这些洋溢着男儿豪情的边塞诗时，依然能够感到那扑面而来、夹杂着雪粒的漠北风雪，更能体会到将士们冰冷坚硬的铠甲后面，那颗滚热的爱国之心。“轮台九月风夜吼，一川碎石大如斗”，“将军金甲夜不脱，半夜行军戈相拨”，“纷纷暮雪下辕门，风掣红旗冻不翻”。渴望建功立业是这些充满豪情的文人的主要愿望，同时，这种坚强的民族精神，却并不是单纯为开边建立武功的侵略杀伐之气，目的仍是对和平安宁生活的向往，并且带有十分动人的理想色彩，比如诗人常建的名诗：“玉帛朝回望帝乡，乌孙归去不称王。天涯尽处无征战，兵气消为日月光”，便为我们描绘了一幅多么美好安宁的欢乐人生景象啊。

2 毁琴长安求知音

秦汉以降，经历了汉魏时期强调婚姻门阀关系的“尚婚娅”，东晋南朝的以人品风格相标榜的“尚人物”，以及在北方地区的少数民族重视血缘关系的“尚贵戚”等各种形式的政治组合形式，到了以关陇贵族集团为主建立的李唐王朝，在取得全国政权之后，终于打破了历代沿袭下来的旧传统和旧习俗，开创了以重视官阶爵禄为标准的新风尚。再加上新出现不久的科举制度,为充满着热情和理想的文人们打开了一扇似乎可能实现自己政治抱负的大门,于是,整个社会的文人热情都激奋起来。尤其是代表着新生力量的庶族地主阶层,他们的社会地位不高,更熟悉社会的情况和人民的生活,当他们开始在历史的舞台上亮相的时候,那生气勃勃的精神面貌,使整个社会都显露出一种革新政治的气象。这便是封建社会蒸蒸日上,处于鼎盛时期的特点。这个时代文人的典型风貌便是怀抱经纶大志,求得社会的承认,以实现自己拯物济世的热望。

陈子昂破琴求知己的故事,很典型地反映初唐时期文人的这种精神风貌。陈子昂出身在一个富裕的家庭,直到 18 岁的时候,尚未肯努力读书,只喜欢模仿古代的豪侠之士,做一些豪放不羁的事情。后入乡校,奋发图强,很快便显露出他的过人才华和非凡的气势。多次上书,或盛言东都胜垲,可营大行皇帝的寝陵,或应皇帝"调元气当以何道"之发问,侃侃而谈君主当何以修己治国的大道理。据说,他的慷慨激昂的陈词,曾引起颇有治理大唐江山雄心的女皇帝武则天的欣赏, 提拔他做了麟台正字,这是一个在中央政府保存和整理图书的机构里的工作。

陈子昂在京都长安住了差不多十年的时间。在这期间,他对当时的政治形势发表了很多的议论, 其奏疏颇有汉代贾谊和晁错的风格。可是,在文人中间,由于大多数人尚未有机会读到他的文章,人们并不知道有这么一位志向高远的才子,以致他在登古幽州台的时候, 想起了战国时燕昭王礼贤天下有才能的名人的故事,不禁发出了"念天地之悠悠,独怆然而涕下"的感慨。

有一天,陈子昂在长安的街市上转悠,忽然,他在东市的一个商人那儿看到一把制作得十分精致的胡琴, 标价为一百万钱。高昂的价格,吸引了许多人驻足观看,人们纷纷议论着,认为这把琴的定价高得有点离谱。究竟它的音色如何呢?是否真的值这么昂贵的价格呢?围观的人七嘴八舌地说着。后来,消息一传十,十传百,渐渐地全城的人都知道东市有这么一把贵重无比的胡琴,吸引了许多好奇的人们前去观看,包括一些身分高贵的豪门大族的名人,都坐着华丽的车子,特意赶到东市来,就是为了看看这件名贵的乐器。

这件事情使陈子昂陷入了沉思。他觉得一件事物的内在价值能否为人所认识,很重要的一个原因还在于大家对它的注意程度。联想到自己远离家乡,在京都居住了十年,可是,还远远没有达到自己期望的知名度,他对自己的才学有着充分的自信,人们不理解自己,不正是说明自己缺少让社会注意的机会吗?想到这里,他心里豁然开朗了。

第二天,陈子昂又来到了长安的东市,只见那个出售胡琴的商肆前,依旧是人头攒动,气氛似乎比前几天还要热烈。只见陈子昂从人群中挤了出来,从商人手里接过了胡琴,端详了一番,便用肯定的口气说:“这琴我买下了。”说着,就吩咐随行的仆人立即用车装十千缗钱来。人群中顿时响起了一阵惊叹声,大家纷纷向陈子昂请教这把琴的奇妙之处,好奇的人们甚至想请陈子昂当场用这件昂贵的乐器演奏一下,以便亲耳聆听这想必是美妙非凡的音乐。陈子昂微微一笑,只说自己是演奏这种胡琴的专家,明天将在家里准备酒肴,恭候诸位的光临,届时,他将乘兴为大家表演。他告诉了大家自己的住址,还拜请诸位代为邀请社会各界名流一道光临。这条消息很快就传遍了长安城。

次日,陈子昂在宣阳里的住宅门前果然热闹非凡,前来做客赴宴的人大多是社会名流,他们不但是来见识一下这把名贵的乐器，也是来看看这位不知名的演奏大师的风采。宴会的场面当然异常的欢快和热闹，正值客人们酒酣耳热之际，陈子昂在众人目光的注视下捧出了那把价值百万钱的胡琴。只见他慷慨激昂地对来宾说道：“我陈子昂来到京都已有数年，文章百轴，可惜没有机会拜识诸公，奔走无门，至今不为人知。演奏这种乐器的事，只是低贱的乐工所为，我难道会把自己的精力放在这种事情上吗?! ”说完，他举起胡琴，当着众人的面，摔破在地上。在客人们一片惊呼和叹息声中，他让人抬出了两张桌子，上面放满了他历年积累下来的文稿，遍赠与会的来宾。宴会散了，客人们都走了，陈子昂的名声，也在一日之内，传遍了京都长安。

人们读了陈子昂的文章，感到他博学多闻，文章的风格直追汉人司马相如、扬雄的气势，一扫南朝以来文坛上弥漫的柔弱绮丽的风气，公认他在改变唐朝初期文风上有不可忽视的重要作用，甚至有人把他称为“海内文宗”。

3 傲睨群小严君平

庄子曾经有过一个十分有趣的比喻。他将一生一死两只乌龟作了比较，认为做一只在泥涂中拖着尾巴慢慢爬行的活乌龟，有着自己的自由和快乐，其生活的乐趣和价值，远远胜过那被高高供奉在庙堂之上的死乌龟。他把前者比喻为隐居而安于贫贱的逍遥自由生活，后者则是受着爵禄，同时也受着刑罚制约的官宦生涯。庄子这种追求逍遥和自由的人生理想，对古代的文人产生了极其深远的影响。

东汉时期,有一个非常著名的隐士严遵,字君平,住在成都,因为他给人测字算卦的名声很响,就在街市上给人们算命,每天得了一百钱,然后就收摊回家。卜卦之余的时间,他都用来著书立说。一百个钱,在旁人看来,只能是维持一般的生活而已,可是严遵却感觉自己活得非常舒坦。有一天,与他相熟的一位叫罗冲的朋友前来看他,见严遵几乎是家徒四壁的贫寒状况,忍不住问他:"凭您先生这么好的才学,为什么不出去做官呢?"严遵回答说:"我缺少做官的一些基本条件啊。"罗冲心想,基本条件无非就是平时生活上的衣食之需,以及出门奔走游说用的交通用具吧。罗冲经济上很富裕,出于对严遵的敬重,便为他准备好了车马衣物,以便他能够到豪门权贵之家去为自己进行游说。

不料,当严遵看到罗冲为自己准备的这一切之后,大为惊奇地说道:"这些东西在我看来都是累赘之物,并不是我有这个需要而感到不足的东西啊。再说,我的收入都用不完,而你是一个贫乏不足的人,怎么能让贫乏的人来接济条件好的人呢? 真是太说不过去了。"

罗冲以为严遵是在说笑话, 然又见他表情严肃的样子,便不解地问道:"您先生一天的收入不过一百个小钱,而我少说也有万贯家财吧,怎么您说自己有余,我倒反而成了不足,这种说法岂不让人觉得荒唐吗?"

严遵侃侃而谈地说道:"不然,不然。我曾经在府上打扰过,看到你家里到了半夜还有人在劳作不休,看来,白天干了一天活,还不足以维持生活之需,日夜辛劳,真是太苦了。而我呢,为人卜卦的时候,连床都不用下,维持生活所需的钱就来了。不但能活下来,钱还有余呢。不信你瞧,剩在那儿的一堆钱少说也有几百个吧,上面都已经积了厚厚的一层灰尘了。这难道还不是我有余，而你却不足吗？”

罗冲听了严遵的一席话，感到十分羞愧，再也说不出什么话来了。

严遵感慨地说道：“增加财富，只会损害我的精神；名声传播到四处，就是在毁坏我的身体。这两个念头从来没有在我的脑子里出现过，做官对我还有什么意思呢？”

当然，在几千年的中国历史上，文人中持有类似想法的人也不是很多。从总体上来说，文人的传统大体上是，得志的时候信奉孔孟，失意的时候则崇尚老庄。但是也总有那么一些人，处在理想和现实之间，他们并不是完全隐名埋姓，遁入深山林间，而是不脱离现实的生活，却又不拘流俗之见，对社会和人生有着自己的独到见解，似乎是处在理想和现实之间的边际人，所谓的“大隐隐于朝市”。正是因为这个缘故，世俗的功名，就像严遵说的那样，对自己有什么意义呢。

清代晚期的龚孝拱，虽然生活在严遵之后一千多年，在精神风貌上，两人却有着十分相似的地方。曾国藩在做两江总督的时候，听人说起过龚孝拱的才能，不禁产生了把他笼络到自己幕僚中来的想法。有一次，曾国藩入京觐见的时候，途经上海，听说龚孝拱正在上海，便设盛宴邀请龚，席间，大家谈话的气氛十分欢洽，彼此酒意已酣之时，曾国藩话语中以试探的口气，措辞十分小心，只是微微露出自己欲纳龚入幕的意思。不料，话刚出口，只听得龚孝拱一阵大笑。他对曾国藩说道：“以我的身分，到了你那儿，大约至多挂个监司的名也就到头了。你想想看，我岂能居于你的地位之下呢?算了算了，这件事就不去谈它了。今天晚上，我们就只谈风月，别的就什么都不去管它了。”

听了龚孝拱的一席醉后真言，曾国藩知道他虽然是一介布衣，却根本不在乎自己为他设计的前程。非但如此，他似乎连自己的学问还看不上眼呢。想到这里，曾心里暗暗叫苦，也为自己刚才冒失鲁莽的话语而后悔不已。

不过，在中国历史上，对大多数文人来说，他们依然把功名看作人生追求的主要目标，甚至常常是唯一的目标。就像五代时期的文人刘崇远在一本叫做《金华子》的笔记上所记载的那样，当时曾有一个名叫许棠的人这么对人描绘过他的个人感受：过去常常感到岁月逼人，只觉得人在一天一天地变老，所谓行卷时，把自己的诗文送到一家家的达官贵人家里，走出那些华宅朱门的时候，只感到浑身乏力，步履沉重，连马都跨不上去。令人感到欣喜的是，自从进士及第以后，筋骨感到爽快无比，翻身上马的时候，一拉缰绳，就跃上去了，简直比年轻的时候还要轻松灵活，我这才知道，功名这玩意儿还可以起治疗身心疾病的作用，毫不夸张地说，功名对孤寒人士真是一帖九转大还丹啊！

4 一着羊裘便有情

浙江省的富春江畔，至今还保留着一处相传是当年严子陵垂钓的古迹。这处名胜是否可靠，姑且不论，但是，关于严光在东汉光武帝取得天下之后，即变名姓且隐而不显的举止，却是历代文人最喜欢讨论的话题之一，原因就在于如何来看待功名的态度，始终是中国古代的文人见解歧义最多的一个话题。

严光字子陵，会稽余姚人，年轻的时候，无论是读书的学问，还是品行节操方面，都享有很高的声誉。他和后来奠定了后汉政权，被追谥为汉光武帝的刘秀曾经是同学，当刘秀得了天下，当上皇帝以后，严光即隐名埋姓，再也不在社会上露面了。后来，刘秀派人到处找他，有人上报说，在某一处水边，有一个披着羊皮，在那儿钓鱼的男子。刘秀听到这个报告，怀疑此人就是严光，派人去接了三次，还特意用了装饰华贵的车辆，才把这位老同学接到首都洛阳来。

严光有一个老朋友叫侯霸，此时已经当上司徒的高官了。侯霸听说严光来到了洛阳，便先派了一个人来探视严光，并表示了自己想请他过去叙叙旧的盛意。没想到严光先问来人："侯霸过去有点傻乎乎的，如今做到三公的高位了，还是和原来一样不开窍吗？"来人说："侯司徒的地位具有鼎足之势，怎么能说他傻呢？"说着，便转达了侯霸表示自己因事务缠身，未能及时前来拜访，以及想与老朋友见面，想请他在晚上过去聊聊的意思。没想到严光立刻说道："你看你看，还说他不傻呢，他这不是说的傻话吗？你瞧，皇上召我来，都请了三次，我才来呢。再说，人主尚未见呢，我岂有先见人臣的道理？"来人一看这样，只好请严光写一封信札，让自己带回去，也可以向侯霸有个交代。严光不肯动手，而是自己口授，让来人动笔。信中话说得非常有趣，大意是，你做了大官了，怀仁辅义，天下老百姓都会感到高兴，但是阿谀奉承皇上的本领也要掌握到家云云。因为信的内容只有寥寥数行，来人觉得回去不好交代，便央求严光再多说几句。严光听了，脸一沉，不高兴地说："怎么这也要讨价还价，你是在菜市上买菜么？"

侯霸见了这封信，不敢不呈给皇帝看，刘秀阅后大笑道："这家伙还是老脾气啊！"立即吩咐备车，到严光的住所去看他。严光正在睡觉，并没有从里面迎出来，刘秀便直接闯进了他的卧室，见严光还躺在床上，就摸着他的肚子说："子陵啊，难道就不肯出来协助我治理国家吗？"严光似乎还没有完全醒来，过了好一会，才慢慢睁开眼睛，朝着刘秀看了一会，说："士各有志，何必来勉强我呢？"刘秀只得叹了口气，离开了。

后来，刘秀又请严光到皇宫里去，两人就像过去一样，连续几天聊着天，回忆起过去一起的生活和共同的朋友。刘秀问他，自己和过去相比，有什么变化或不同，严光说："陛下比过去要强一些了。"晚上，两人还睡在一张床上继续聊天。可是，刘秀打算封严光做官，他仍然不肯接受，坚持要回到富春江，过他的隐居生活。后来再召他出山，还是没有出来，到八十高龄的时候，在家中去世了。

像严光这样一而再、再而三地拒绝出山的人，在中国历史上确实是不多见的。许多文人在自己不得意的抒怀诗篇里，常常用严光的志向来表示对不遭时用的"不屑"，其实，大多数的文人只是在做不到官的时候，才表示自己是不想做官。所以，也有这样一种看法，认为严光的举止依旧是等待出世的机遇而已，因为如果真心隐居的话，至少可以不必披着羊皮袄钓鱼，如果严光像渔民一样，披的也是蓑衣，那刘秀派去的人不就发现不了他了吗？"一着羊裘便有情"，作者讥讽的就是严光的"矫情"。

我们没有理由认为含有讥讽意味的"矫情"之说的作者，完全是出于一种刻薄的用心。事实上，在东汉的许多名士的隐居动机中，确实也流行着这样一种风气，即通过各种途径，在朝野宣扬自己的学问和人品，这样一来，自己虽然只是隐士的身分，却照样能博得大名。而且，待价而沽，越是不肯出山，名望就越高。这种风气，我们在李固与黄琼的信中就可以看到，黄琼在皇帝的征召下，屡征不出，李固便劝他见好就收，因为出来得越晚，社会的期望值也越高，不要搞得"盛名之下，其实难副"，到时候，反而尴尬了。可见，历史上的文人，求得功名的方法和途径，竟然是多种多样的。

当然，文人还有一种暂隐而待机的选择，这与上述的情况就不一样了。从秦汉时代一直到明清，可以说历代都有这样一些文人，也可以说是孔子所说的“邦有道则显，无道则隐”的儒家思想理论的实践，我们熟悉的诸葛亮就是一个非常典型的例子。当他看到社会混乱的现实，无法施展自己的政治理想的时候，就隐居在乡下，读书作诗，弹琴自娱。而当刘备三顾茅庐，恳切地希望他出山的时候，与其说是刘备的诚意打动了他，不如说是当时的形势，使他感觉到有了实施自己抱负的可能。假如真是与世隔绝的隐士，见了刘备，怎么会有那么一套现成而又识见精辟的《隆中对》，将天下的大势分析得如此精辟而又透彻呢?!

5 得失皆因言语祸

西汉中期，汉武帝实行了“罢黜百家，独尊儒术”的文化政策，使得大批以研究《诗经》、《尚书》、《春秋》等儒家经典的儒生们得逢盛世，有了大显身手的机会。在这些著名的儒生中，董仲舒是最负盛名的一个代表人物，传说他在年轻的时候，即对儒家经典有着浓厚的兴趣，在广川的家中，虽然有着一片苑囿，可是，他刻苦研读经典，竟然在整整三年时间里不曾看一眼苑中的景色。

董仲舒哲学思想的一个主要命题便是“天人合一”的思想。他认为，自然界和我们人类社会有着密切的联系，不但我们人体的结构和功能与自然界的许多地方暗中应合，就连人类的行为是否符合自然的意旨，即所谓的天意，也能够在自然现象的变化中显示出来，这便是他的“天人感应之说”。汉武帝时，董仲舒以贤良文学之士的身分被推荐到京城长安，以备皇帝的咨询，后来，又被派到江都易王刘非的封国里为相。在江都，他经常根据《春秋》上记载的灾异现象和人事活动的对应关系，推算阴阳五行的规律，并进行祈雨止涝的祭祀，据说效果十分灵验。于是，他的名声越来越大，回到长安以后，有许多青年人投靠他的门下，向他系统地学习这套“天人合一”的学说。

建元六年(前135年)，在长陵高园殿发生了一场火灾，过了不久，在辽东的高庙也发生了一场火灾。董仲舒觉得这正是一个用来证明他的“天人感应说”的好例子，便在家里埋头撰说，写了一篇从这些灾异现象来看人间政事的文章。草稿尚未完全写就，正好主父偃来家中拜访，看到了这篇文章，觉得这些内容很有趣，便未征得董仲舒的同意，悄悄地将稿子随身带走了。

这篇稿子经过主父偃之手，被送到了汉武帝那里。汉武帝读了之后，觉得自己一时也无法判断其理论是否真正有价值，便召集了儒生们，让大家谈谈自己对这篇文章的看法。董仲舒的弟子吕步舒并不知道这篇文章是自己老师写的，却急于在武帝面前显露才能，于是，便当着武帝和众多儒生的面侃侃而谈起来，他认为文中所言，多属愚妄无稽，只会起到蛊惑人心和混淆是非的作用。由于吕步舒十分熟悉这些所谓“灾异之说”的内容，即使是从相反的方向来加以驳斥，也显得得心应手，故而分析得十分透辟，论证也十分雄辩，使得汉武帝极为赞赏他的观点，便下令将文章的作者逮捕下狱，并要主管司法的官吏治他的死罪。后来，经过许多人的求情说好话，才赦免了董仲舒的罪名。有过这样一次令人尴尬的经历，从此以后，董仲舒再也不敢说他的那一套天人感应的灾异之说了。

这个例子生动地说明了文人在君主之侧，如想依靠自己的学问或者文才来谋得一个可靠的前程，几乎是一个天方夜谭式的幻想，因为你很难真正把握住这些凌驾在亿万生灵之上的所谓人主的心态，忽而左，忽而右，稍不留心，便可能铸成大错。像上面提到的董仲舒的“天人感应”之说的例子，其实将他理论提到无以复加的高度的，也正是汉武帝本人，只不过时过境迁，所谓“人主”一时的好恶有所不同罢了。可是，在功名的诱惑下，文人似乎永远猜不透这个谜。这种祸福得失皆由言语文字而来的现象，也就成了历代文人追求功名的一道永恒风景。

生活在清代所谓乾隆盛世的著名诗人沈德潜，就是这么一个既可说在追求功名上极为幸运，同时也可以说是极为不幸的文人。

沈德潜号归愚，乾隆年间举博学鸿词科未遇，遂奋力在科举的考场里拼搏，等到他终于考上进士的时候，已经是年届七十的老翁了。说起来有点令人难以置信，这一次考试成功，竟然会成为沈德潜人生的一个转折点，从此开始了他那堪称辉煌的历程。乾隆皇帝大约是出于标榜盛世的动机，对他这种老而弥坚的精神大加赞赏，称他为老名士，继而又召他进宫，与他一起讨论历代诗歌的源流。君臣二人谈得十分欢洽，又是一番恩宠有加，让他在上书房值班，以便皇上随时咨询，不久，又擢升礼部侍郎。因为沈德潜确实年事已高，在他提出退休的请求之后，允许他退休，然而，仍然享受原有的官衔及一切待遇。

乾隆既然十分欣赏沈德潜的诗才，沈德潜当然要尽力图报。自己有了新作，首先呈给皇上御览，而乾隆的“御制诗”，也常常交给他来校阅润色。不但如此，乾隆还常有御诗赐予沈德潜，诗中称他作“老诗翁”、“江浙大老”，还给沈德潜的个人诗集作序，对一个文人来说，这种恩宠实在太难得了。以致人们当时都不无歆羡地说，对文人这样的宠遇，自唐宋以来，诗人中间还不曾有人蒙受过。晚年的人生如此辉煌，沈德潜的日子也就极为愉快，他一直活到97岁的高龄才辞别人世，用中国传统的价值观点来看，真是福、禄、寿三者皆臻极致的完美人生了。

孰料命运偏偏有意要和人开玩笑，沈德潜生前固然享受了人世间的一切荣华富贵，死后却遭到了极为严厉的罪谴，以至于革去官衔谥号不算，还被下令撤出立在乡贤祠里的牌位，墓前的石碑也被扑倒砸碎。据说这是因为查出了他生前一首题为《咏黑牡丹》的诗，诗中竟有“夺朱非正色，异种也称王”这类触犯大忌的句子。夺朱，可以联想到对满清取朱明王朝而代之的不满情绪；异种，又容易触犯非汉民族极为敏感的神经。于是，乾隆全然不念旧日君臣之间的情分，下令对沈德潜开棺戮尸。对十分重视身后遗体的传统文人来说，还有什么比这更加严酷的惩罚呢?!

其实，据小横香室主人在《清朝野史大观》中揭开的秘密表明，沈德潜在死后遭到如此罪谴的真正原因是，乾隆对自己与沈德潜的文字之交颇有不放心的地方，所以，在沈死后便派人到他家里检查，果然发现沈德潜当初在替他校阅润色“御诗”之后，将这些诗作都一一记录了下来，并且还把自己动笔修改的，以及替皇上捉刀代笔的诗，都加以注明。沈德潜也许只是出于文人珍惜自己文字的心理，殊不知却因此大大伤害了皇帝的面子，触犯了最忌讳的隐私，当然罪不可恕了。

6 为书不惜失功名

有一首描写封建时代文人追求功名的诗，“三更灯火五更鸡，正是男儿立志时。十年寒窗无人问，一举成名天下知”。短短

28个字，可说非常贴切地写出了绝大部分文人的内心世界。不过，也有例外的情况，有的文人，在功名仕途上也许还算顺利，不过，文人习气太深，对于自己爱好的文字竟至于痴迷的程度，以致作出常人不敢为之的举动来；于是，便不知不觉地因此而影响到自己的功名前程。虽然这样，本人却毫无悔色。这样的文人，在我们今天看来，有着自己的价值准则，非但不俗，而且是值得敬重的了。清代的著名文学家朱彝尊，便有过这么一段让人觉得几分可爱的趣闻。

朱彝尊学问极为广博，才气横溢，他撰写的诗文格调高雅，在社会上流传很广。据说他曾有一次与朋友同游北京西山，随手在寺院墙壁上题写了一首诗，竟然在一个时期里引得前去传抄者络绎不绝。一时间，朝中文人都争相结识这位负名京师的才子，以致人们在发帖子请客的时候，总有人要问主人，是不是请了朱彝尊，并以朱彝尊的到场为荣。

朱彝尊的才学，是与他长时期的刻苦读书积累分不开的。他嗜书如命，凡是天下的好书、奇书，千方百计地要搜罗到手，一读而后快。有些不易得手的书，便不惜代价，想尽一切办法去搜寻。与他同时代有一位文人钱遵，是明末清初的著名文人钱谦益的族孙。钱遵撰写了一部书叫《读书敏求记》，书中一共著录了各类藏书601种，这部书稀奇的地方在于，书中所录，都是当时极不易看到的宋版元抄的珍本秘籍，除了内容提要和个人心得之外，还在每一种书下标明了书的次第完阙情况、古今异同之处。钱遵撰写此书，很大程度上得益于钱谦益当年绛云楼藏书的菁华部分，其价值当然就不是社会上常见的目录书籍所能及的了。

《读书敏求记》书成之后，钱遵将其秘之枕中，从来不以示人，出入则随身携带，唯恐他人得知书中内容。朱彝尊得知此书的情况后，几次开口向钱遵谋求一睹，然而，钱遵不是闪烁其辞，便是借故推托，始终未能如愿。有一次，朱彝尊在江南任典试官，与钱遵相会于江宁，实在忍不住心中的强烈愿望，便设计将书偷了出来。他事先作了周密的布置，又摆下酒宴，故意邀请了学者名流和钱遵一起赴宴。宴会开始以后，朱彝尊使人暗中以重金买通钱遵的书童，将书稿偷了出来，送到自己家中，立即命令预先安排的书吏数十人，连夜分工抄写，俟副本录成，仍由书童悄悄送还。这样，神不知，鬼不觉，《读书敏求记》就有了一个传抄的副本了，而钱遵本人对此居然还一无所知。

这种“越轨”的行为当然也只是在朋友之间偶一为之，况且是在受到渴求知识的欲念的驱动下，不得已所为。据说，《读书敏求记》就是这样才得以保存下来的，此话是否属实，我们姑且不论。而朱彝尊的书呆子气，表现得最胆大妄为的一次，居然是在天子眼皮底下做起了小动作，其结果当然可想而知了。

朱彝尊因为对历代典章制度沿革以及人物掌故极为熟悉，在康熙年间得中博学鸿词科之后不久，即受命到史馆参与编修《明史》的工作。对朱彝尊来说，参与修史，最让他感到高兴，也是最具有吸引力的地方，莫过于得以阅读大量宫禁要籍了。清初的统治者出于异民族统治的防范心理，对于前代遗留下来的书籍中，凡是涉及有关中原汉族与少数民族关系的内容，或者删改，或者干脆禁毁，审查极为严厉，每年都有源源不断的书籍从全国各地进呈到京都来。此外，有关各地政治、经济以及民情风俗记载的材料也是宫廷要籍的主要内容。朱彝尊向来对读书的兴趣最大，如今，有了“工作需要”这样一个正当的理由为借口，得以恣意翻看这些社会上根本无从寻觅的书籍，天下还有什么比这更好的事情呢?!

渐渐地，朱彝尊的胆子也大了起来，觉得光是翻看这些宫禁要籍还不能满足自己的需要，他决定将其中有价值的内容摘抄下来，以供将来著述之用。于是，他乘自己在史馆值班之便，偷偷地带了私下雇来的抄书手上班，让他们替自己抄写一些各地进呈的书籍和各种有价值的材料。当然，俗话说，天下没有不漏风的墙，朱彝尊这种“胆大妄为”的举动很快便被人察觉到了，在他的身边也有着一些嫉恨他的人，便向上面告发了他的越轨行为。他受到了降职的处分，理由当然是“泄漏宫内机密”了。

朱彝尊心里当然感到有些懊丧，大约主要是因为失去了这么好的一个读书和收集资料的机会。不过，他依然不改书生的本色，事后为此事还在自己的一个匣子上作了一首铭文：“夺侬七品官，写我万卷书。或默或语，孰智孰愚。”看来，能够满足自己求知的欲望，尽管失去了这个七品功名也在所不惜。

7 终南捷径与挂冠而去

尽管对于大多数的文人来说，将功名视作自己的追求目标，是一件完全正常的事情，但是，人们对那种以虚伪的手段来博得利禄声名的做法，通常表示出一种不屑的态度。这大概就是儒家鼓吹“君子取之有道”的传统价值观念的取向吧。其实，我们还可在史书和笔记小说的记载中看到，许多文人对于功名利禄，有着自己的独到见解和行为方式，在今天看来，这种被古人称为风骨或气节的内容，正是古代知识分子所具有的独立精神和价值观念，也可以说是我们中华民族极为可贵的一种精神遗产。

生活在唐代前期的卢藏用，是一位擅长写文章、发议论，而且在书法、弹琴、弈棋等方面皆有专长的文人，在当时的许多人看来，他是一个难得的才子。不仅如此，他与陈子昂、赵贞固等人的关系很好，在陈、赵二人去世之后，主动承担了将他们遗孤抚养成人的责任，人们都称他能"始终交"，一时间在士林中口碑极佳。卢藏用虽然常常显露出一副对名利不感兴趣的样子，甚至还曾到终南山和少室山隐居了一段日子，学了一套练气和辟谷的养生术，其实，他一直是个热衷于功名利禄的人。当他在终南山隐居的时候，关注的却是长安城里朝廷政事的动向，总是不失时机地撰写一些迎合帝王意向的时论，久而久之，他就得到一个"随驾隐士"的雅号，其讽刺之意，是显而易见的。果然，一旦卢藏用在政治上得势，他便显出极其热切的兴趣，甚至还搞了一些政治上的投机，比如在武则天死后，他竟然把宝押在了太平公主的身上，故在唐玄宗登基后，差一点遭到杀身之祸，从而使他在士大夫里的形象越来越差了。

司马承祯是当时一位著名的隐士，得道家辟谷导引术的真传，遍游天下名山，后来在天台山筑了几间草房，隐居了下来。武则天的时候，召他入朝，未过多久，就又回到山中去了。唐玄宗的时候，朝野盛行崇奉道教的风气，他又被召到长安刊正《老子》，朝廷并在王屋山为他修筑了坛室。司马承祯虽然受到朝廷的各种优厚待遇，仍然坚持要回到山中隐居。离开长安前，卢藏用为他送行，他指着远处的终南山说道："这座山里大有适合你隐居的好地方啊"，司马承祯望着卢藏用，慢慢地说道："在我看来，在终南山隐居，只不过是做官的一条捷径罢了。"一句话，说得卢藏用脸上顿生惭愧之色，因为他本人的所谓隐居终南，恰恰就是沽名钓誉的举动。此后，"终南捷径"也就成了文人形容以虚伪的行径来博取功名利禄的一个代称。

在历史上，更有个别具有卓识灼见的人物，看透了所谓功名的本质之后，采取回避或者干脆弃掷不取的态度，他们的行为，当然就让人感到值得敬佩了。

五代时期南唐的李建勋，好学而擅长写诗作文，唐朝末年，他随李昇镇守金陵，担任副使，后来，还在李昇建立南唐政权时撰写过禅代诏书，算起来该属于开国元勋，所以，南唐立国后，受封中书侍郎，同平章事，与宰相的地位相当。过了几年，李璟即位，打算加封他的官爵，不料他坚决辞谢，理由是自己虽然年纪不大，但恐寿命不长，希望能在钟山上营建一座房子，过上几年闲适的生活。于是，李璟便赐了他一个钟山公的封号，答应了他的退休请求。李建勋为了打消别人对他的疑虑，还特意写了一首诗，其中有两句是"桃花流水须相信，不学刘郎去又来"，表明自己绝无去而复来的念头。

李建勋辞官的真正原因是他看到了南唐政权缺乏一种得以长期发展下去的气象，朝内官僚之间互相倾轧，缺乏共图天下的远大抱负，满足于江南地区舒适优裕的生活。他不仅不愿做官，临终前，还特意嘱咐家人不要为他做坟立碑。果然，南唐政权灭亡后，权贵公卿的坟墓在社会动乱时纷纷被一些散兵游勇掘开觅宝，唯独李建勋的坟不为人知，才得以幸免。而李建勋本人在赋闲时期，也回到了他原本的文人生活，专心写诗作文，为后人留下了诗文集。

李建勋不失为一个有远见的文人，他预见到了将来社会可能出现的动乱，故而弃功名而不取。而明代的著名文人陈继儒，则是在经历一场刺激之后，彻底放弃了人们趋之若骛的科举仕途的。

陈继儒是明代松江华亭人，字仲醇，号眉公，工诗善文，著述极为丰富，内容亦涉及经史辞章各门，尤其擅长短札小词，作品具有自己的鲜明风格,是晚明小品的代表人物之一。他的著述,不管是记载历代掌故的笔记,还是与朋友之间的往来书信,一经流传,人们便纷纷传抄模仿。他还兼长书法和绘画,成就也都不错。《明史》的作者,将陈继儒的传记置于《隐逸传》中,是十分有趣而又不得已的事情,因为陈继儒虽然有着才学盖世的美誉,在功名上却只是一个普普通通的诸生。

原来,陈继儒年轻时即以高才自负,在家乡与另一位才子董其昌名声相当。就在他 29 岁的那年,他和董其昌一起参加科举考试,两人在华亭督学面前都说自己必定得到第一。可是,无论如何,第一名只能是一个人。等到发榜,陈继儒见榜首是董其昌的名字,自己屈居第二,不禁勃然大怒,一气之下,他撕破了自己穿戴的儒生衣冠,并点起火加以焚烧,以示自己就此隐居,不再参加科举考试的决心。

陈继儒虽然就此隐居在昆山,杜门著述,可是,他的学问依然得到人们的公认,不仅有许多人上门向他请教学问,就连许多官员在处理公务时遇到了疑难的事情,也都来向他质疑。他的名声传遍了大江南北,人们称他和南朝的陶弘景一样,是"山中宰相"。

二　文人的情感世界

通过阅读文人的作品，我们也许会产生这样一种感觉，似乎天下多情的种子，都集中在文人中间了。潇洒风流的迷人风度，忠贞不二的炙热感情，大胆浪漫的追求方式，构成了文学作品中一个个缠绵悱恻的爱情故事。这当然首先归功于文人擅长运用各种形式的文学作品，为我们描绘的一个个美好的情感世界。不过，文人所经受的训练，以及他们从事的职业的性质，也确实赋予他们在感情的体验上有较之他人更为细腻的特点。

在封建时代，文人出于仕宦或游学的需要，往往不得不如飘萍般地漫游四方。复杂的社会经历，也使他们在男女交往中，一次次地上演着旷男怨女的悲喜剧。千百年来，经过人们的传诵，许多故事已经披上了一层传奇的色彩。尽管如此，这些也许带有大量想象成分的传说，却依然由于它的美丽动人的内容，与故事的主人一起，常常被赋予现实的生命活力，成为我们传统文化内容中色彩最为绚丽的一个组成部分。

1 芙蓉远山文君酒

“私奔”一词，是指恋爱中的男女，为冲破现实社会对自己的束缚，实现爱情的理想，不得不采用的一种极端方式。在古代中国社会，通常被视作一种大胆而又冒险的事情，这不仅意味着把自己置于与社会传统和公众舆论相对抗的地位，还面临着将受到严厉的封建纲纪和宗法家规惩治的可能。迄至近代社会，私奔多半是以悲剧的形式终场的。然而也有个别的例外，比如，生活在两千多年前的文人司马相如和卓文君，就是以这种大胆而浪漫的方式，实现了自己的爱情理想。在中国古代社会几千年的历史上，我们大概再也找不出第二个像这样大胆而富有浪漫色彩，同时又具有强烈戏剧效果的事例来了。

司马相如是西汉著名的文学家，他撰写的辞赋，以构思奇特、辞藻宏丽而著称，在当时有很大的影响。他曾长期投靠在喜爱游说之士的梁孝王门下，梁孝王死后，他一度离开长安，回到了四川，投奔了在临邛当县令的好友王吉。

临邛是蜀中的富庶之地，自秦朝以来，便聚集了许多从事工商业而致富的大户之家，号称蓄有家僮八百的卓王孙便是其中之一。卓王孙喜欢结交朋友，见司马相如与王吉关系很好，也得知他的文名，便邀请司马相如来自己家中作客。在宴会上，司马相如以自己的文才和风度令满座的客人折服，同时，也深深地打动了卓王孙的女儿卓文君的心。

卓文君当时正值新寡不久，她年方十七，美貌艳丽，天性活泼，又十分喜爱音乐，但她受着礼法的限制，只能隔着屏风，远远地欣赏司马相如的仪容和风度。即便只是极有限的接触，才华横溢而风度翩翩的司马相如使她一见而倾心，而她那“脸如芙蓉，眉如远山”的姣好面容也深深打动了司马相如，两人可谓一见钟情。也真是天赐良机，身为客人的司马相如被邀请留宿在卓家，入夜，他在居室里拨动琴弦，悠扬的琴声使卓文君立即领悟到了其中的含意。而且，司马相如还买通了卓家的仆人，为他暗中传递信息。爱情之火，便以谁都不曾料到的速度燃烧了起来，当夜，两人就决定以最为大胆的私奔形式，离开临邛，跑到了成都。

卓王孙对女儿的举动大为震怒。他决定不承认卓文君的选择，并宣布在自己的财产中不分一文钱给她。司马相如虽然风流倜傥，经济上却是个“无产阶级”，两人到了成都，家徒四壁，生活十分困难。他开始还能把衣物变卖了换酒喝，后来连生计也难以维持，只好又回到了临邛。他们变卖了车骑杂物，临街开了一家酒店，大家闺秀出身的卓文君毅然站在店门置酒坛的酒垆边卖酒，司马相如则像个小伙计似的穿着一种叫牛鼻犊的短裤，在院里刷洗酒坛子。

毫无疑问，这在繁华的临邛城里成了最轰动的新闻，受到挑战的一方就是临邛的豪富卓王孙。深感羞耻的卓王孙从此杜门不出，但是，又无法摆脱这令人困窘的现实，陷入了进退两难的处境。最后，还是在门客和朋友的说服下，他才不得不认可了这个虽然贫寒，却以才华和风度征服了自己女儿的年轻人。卓王孙分给文君僮仆百人，钱财百万，两人再次回到了成都，置田买宅，过上了富足的生活。

后来，司马相如耗费了几百天的精力，构思了篇幅浩大的《子虚赋》和《上林赋》，达到了自己在文学创作上的高峰。文中引征了大量的古今典故，描述种种自然的景观，场面极其宏大，读了使人神情焕然，大受汉武帝的赞赏。司马相如的声誉高了，还受皇帝的委派，数次奉命出使巴蜀和西南地区。当他衣锦还乡的时候，蜀人皆以为荣，地方长官特意赶到城外迎接他的到来，临邛豪姓大族则争相设宴邀请。见此情状，卓王孙大为叹息，唯恨文君嫁给相如太迟了，遂又分了一大笔财产给他们两人。

据后来一本叫做《西京杂记》的书上说，司马相如曾经一度移情别的女子，打算娶茂陵的一个女子为妾，卓文君为此便写了一首题名《白头吟》的五言诗。司马相如见了这首诗后，心里很感动，遂打消了原先的念头。这本来只是一则传说而已，有趣的是，后来的文人，把流传下来的汉代五言诗中的一首《白头吟》，与卓文君附会在一起了。这首诗斥责了一个男子对爱情不专的轻薄行为，并表示了自己与之决绝的心情。诗的确写得非常好，是流传至今的不多的汉代五言诗之一。诗中以高山上的白雪和天上的明月来比喻爱情的纯洁，并且，在诗里还写道“凄凄复凄凄，嫁须不用啼。愿得一心人，白头不相离”，表示自己对纯真爱情的向往。其实，将卓文君与这首《白头吟》联系起来，是没有什么根据的。尽管如此，我们由此也可以感到，人们对一种纯洁美好的爱情的向往，是多么的强烈。

虽说在文人中，像司马相如和卓文君式的爱情故事，在两千年的历史中只是极其个别的现象，人们对这种浪漫形式的爱情，却充满了热烈的颂赞，“当垆沽酒”成了文学作品中的一则著名典故。人们向往这种挚热的感情，然而，又不得不拘于礼法的规范之内。清人倪鸿的笔记《桐阴清话》里记载的一个小故事，便很能反映这种心态。当时在江南苏州有一位女诗人王竹素，很有文才，且不大拘于礼法，喜欢和当时的文人名士来往，一起赋诗唱和，被人们认为风流放诞，是个不寻常的人物。有一

回,正逢她七月八日的生日,文友们在一起赋诗为贺,一位名叫赵琳的秀才赋诗中,有“巧让天孙刚一夜,明当玉兔渐圆时”两句,极得王竹素的欣赏,两人的关系一下子密切起来。当时,王竹素正值新寡不久,她大胆地向赵琳表露了自己的心意,两人最后结为琴瑟之和。这在当时的风俗看来,也是够大胆的,为他俩祝福的朋友们都把王竹素的举止与卓文君对司马相如的追求相媲美。

◎琴瑟相和

2 人面桃花相映红

实际上,传统的中国文人在追求爱情的时候,更习惯于采用含蓄的方式来表达内在的炽热感情,而不是类似司马相如与卓文君式的趋于极端的形式。这大概与一个民族的文化积淀和心理特点有关,同时,似乎也可以解释,何以历史上有关爱情的传说中,真正动人心魄的浪漫情节并不多见,而在最能刻画内心世界和心理活动的诗篇里,我们却能经常读到各种关于男女之爱的美丽动人的情节。先是被收在唐诗中,后来又被编成戏文而广为流传的“人面桃花”的传说,就是这样的一个故事。

唐朝贞元年间,京都长安城里有一个名叫崔护的年轻人,容貌英俊,然而性情比较孤僻,尤其是经历了一次应试落第之后,心情一直郁郁不欢。按照长安人的习惯,清明时分,人们纷纷三五结伴,出城踏青郊游。崔护却是只身一人来到城南郊外,排遣寂寞。他独自徘徊许久，忽然感到有些口渴，他看见路边不远有一户以篱笆墙围着的人家，院里种植着几株桃树，便上前叩门请求给一些水喝。不料屋舍的主人出门去了，开门的却是一个窈窕妩媚的少女。姑娘端来茶水，还搬来了座椅，热情地请年轻书生坐下。两人初次相见，虽然没有说上几句话，却不由都为对方的气质所吸引，眉眼之间，似乎已经传递了一种信息。在盛开着的桃花映照下，姑娘显得格外妩媚可爱。崔护饮完水后，精神上也感受到十分满足，未便多言，便告辞回家了。

转眼又到了第二年的清明节。崔护想起了去年在城南人家的情景，想起了在那灼灼桃花的映衬下，姑娘艳美的面庞。为思念之情所驱使，他不知不觉又来到了城南，循着旧迹，找到了昔日求饮的那户人家，不料竟是人去楼空，唯有篱笆边的桃花，依旧像去年此时，灼然朵朵，在春风中轻轻摆动。睹此旧景，却更增添了崔护内心的惆怅和失落。此时，崔护才深深感到，原来隐蔽在自己内心的感情竟是那么强烈。惆怅之余，他便在门扉上题写了一首诗："去年今日此门中，人面桃花相映红。人面不知何处去，桃花依旧笑春风。"

由这首诗引起的爱情故事是非常美丽动人的，也为人们留下了很大的想象空间。后来，有人还按照传奇小说的形式，为这则"人面桃花"的故事编了一个结尾。这下半段故事的大意是，数日之后，崔护再次来到这里，却听到了一片哀伤的哭声，原来，少女先前只是一次与家人的临时出门，没想到崔护却误以为她已经搬离此地。归来之后，看到他题写在门扉上的诗句，深藏在心底的感情也迸发出来了，同时，她又痛惜自己竟然错失了如此美好的一段姻缘。伤心之余，少女绝食数日，竟已死去了。崔护见此情景，不禁上前紧紧抱住少女的遗体，连连呼喊"我来了"，于是，少女居然死而复生，少女的父亲也破涕开颜，成全了这对有情人。

这样一种喜剧性的团圆结局，满足了人们希望美好的事物最终得以实现的心理。不过，在今人看来，一个过于圆满的故事，也许反而减退了故事原来包含的美学意义。

与崔护比起来，唐代著名的诗人李商隐的爱情经历便要曲折得多，结局也令人感到怅然不已。

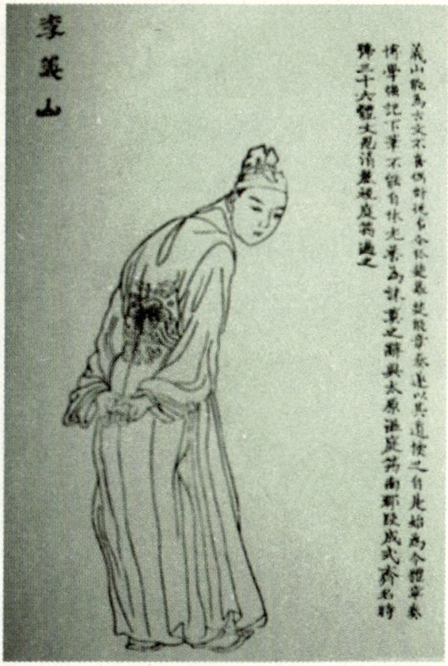

◎李商隐

在唐诗里，李商隐的作品笔触细腻，述意委婉，尤其以细腻的感情描写著称，一首《巴山夜雨》，其中"何当共剪西窗烛，却话巴山夜雨时"，表达了亲人之间的绵绵情意，千百年来，为人诵咏不绝。他还为人们留下了许多并无明确题意的优美诗作，我们从《李义山诗集》里，就可以读到将近二十首命名为《无题》的篇章。这些情思婉转、文辞精妙的作品，究竟是吟咏不可明言的缠绵爱情，抑或是对自己的才能不得时用的感叹，后来注家各有其说。然而，《玉溪生诗集笺注》里保留下来的《柳枝五首序》，诗人却向我们披露了自己与一位名叫柳枝的姑娘的爱情故事。

年轻的姑娘柳枝家住在洛阳，与李商隐堂兄比邻而居，父亲是一个富有的商人，已经去世数年。柳枝从小得母亲娇宠，生性活泼开朗，且聪明过人，弹琴鼓瑟水平都较高，据诗人形容，"忽作天风海涛之曲，忽起幽悒怨断之音"，感人至深。李商隐为柳枝的聪明可爱、音容笑貌乃至一举一动吸引。偶然有一回，堂兄向柳枝朗诵了李商隐写的一首《燕台诗》后，竟深深打动了姑娘的心，连连询问作者是谁，当得知是其堂弟时，便截下一段自己衣裙上的长带，请他转交李商隐，代为转致爱慕之意。第二天，正值作客的李商隐与堂兄外出，两人骑马比肩过巷口时，巧遇柳枝，柳枝大大方方地与他俩打招呼，并相约后天一起出游。不料，与李商隐一同打算赴京的朋友和他开了一个不合时宜的玩笑，悄悄地带上他的行李先上路了，不得已李商隐亦只好放弃了这次约会，匆匆朝京师赶去。

后来，李商隐听堂兄说起，柳枝出嫁了，嫁给一个叫东诸侯的人。东诸侯究竟是人名，还是一个隐晦未明的代称，李商隐没有说明。诗人怅然之余，只能将保留在自己内心深处对柳枝的美好回忆，以及她对爱情的大胆热烈的追求，以诗的形式记录了下来。后人在读《柳枝五首》的时候，则为这一对原本也许是非常美好的恋人，最终却不得不各自东西的命运嗟叹不已。

3　举案齐眉与烹茶对句

在传统文人看来，和谐美满的家庭生活，与事业和前程具有相等的意义。在古代社会，我们亦能看到，文人在组建家庭和家庭日常生活中，所具有的种种独特情趣。

梁鸿是东汉时代的一位著名人物，据《后汉书》记载，他从小家境贫寒，刻苦读书，后来入了太学，放学后还要在上林苑放猪。梁鸿长大成人后，由于博览群书，学问非常好，同时，也以品行高洁而极受人们的推重，许多豪门大姓都希望能将自己的女儿许配给他。

可是，梁鸿对这些豪门的提亲并无兴趣，他觉得他们的想法中包含了一些其他的东西。后来，他听说有一位名叫孟光的女子，非常仰慕自己的人品，并且，为此一直到30岁还没有嫁人。梁鸿认为，像孟光这样的人才是可以信任并值得与之结合的女性。虽然孟光长得并不漂亮，梁鸿还是很快托人向孟家下了聘礼，将孟光娶为妻子。

孟光过门后，果然是一个非常贤惠的妻子，她不但里外操持家务，而且很能吃苦耐劳。由于梁鸿不愿依附权贵豪门，婚后两人生活很困苦。他们到了吴地，梁鸿不得不为人佣作谋生，可是，孟光却更加敬重梁鸿的人格，每天做了饭端上来的时候，总是把托盘举到和眉毛一样高，显得十分虔敬的样子。

后来，梁鸿、孟光夫妇一起隐居到了霸陵山中，以耕织为业，过着十分简朴的生活。他们每天咏诵《诗经》、《尚书》里的一些篇章，闲暇时候还弹琴自娱，虽然生活上并不富有，但是精神上感到非常充实和愉快。

梁鸿和孟光的夫妻生活注重精神上的品位，有着理想和追求，在后人看来，也许不免有些脱离实际生活，却恰恰满足了传统文人希望在精神生活方面有自己一块园地的理想。这种强调以妻子对丈夫的敬重和服从为基础的家庭和谐，就像“举案齐眉”的成语一样，千百年来，成了传统文人对夫妻情感生活的一种向往的境界。

这当然只是情感生活的一种形式。在古代文人的生活里，还有另一种浪漫而又充满诗情画意的夫妻感情，比如两宋之际赵明诚与李清照之间，虽然也是一种夫妻之间的“倡随之乐”，与梁鸿和孟光的感情相比，更是人们乐于称道的一种文人式雅致的恩爱感情。

赵明诚和李清照均出身在有着深厚文化修养的士大夫家庭里，赵明诚的父亲曾经担任过宰相的职务，李清照的父亲则是著名的文学家李格非。赵明诚潜心于金石书画的收藏和鉴别，李清照则擅长诗词的撰作，两人有着非常典型的文人气质，在各自的兴趣领域里也都取得了很高的成就。北宋末，他们新婚后不久，住在繁华的京都开封，赵明诚在太学为太学生。夫妻两人有一个共同的爱好，便是在闲暇时一起逛相国寺的古玩市场，遇到有合意而价格又适中的古器物、书画作品和古书，就像有了什么新发现一样，想方设法凑钱买下，兴高采烈地捧回家来。而且，一旦遇上钟爱的字画，不忍释手，甚至不惜以典当衣物的方法来筹集钱款。当然，也有实在没有能力购买的时候，比如，崇宁年间，他们遇到一幅出自五代时期名画家徐熙之手的《牡丹图》，卖主索价二十万钱，实在无力购得，一连数日愀然不乐。

由于有着共同的爱好，所以，回到家中，两人常常共同赏析，寻找相关资料，一道研究。每到夜晚，在烛光下翻弄这些书画彝器，摩玩舒卷，指摘疵病；或者校勘新买的古书，一起题写书签。这些活动，成了他们生活中最有乐趣的事情，每个晚上，总要燃尽一支蜡烛方肯罢休。李清照读书的记忆力很好，夫妻二人饭后茶余，每每以默记古书中某事记于某书某卷某页为比赛，中者即算博胜，得以先饮茶。李清照常常指着堆积着的书史，言之确凿无误，因得意而畅怀大笑，以致将杯中的茶水都泼翻在怀里，反而不得饮茶。这些动人的情景，在经历了与丈夫的生离死别，以及多年的收藏在战乱中付之殆尽的哀痛之后，李清照在她为丈夫的遗著《金石录》撰写的后序里，曾以极为生动的文字，作了栩栩如生的描写。

这种夫妻间融洽的情感，欢愉的气氛，琴瑟相和的雅趣，已经超越了寻常意义上的闺中行乐的家庭生活，成为古代文人歆羡追求的一种人生境界。

4　诗词写心传佳话

“今夜鄜州月，闺中只独看。遥怜小儿女，不解忆长安。”这是唐代著名诗人杜甫的《月夜》诗中的四句。作者细腻地刻画了自己在长安的时候，对暂时离别的家人的思念。诗人别致地从描述想象中的千里之外的妻女怀念自己的情景入手，极富艺术感染效果，也显示了作者内心深处对家庭的爱。对大多数传统文人来说，虽然有时出入歌楼妓馆，毕竟只能是逢场作戏，或者作为生活中的一种点缀而已，真正患难与共，给予自己感情慰藉的，还是自己的亲人。情感是家庭生活的基础，而善于以文字来表达内心世界的文人，除了像上面引用的那首传世之作《月夜》外，也为我们留下了一些有趣的作品，包括一些在情感方面与家人进行交流的佳话。

◎赵孟頫

相传元代著名书法家赵孟頫与妻子之间，便曾有过一次以诗歌形式的交流，彼此消弭了可能出现的感情危机，夫妻间言归于好。

赵孟頫年轻时在书画方面的成就并不是很高，名声当然也不如后来响。他的妻子管夫人非常聪明贤惠，不但积极支持赵孟頫的创作活动，还经常在字画的技艺方面提出一些很有价值的意见。所以，尽管赵孟頫后来成了名，仍然非常敬重妻子，夫妻之间的感情非常融洽。

后来，赵孟頫的名气越来越大了。曾经有一个时期，他想模仿当时许多文人士大夫的做法，为自己纳一个妾。从当时流行的风气来看，这也并没有什么特别出格的地方，可是，想到管夫人与自己的感情，他决定还是先试探一下她的反应。赵孟頫遂以开玩笑的形式，填了一首小词，这首词是这样写的："我为学士，尔做夫人，岂不闻陶学士（即陶渊明）有桃叶桃根，苏学士（即苏东坡）有朝云暮云，我便多娶几个吴姬越女无过分。尔年纪已过四旬，只管占住玉堂春。"

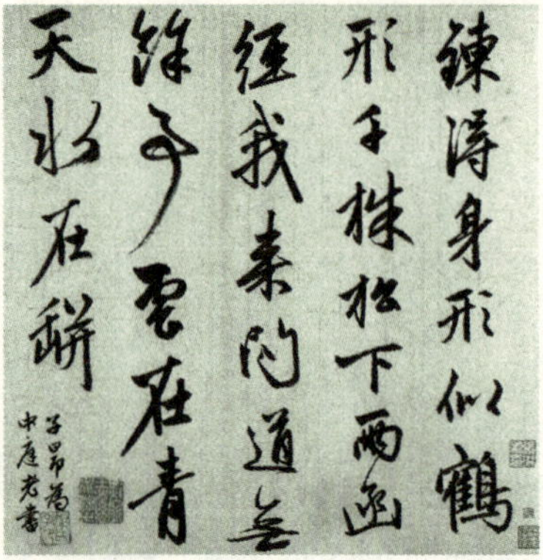

◎赵孟頫书法

管夫人读了赵孟頫的词，立刻明白了丈夫的意思。她没有被激怒，也未觉得失望，作为自己的答复，管夫人也写了一首词："尔侬我侬，忒杀情多。情多处，热似火。把一块泥，捻一个尔，塑一个我。将咱两个，一齐打破，用水调和。再捻一个尔，再塑一个我，我泥中有尔，尔泥中有我。我与尔生同一个衾，死同一个椁。"

◎赵孟頫画作

赵孟頫看了管夫人的词，明白了妻子的用心，更为她对自己始终不渝的挚热情感所动，心里顿时感到惭愧不安，便打消了娶妾的念头。

还有一个看起来似不相类，实则与此异曲同工的故事，说来也是属于文人情感生活的一种类型。

南宋的时候，有一个名叫向滈的书生，说起来，还是北宋后期哲宗朝向皇后的一支后裔，可是，到了他这一辈，非但没有什么皇亲国戚的光可以沾，生活也变得十分窘迫。但是，向滈读书十分努力，也有一些文才，他曾随颇具时名的诗人王廷珪学诗，还写过如“人情甚似吴江冷，世路真如蜀道难”这样出色的诗句，得到了著名诗人杨万里的赞赏。

向滈虽然有才学，却并没有生财致富的本领，久而久之，他的老丈人对他不满起来，觉得女儿嫁给这样的人实在太苦，终于开口向他提出让女儿改嫁的要求，并怂恿女儿尽早离开他，重择夫婿。向滈自知无力挽留妻子，心里虽然感到很凄凉，却不得不答应妻子改嫁的要求。在妻子离开之前，他把自己写的一首《卜算子》词放进了妻子的行囊中，作为两人夫妻一场的临别留念。

妻子回到娘家之后，打开行囊，看到了这首词。当她读到其中“三岁学生儿，四岁娇痴女，说着行人也自愁，你自思量取”时，止不住流下了眼泪。想起了与丈夫几年来在共同生活中结下的恩爱之情，想起了虽然贫寒却是和睦的家庭生活，她最后改变了主意，决定回到丈夫和子女的身边。经历了这次波折，他俩恩爱如初，白头偕老。

这当然也说明向滈的妻子与丈夫还是有真正的感情。而在现实的生活中，也有原本就是缺少共同的感情基础，后来妻子嫌贫爱富，执意要与丈夫分道扬镳的。此时，作为丈夫的文人，感情破裂之际，便不得不来一番“穷且益坚”的表白了。

唐朝的一代名臣颜真卿在江西临川任地方官的时候，便遇到过这么一件事情。

临川有一个叫杨志坚的书生，家境十分贫困，仍然好学不倦。他的妻子却因为忍受不了这种清贫的生活，执意要与他离婚,以便再择良婿。杨志坚对妻子的离去并不在意,还写了一首诗来送别,同时,他也是借诗来表白自己内心世界的一种追求。诗中写到:“平生志业在琴诗,头上如今有二丝。渔父尚知溪谷暗,山妻不信出身迟。荆钗任意撩新鬓,明镜从他别画眉。今日便同行路客,相逢即是下山时。”显然,杨志坚对理想的追求十分执著,并且对自己的前途充满了信心,宁可两人分手,也不愿改变初衷。

按照古时候的法律规定,离婚需经过地方行政长官的批准。有意思的是,颜真卿在受理杨妻提出的离婚要求时,勃然大怒,认为这种嫌弃自己丈夫的做法很不可取,如果满足了她的愿望,无形中还会鼓励伤风败俗的风气。因此,他不但不同意杨妻的离婚请求,还按照刑法用鞭子将她抽了一顿,以示惩戒,并命令她不准与丈夫离异。

事情的结果究竟如何,我们不得而知,但是,像杨志坚这样既不放弃自己的追求,又能体谅他人的做法,临别还能写上一首诗来作为送别,颇有几分幽默感,倒也不失读书人的风度。俗话说,“强扭的瓜不甜”,杨志坚大约熟谙此理,也知道感情这玩意儿是不可以勉强迁就的,所以,不去做硬逼着妻子顺从自己的无谓之举。这样看起来,颜真卿的“长官意志”倒是未必可取的了。

5　沈园柳老不吹绵

在长达几千年的封建社会,“君臣父子”的纲常伦理和“忠孝”的观念制约着人们的行为,像男女婚姻也常常取决于尊长的意志，这样，难免在婚姻感情上酿成许多悲剧。于是，如同北朝时期的长诗《孔雀东南飞》里所讲述的焦仲卿与妻子刘兰芝的故事，也就一次又一次地在历史上重演。

南宋时期著名的爱国诗人陆游，便曾有过一次令他心碎的婚姻情感上的悲痛经历，直到他的晚年，年届八十高龄的时候，回想起这一切，仍不免泪眼泫然。

陆游20岁的时候，与表妹唐婉结了婚。两人自小相识，青梅竹马，婚后感情也十分融洽。可是，陆游的母亲对唐婉很不满意，觉得陆游当时几次应试不顺利，都与唐婉有关，执意要陆游与她离婚。陆游不敢违背母亲的旨意，内心又十分不愿与唐婉离异，只得采取阳奉阴违的办法，将唐婉安置在另一住处，常常偷偷地与她会面。可是，没过多久，就被母亲发现了。最后，两人不得不分手，唐婉改嫁一位姓赵的宗室，陆游也另外建立了新的家庭。

时间很快便过去了十年，陆游已经31岁了。一天，春风和煦，陆游来到位于山阴禹迹寺旁的沈园游玩，正好遇上了唐婉和她的丈夫，两人虽然相视良久，却已无法说上什么知心的话。后来，唐婉还给陆游送了一些酒菜过来。陆游怅然良久，情不自禁，便在墙上题写了一首名为《钗头凤》的词，其中有"东风恶，欢情薄，一怀愁绪，几年离索"这些十分动情而又伤感的句子。据说唐婉见了这首词，心里也觉得很难受，同时，也以《钗头凤》的词牌作和，里面有"人成各，今非昨，病魂常似秋千索"这样非常伤感的话，回去后，一直感到怏怏不乐，不久便病逝了。

这时候，陆游已经开始在社会上显露出才华，他参加进士考试，获得了优异的成绩，并写了一些像《临安春雨初霁》这样出色的作品，在社会上得到了很高的声誉。据说，"小楼一夜听春雨，深巷明朝卖杏花"这样动人的诗句传入了皇宫，连宋高宗都知道有个诗人陆游，可谓一时名噪京华。

可是，在家庭感情生活上，陆游似乎再也没有寻找到当初与唐婉在一起的那种感觉。加上他平时喜欢豪饮，行事又不拘小节，难免遭到一些人的讥议。陆游一直怀有恢复中原的大志，在当时的形势之下，这似乎是不可能做到的事情，于是，他越来越多地借酒浇愁，吟诗抒怀，被人劾为“恃酒颓放”后，索性自号“放翁”，并将自己的书室名为“风月轩”。

陆游到了中年之后，在与异性的关系上也十分随意，入蜀以后，曾在一个驿站的墙上读到一首诗，认为写得很有意味，当得知是驿卒的女儿写的时，便纳她为妾，结果，不到半年，便被夫人赶走了。出蜀回朝时，又把成都的一名妓女剃度为尼姑，带回来当小妾，又引起了一场轩然大波。

作为一个诗人，无疑对感情的理解和认识要较常人更加细致和敏感，陆游在情感生活方面的遭际，显然在他的心灵上留下了难以磨灭的痕迹。从他留下的诗篇里，我们可以看到，自从他与唐婉在沈园相见后的大约40年间，他曾数次梦到了这个令他魂牵梦绕的地方，追寻往日的爱情。后来，他退休以后回到了山阴老家，在行将八十高龄的时候，再度来到了沈园，带着无限的怅恨，写下了情意深切的《沈园二首》。其中一首写道：“梦断香消四十年，沈园柳老不吹绵。此身行作稽山土，犹吊遗踪一泫然。”诗人在这里表达的是一种极凄婉的感情。

6 御渠红叶诉衷情

唐代的诗人张祜有一首非常出名的《宫词》，全诗不过20

◎张祜

个字，刻画深宫里的老宫人的怨情，至细至微，读来几乎令人心碎。“故国三千里，深宫二十年。一声何满子，双泪落君前”。故国即家乡，此刻远在三千里之外，自己被选入深宫，也已经20年了。青春消逝，韶华不再，每当唱起声调悲切的《何满子》，联想起自己的身世，伤心的眼泪不禁夺眶而出。在我们看来，诗人是在谴责君王为了自己的享受，而耽误了多少少女的青春年华。

古代文人咏叹宫人的作品并不少见，这当然是由于宫女们那令人同情的命运，同时，许多怀才不遇的文人，也从这些不幸的宫女身上，看到了自己的影子，所谓“同是天涯沦落人，相逢何必曾相识”。类似的题材，也出现在笔记小说中。而且，我们还经常发现，一些脍炙人口的故事，或许会以不同主人公，数度出现在不同的时间和场合。虽然故事的主角是一个真实的历史人物，故事内容的真实性却因此而不免使人产生疑窦。不过，人们乐于编造和传播这些故事的真正意义，显然并不在这些故事的真实性如何，而在于这些故事显示了人们的一种善良心理，以及对某些人物的不幸遭遇寄寓的深深同情，同时，也表达了人们的一种美好感情和愿望。

唐人笔记小说中流传的几则关于红叶题诗的故事，就是这样一类动人的传说。

据说，唐朝有一位叫卢渥的进士，就在他应试中举的那一年，一次偶然的机会，他来到皇城的宫墙外，沿着从皇宫里流出的御渠随意漫步。只见清澈的渠水上漂浮着一些红叶。卢渥忽然瞥见一张红叶上似乎还写着些字。好奇心使他不禁弯下腰，从慢慢流动的水面上捡起了这片红叶，发现上面写的竟是一首诗：“流水何太急，深宫尽日闲。殷勤谢红叶，好去到人间。”

从诗的内容来看，显然出自一位宫女之手。究竟是怎样的一个女性，她的身世如何，她未来的命运又将会是怎样的呢？卢渥不由地沉思起来。在那高高的宫墙里，这些数以百计、甚至以千计的宫女，正值豆蔻年华，个个如花似玉，而一旦从民间被选入深宫，她们未来的命运，极可能是绵绵无尽的寥落和寂寞，直至满头青丝变为白头。出于同情，这些宫女的命运，常常成了文人作品中嗟叹的对象。卢渥将红叶珍藏了起来，只是向一些非常亲近的朋友展示过。

一年之后，唐宣宗即位，按照惯例，新皇帝登基后总要宣布赦免之类的事情，也常常颁布一些诸如简省部分宫女的诏命。这一次，按照宣宗的命令，准许百司官员未婚者得以在被简省的宫女中挑选合意者作为自己的妻子，贡举人不得入预。而卢渥恰好担任过一任范阳县令，属于可以获得这次机会的范围之内，于是，卢渥便与一位昔日的宫女喜结了良缘。

新婚后不久，卢渥向妻子说起自己曾在皇宫流出的御沟水面上拾到一片题诗红叶的事，说着，便从箱子里取出了这片珍藏多时的红叶。没想到妻子从他手上接过红叶后，凝视着上面的题诗，惊奇地说：“这就是我写的诗呀！”抚摸着这片经历非凡的红叶，她感慨万分地说道：“真没想到我在宫里的时候，随手题写的一片红叶，竟成了夫君的珍藏之物。”卢渥把妻子写的字拿来一对照，笔迹果然相同，既惊奇，又感到高兴。不久，这件事传了开来，人们也都感到惊讶不已，认为他们两人确实有一种前世约定的情缘。

如果说这是一种巧合的话，还有与之相似，更令人难以置信的奇巧之事呢。那就是人们传说的唐代诗人兼画家顾况与红叶题诗的故事。

唐玄宗在位的时候，因为长期专宠杨贵妃一人，大部分宫女无法与皇帝接近，又都被幽禁在深宫内院，衣食虽然无忧，但实际上则过着形同囚禁一般的生活。京都长安皇宫里的宫女命运如此，东都洛阳由于仅是帝驾偶一临幸之地，宫女们更是长期处在百无聊赖之中。精神上衰悴不堪的宫女们便常常在一些落叶上书写诗句，投入御渠中，让流水将树叶带到外面，代她们呼吸一下人间的自由空气。有一次，担任节度判官这一重要职位的顾况与三个诗友在东都洛阳的禁苑附近游玩，坐在小河边，忽然发现顺流漂来一片写着文字的树叶，他好奇地捡起来一看，竟是一首五言诗，上面写着："一入深宫里，年年不见春。聊题一片叶，寄与有情人。"

顾况深为这位不知名的宫女的寂寞愁绪所动，第二天，他特意绕到渠水的上游，往水里放了一片梧桐叶，他在树叶上也写了一首诗："花落深宫莺亦悲，上阳宫女断肠时。帝城不禁东流水，叶上题诗欲寄谁？"虽然无法得知谁能看到这首诗，且托流水寄上自己的一片同情之心。

◎顾况

说来也巧，十来天过去了，顾况的一个朋友在禁苑附近游玩，居然又在御渠中拾到一片题诗的树叶，他忙把树叶送给顾况，看看上面的内容与前几次有无关联。顾况取来一看，诗里竟然写道："一叶题诗出禁城，谁人酬和独含情？自嗟不及波中叶，荡漾乘春取次行。"

看来，这位在梧桐叶上写诗的宫女，就是上回在五言诗里嗟叹寂寞的人，可巧的是，她居然也收到了顾况寄诗的树叶。顾况在诗里表达的同情和关怀，在这位女子寂寞已久的心里激起了强烈的感情波澜。然而，她又十分清醒地知道自己的命运，因而发出了对自己的命运尚不如渠沟流水上一片树叶的悲叹。这种凄苦无奈的心情是笔墨无法形容的。

至此，我们已无须就故事内容的合乎逻辑与否再作探究和分析。因为，不管是出自对寂寞宫女的同情心理，还是对自己不为时用的曲折隐晦的嗟叹，都十分细致地刻画了文人内心世界的情感，这便是红叶题诗的故事为什么一直能够激起人们那么大兴趣的原因。

7　浅酌低唱亦真情

除了正常的家庭生活之外，狎妓冶游，也是旧时文人情感生活的一个重要组成部分。

封建时代，由于妇女地位低下，在以男子为中心的社会里，无论是在宫廷酒宴，还是酒楼歌馆，以歌舞及其他种种形式为博取人们欢乐的服务，成为许多年轻女性不得已而从之的职业。毋庸讳言，这是一种植根于社会不平等的畸形现象。然而，我们也不可否认，在文人与各种形式的妓女之间，除了最简单的商品供求关系之外，也确实存在着表现极为纷繁的感情，并非简单地用男欢女爱便可解释的。

从保存至今的《全唐诗》来看，将近五万首诗里，有关妓女的篇章便有约两千首，直接出自妓女之手的亦有一百三十多首。这不但反映出文人与青楼女子关系之密切，而且，字里行间，也显示了种种深厚的感情。文人仕途亨达、意气风发之时，可以炫耀的对象往往是妓女；如果命运偃蹇，排遣愁绪的最好对象又是妓女。因此，我们可以说，在封建时代这样一个特殊的环境里，考虑到文人宦游四方的经历，以及人们婚姻的现实情况，那么，与妓女的交往，不但构成了文人感情世界的一个重要组成部分，而且，在很多场合下，还成为人们合法地摆脱种种社会关系的阻挠，追寻爱情生活的一种方式。正因为如此，在部分文人与妓女之间，同样存在着令人感慨万千，甚至为之潸然泪下的爱情故事。

据《太平御览》记载，唐朝中期，著名的闽中才子欧阳詹，天资聪颖，不到二十岁，便以文名一方，并顺利地考中了进士。带着初次成功的喜悦心情，他漫游了太原。在参加大将军举办的酒宴上，他结识了一位被誉为第一美人的青楼女子。两人一见钟情，感情弥笃，很快便发展到了难分难舍的程度，为此，欧阳詹在太原盘桓了数月之久。可是，他不得不返回长安就职，而此刻若携这位女子一起前往又感到有所不便，于是，两人不得不暂作离别。临走的前夕，欧阳詹与之山盟海誓，待他到了京都长安，一切安排停当，即设法到太原来迎娶她。临行前，欧阳詹还写了一首情意绵绵的诗，既抒发自己怅然离别的心情，又表达了内心“流萍与系瓠，早晚相期亲”的强烈愿望。

然而，事情并没有像他当初想得那么简单。到了京都，进了衙门，便有各式各样的事务，使他不能如期地实现预定的计划。再说太原这儿，已经过了两人相约的日子了，女子左等右盼，一直没有得到消息，久而久之，她经不起感情上的折磨，竟然一病不起。终于到了弥留之际，女子勉强支起身子，剪下一绺青丝，置于匣中，对女伴凄惨地说道：“我快不行了。将来欧阳詹来了，留给他做个纪念吧。”她又做了一首诗，诗中写道：“自从别后减容光，半是思郎半恨郎。欲识旧时云鬓伴，为奴开取镂金箱。”一并存在匣中，委托女伴将来转交给欧阳詹。交代完了这些后事，女子便带着遗憾去世了。

终于到了欧阳詹派人来太原的那一天了。女伴们将事情的经过讲给来人听，又捧出了女子留下的小匣子。当使者回到长安，把小匣子交给欧阳詹，并叙述了事情的全部经过以后，欧阳詹悲凄地打开匣子一看，只见到了女子遗留下来的一绺青丝，他又取出诗诵读了一遍，肝肠欲断，过了没几天，竟然也因为过度伤心而去世了。

这种到达极致的爱情，显然不是所谓萍水相逢的感情可以解释，也已经远远超越了妓女与士人之间出于才色的互相慕悦的界限。这种生生死死的爱情，千百年来，在文人的情感上一直不断地激起强烈的波澜。后来，明代的著名戏剧家汤显祖在此基础上，编写了剧本《牡丹亭》，对欧阳詹的爱情故事中“情之至也”的动人魅力叹息再三。

在当时的社会，文人与妓女之间的爱情，不但能够得到社会的同情和理解，有时，还有侠义心肠的人们情愿冒着风险，助成这类姻缘，使有情人终成眷属。同样是生活在唐朝的韩翃与柳氏，便在人们的热心帮助下，终于获得了幸福。

中唐时期的著名诗人韩翃，是“大历十才子”之一，曾以一句“春城无处不飞花”名播天下，连当时的皇帝唐肃宗也知道这位写过“春城无处不飞花，寒食东风御柳斜。日暮汉宫传蜡烛，轻烟散入五侯家”的诗人韩翃，并对之极为赞赏。韩翃少负才名，孤贞静默，然而家境贫寒。韩翃有一位姓李的好朋友，曾将自己爱姬柳氏赠送给他，此后，韩、柳相处，感情极为融洽。天宝十三年，韩翃携柳氏到长安应考，进士及第后，未得授官职，便先只身到淄青节度使侯希逸手下担任书记，而柳氏则暂时留在长安。不料，不久便发生了“安史之乱”，两地被烽火连天的战场阻隔，彼此数年不得音讯。兵荒马乱中，柳氏恐自己因姿色艳丽而遭遇不测，一度避入法灵寺为尼姑，然内心还在翘首盼望韩翃的归来。后来，战乱平息了，韩翃久思柳氏，还是没有得到一点有关的消息，遂买了一个白丝囊，内装若干黄金，又以《章台柳》题写了一首词，词中说：“章台柳，章台柳，往日青青今在否？纵使长条似旧垂，亦应攀折他人手。”托人带至长安，请他想方设法寻找到柳氏，将丝囊转交给她。从他写词的口气来看，显然是在探问柳氏是否已经改嫁。

柳氏接到了韩翃带来的白丝囊，内心感慨万分，她既因韩翃的缠绵情意而深深感动，又为自己现今的处境而觉得万般无奈，因为此时柳氏已被番将沙吒利掠为姬妾了。柳氏便含着眼泪，以同样的《章台柳》词牌也填了一首词：“杨柳枝，芳菲节，可恨年年赠离别。一叶随风忽报秋，纵使君来岂堪折？”倾诉了自己痴情的同时，也披露了内心的幽怨。

不久，韩翃随着节度使入朝，来到长安。此时，随着他的诗篇逐渐为人熟知，韩翃的名声也比以前大了。他在京都遍寻柳氏不得，心里十分怅惘。偶然有一天，他在街上遇到一辆装饰非常华丽的牛车，忽闻车中传出柳氏对自己的问语，并告知了如今她在沙吒利处的境遇。牛车渐渐远去，两人虽隔着车帘，皆情不自禁，泪如雨下。这一天，正好是节度衙门的将校们在酒楼宴请韩翃，往日杯酒在手，便谈笑风生的韩员外，变得少言寡语而长吁短叹起来，他的遭遇，不免引起大家的深深同情。一名素有侠义豪情的将领自告奋勇，愿意冒险去将柳氏接出来。他请韩翃写了一封短札，骑上快马，很快便来到了沙吒利的府邸门口。说起来真是天遂人愿，这一天正值沙吒利外出，他便以沙在外不慎落马受伤，生命垂危，急欲与柳夫人一见为借口，闯入府中。见了柳氏，他立即向她出示了韩的手札，将她接到韩处相见。

此时，沙吒利正因数立战功而受代宗的宠爱，气焰甚高。人们在为韩翃高兴的同时，也很担心沙吒利决不会就此罢休。节度使侯希逸闻知此事后，非常同情韩翃的遭遇，他还说道："这样的事情，本来就应该由我来办的。"于是，侯希逸亲自出面，请皇帝干预此事。代宗看了奏章，也很赞赏这种处理的结果，居然下了一道御批，让柳氏与韩翃重新结合，另外赏赐了两千匹绸缎给沙吒利了事。这样，韩翃和柳氏的爱情，在众多热心人的帮助下，终于有了美满的结果。

8 赢得青楼薄幸名

当然，文人与妓女能够最终结成美满姻缘的事情，毕竟还是不多见的。对大部分文人来说，真正吸引他们作曲巷之游的，是妓女绰约的风姿，精湛过人的艺技，还有那体贴入微的柔肠，当然，也包括异性的魅力。即便如此，他们之间的关系，多半属于既有爱慕与怜惜的一面，又难免带有逢场作戏的成分。真情和假意糅合在一起，成为文人与妓女之间关系的主要特点。

需要说明的是，古时候文人与妓女的交往，其性质与近代社会单纯以满足性欲的嫖客与娼妓的关系有所不同，性欲的满足当然不能完全排斥在外，但是，相互感情上的满足，以及音乐歌舞技艺的欣赏，甚至还有表现为吟诗填词能力的文学方面的修养，也是文人与妓女之间互相吸引和交往的主要内容。古代陪伴客人饮酒或在酒席上作音乐歌舞表演的女性，实际应称作艺妓或歌妓。

唐宋两代，无论从经济还是文化来说，正处于封建时代的繁荣时期，科举制度的发展成熟，经过科甲晋身而享有殊荣的文人士子，在自己仕宦前程或者其他社会交往方面，都看到了一派光明的前景，繁华城市在各地的出现，则使得自上而下、始终处于社会活动中心的文人在与酒楼歌馆的妓女交往中，也达到了几乎无人不乐此道的程度。

就以我们比较熟悉的平民化的诗人白居易来说，从他诗集的内容来看，他实在是一位与风尘女子诗酒流连几乎终生的浪漫文人。与白居易交情笃厚，而且也以平易诗风见称于世的元稹，也有着相同的声妓之好，两人都非常喜欢在自己的作品中描写与妓女的感情。有些妓女，如秋娘、商玲珑、杨琼、薛涛等，可以说都是他俩共同的密友。

白居易曾经在唐穆宗时做过一任杭州刺史，当他改官分司东都，即将离开这座风光秀丽的城市的时候，使他感到最为留恋而依依不舍的是什么呢？并非西子湖畔的湖光山色，而是杭州的歌席花船上的妓女。几年来，这种“绿藤荫下铺歌席，红藕花中泊妓船”的风流生活，使白居易终身难以忘怀，最后，他还是带着几位妓女回到了洛阳。所以，多年后，刘禹锡还写诗和白居易开玩笑，说“怎奈钱塘苏小小，忆君泪点石榴裙”。白居易晚年闲居洛阳的时候，已经是六十多岁的老人了，从他“樱桃樊素口，杨柳小蛮腰”的诗句来看，还有口若樱桃、腰似柳枝的年轻家妓樊素、小蛮数人陪伴着他。直到白居易晚年患了中风症

◎白居易画像

之后，才不得不遣散她们。

元稹与白居易从青年时期起，便常常在一起出入歌馆酒楼，有时两人还共同眷恋着同一妓女。在他们的诗集中，我们常可以看到两位诗人为同一位爱慕的女性互相唱和的作品。元稹曾经长期爱恋一位蜀中名妓薛涛，这是一位性情聪慧、思想开朗而又多才多艺的女性，尤其擅长写诗，与她交往的人，都是当时非常知名的文学之士，如白居易、牛僧孺、令狐楚、裴度、张籍、刘禹锡等。薛涛在40岁的时候与元稹相识，诗歌往来频繁，很快便由诗坛知己发展到互诉衷肠的恋人。可是，元稹后来离开了成都，到浙东做官，在那里，他又结识了一位名叫刘采春的妓女，被她的美色吸引后，就渐渐地将薛涛淡忘了。薛涛后来在诗里哀叹“泪湿红笺怨别离”，极言自己的相思之苦，在我们今天看来，也饱含了封建时代一位不幸女性对薄情文人的深深谴责。

晚唐诗人杜牧因任职原因，曾在新兴的繁华城市扬州游乐了十年之久，后来，他终于和扬州的一位歌妓张好好由相慕而结成百年之好。杜牧在回首扬州的生活时，颇带有自我调侃意味地在诗中写道：“落魄江湖载酒行，楚腰纤细掌中轻。十年一觉扬州梦，赢得青楼薄幸名”。据《唐语林》记载，唐文宗大和七年，当时还只有30岁的杜牧已经显露出他过人的才华了。这一年四月，他应淮南节度使牛僧孺的邀请，来到扬州，担任书记之职。此时，随着江南地区经济的进一步开发，扬州已经成为著名的工商业都市，历史上最

◎杜牧

早的夜市便出现在这里。城里青楼林立,美姬如云,到了夜间,装点豪华的酒楼歌馆,纷纷点起的绛红纱灯,数以万计,十数里长的大街,耀如白昼,而妆饰入时的妓女更令游人恍然觉得置身仙境。

杜牧属于那种不拘细行的豪放之士。据说他在洛阳的时候,有一次参加李司徒的家宴。李府的生活十分奢侈铺张,时人称为"声伎豪华,为当时第一"。此次宴会上,仅仅表演歌舞的艺妓便有百余人。杜牧因久闻李家有一位名叫紫云的歌女色艺双绝,入席后,便急不可耐地向主人打听哪一个是紫云。李司徒指给他看后,杜牧一动不动地凝视了好长时间,嘴里喃喃说道:"果然名不虚传。"然后,便向主人提出将紫云送给他,惹得在座的客人连同那些艺妓都望着他笑了起来。而他本人则若无其事,自酌自饮起来。三杯过后,他站起身来口占一绝,其中两句便是:"忽发狂言惊满座,两行红粉一时回"。

这次到了扬州,杜牧本来就是恃才而不拘小节的性格,变得更加放浪,几乎每天晚上都出入这些场所,沉迷在女色当中。这样一来,搞得牛僧孺为他担心起来,又不便阻止,只好派了一些兵士,暗中进行保护。过了两年,当杜牧将要离开扬州,到长安就任监察御史的新职时,牛僧孺为他设酒饯行,趁此机会,善意而委婉地提醒他在风月场上要略加约束,尤其晚上须注意安全,杜牧起初还矢口否认自己的放荡行径,牛僧孺微笑着取出一个小箱子,打开一看,里面装的都是往日兵士执行保护活动后回来写的密报,如"某月某日,杜书记在某家,平安无事"。杜牧这才知道自己一直是受着牛僧孺的暗中保护,内心感激不尽。同时,想到自己的风流作为已经尽人皆知,又觉得惭愧不已。

9 水井与柳词

说到文人与歌馆酒楼妓女的关系，恐怕有一点是没人能和宋代的著名词人柳永相比的。这种关系不是指寻常意义上的男女往来，而是一种既有感情上的眷恋，又兼有朋友色彩的友谊。柳永在写作歌词方面的才能，无疑是属于超一流的，但是，他首先是一个出名的风流浪子型的才子，他的大部分时间，都消耗在那些繁华的酒楼歌舞场所里，他的主要精力，也都是在为那些歌妓撰写一些内容十分精致的词作上。既然是大家都喜欢的通俗内容，一旦经歌妓和乐工们传唱开来，便不胫而走，传遍天下。所以，有句俗话就这么说，“有水井出处，便有柳词”，这在当时的传媒条件之下，简直可以说是达到了令人惊讶的普及程度。

柳永将自己的才华和精力都投入到了为妓女们演唱的词创作上，这与他一生的坎坷经历有关。他年轻的时候，就显露出过人的才华，善于写一些语意妥帖、音律谐和的精致小品。像当时许多有才华的年轻人一样，他不拘小节，喜欢和妓女在一起饮酒拍曲作乐。据说，宋仁宗有一次见到他在一首词中发的牢骚，说“忍把浮名，换了浅斟低唱”，非常生气，说：“就让他浅斟低唱去吧，不必给他什么浮名了。”所以，柳永一直到晚年才中了个进士，毕其一生，也只做到县令、盐场的盐官和屯田员外郎之类的小官。他虽然向往富贵，却不得不在落魄潦倒的生活中挣扎，沦落天涯。这样，他几乎将自己的大部分时间和精力都沉醉迷恋在繁华的都市生活中，倒是与许多妓女乐工结成了知己。

由于柳永的创作内容，实际上偏离了传统的士大夫的趣味，已经失去了那种孤芳自赏的高贵和精致，反而使他的作品较之前人有了更加广阔的内容和境界。他那些十分直白地描写男女爱情的作品，正反映了市民阶层的情趣和要求，虽然被一些文人雅士批评为“俗”，人们又不得不称赞他的作品确实有着极其出色的地方。因为他的词主要是在描写都市的繁华、男女之间的相思和羁愁之类内容，无论是场面的豪华，还是内心的真挚情感，都发挥到了极致。有人以一句非常简洁的语言加以概括说，宋仁宗在位42年的太平繁华景象，都写在柳永的词里了。甚至还有一种传说，金主完颜亮读了柳永《望海潮》里描写的杭州繁华景象，如“三秋桂子，十里荷花”之类，大为心动，顿生南侵之意。

妓女因为能够演唱名家的诗词而抬高自己的身价，这在唐朝就是如此了。据《白香山集》卷二十八记载，某妓女在同别人商定聘金时，要求高价的理由就是：“我能够唱诵《长恨歌》，岂能与别人一样待遇呢？”柳永词作的流行，当然为他结交酒楼歌馆的妓女创造了条件，这里面既有相互依赖的因素，也有长期交往中产生的感情，更因为柳词中表现出来的感伤、哀愁，都是大家有着共同体验的感受，大概没有哪个文人在这方面，与妓女们有着如此之多的共同语言了。这也是柳永与其他文人相比的独特之处。《古今词话》上记载的一个小故事，很传神地写出了他和妓女间的这种关系。

柳永有一个老朋友叫孙何，来到杭州做知府，柳永很想与这位老友见面，无奈府衙门卫森严，以他的身分求见，根本就不为他向里面通报。于是，柳永便写了那首著名的《望海潮》，找到与他相熟的一个妓女楚楚，向她说了自己欲见孙何不得的事，并将这首词交给楚楚，请她有机会在府邸里唱曲时，“希望能借你的朱唇，在孙相公面前唱此一曲。”柳永还十分自信地补充道：“待你唱罢此曲，孙相公肯定会问你作者是谁，你只消说是柳七写的就可以了。”过了不久，正逢中秋佳节，楚楚果然被接到府邸里举行的酒宴上唱曲，婉转的歌声，加上写得如此精妙的歌词，深深打动了孙何，他向楚楚打听作者的名字。正如柳永所预料的那样，孙何一听说柳永也在杭州，立即派人将他迎进府来相见叙旧。

柳永虽然大半生都在吟咏繁华的都市景象，自己也过着风流放诞的生活，毕竟这是一种漂泊无定的日子。他去世以后，家里并没有留下什么财产，还是他生前的朋友，也就是那些酒楼歌馆的妓女们集资为他安葬。她们在枣阳县花山买下一块墓地，修葺了坟墓。到了每年春天的清明节时，她们还相约带上酒肴，到柳永的墓前来凭吊这位老朋友，时人称之为“吊柳会”。这恐怕也不是用江湖义气之类的话能解释得了的。用今天的话来说，这位为人们创作了大量作品的通俗艺术家，在他去世之后，还活在他的朋友们心里。

三 文人圈中的文人

文人相亲。君不见，洋溢在古往今来的诗文集中，描写文人之间亲密关系的，如“对床夜雨”，以极浅白的语言，描绘了一幅朋友间充满温情的画面： 萧瑟风雨之夜，久别新逢的老友，各自坐在床上，拥衾相对，灯光如豆，却丝毫不减热烈的气氛。又如山间茅舍，夕阳将斜，“之子期宿来，孤琴候萝径”，洒满杂花绿草的小径旁，主人正以悠然自得的神态，一边弹琴，一边翘首期待着相约的友人来访。

然而，又有道是文人相轻，自古而然。一语不和，终生不复相见。恩恩怨怨，多为文字，或起于倾心相慕，或贵边贱近，竟至于因道不相同而嫉如宿仇。沿袭至今，文人之间，似乎还不能摆脱这类旧习气的熏染，可谓根深蒂固矣。

1 订交皆因文字缘

文人之交，最经常且最有意义的，当是文字的往来。痴迷文字的人们，尤其当他们在文学作品中发现了令人怦然心动之处，心中服膺之时，倾心相交，往往也就为后人留下了一段文字之交的佳话。说起来，这恐怕与中国古代诗词的表现形式以及文人创作诗文的过程不无关系。在基本上是以单字作为表现元素的诗词里,一个字的选择,在把握住被描写的景物特点上,有时常常会起到画龙点睛的神奇效果,理解了这一点,对于文人“苦吟一句诗,捻断数根须”的说法,就不会认为是向壁虚构的故事了。

北宋词人宋祁在他写的《玉楼春》里,有一个非常精彩的句子,即“红杏枝头春意闹”。作者以早春时节最足以显示春天气息的红杏,来形容美好的春景,尤其独具匠心的是一个“闹”字,将春天的生命赋予了充分的活力, 唤起了人们许多的联想,也让人们在根据自己的生活体验想象春意蓬勃的景象时,提供了极大的空间。正是一个“闹”字,境界便完全显示出来了。

与宋祁同时的张先也有一个相似的成功例子。张先在一首描写春夜的《天仙子》中写道,“云破月来花弄影”,表现春天的夜晚,柔和的月光之下,花前的景物已经令人陶醉了。作者还选择了一个“弄”字,把原本是静态的景物当作动态来加以描写,似乎月光下的花影,是在有意识地轻轻舞动,多么美好的月色和画面啊。

张先在填词方面取得的成就,使他在当时的文人中间享有很高的声誉。官居尚书的宋祁也十分钦佩张先的文才,便兴冲冲地前往拜访。到了张先的家门,他先打发人进去通报说:“我是来拜访那位‘云破月来花弄影’郎中啊。”这时候,张先听说来了客人,已经从屋里迎出来了,他在屏风后面听到了宋祁风趣的话语,出于对宋祁的敬重,特别是在讲究诗词创作时炼字的功夫,便大声地应道:“莫不是‘红杏枝头春意闹’尚书来了?”说罢,两人拉着手,相视而大笑。张先吩咐家人摆酒,与宋祁对酌起来,虽然是初次见面,两人却像非常熟悉的老朋友一样,亲密无间地交谈做诗填词的体会。这个有趣的初次见面,给两人都留下了美好的印象,也在文人中间传为佳话。

有时候，初次见面的印象并不特别深刻，后来，通过加深了解，才产生了发自内中的钦佩之心，也同样会使人结下深厚的友谊。晚唐的时候，有个名叫王贞白的诗人，乾宁二年举进士，诗名颇盛。当时，居住在他家附近有个名叫贯休的僧人，七岁便出家了，他工诗能文，喜欢四处游览和广交朋友，是当时负有名声的诗僧，曾在吴越王钱镠和荆南节度使高若讷处受到很高的礼遇。王贞白做了一首名叫《御沟》的诗，自己觉得非常满意，甚至认为是完美无缺的作品，他也听说了贯休的名声，遂把诗寄给了他，名义上说是向他请教，实际上也带有试探和炫耀的意思。

◎贯休

贯休读了王贞白的诗，感到确实写得不错，很有才气，但是，诗中有一个字似乎还有再推敲一番的余地，可以换一个更妥帖的字。两人见面之后，贯休便把自己的想法如实讲给了王贞白听。听了贯休的话，王贞白感到有点不服气，他什么话也没说，一甩袖子便走了。贯休微微笑了一下，望着他的背影说："这个年轻人悟性高得很，用不了多少时间就会回来的，咱们就等着他吧。"说着，他拿起笔在自己手心写了一个字。

不多一会儿，果然见王贞白又踱着步子回来了。一见贯休，他便大声说道："果然如您说的，诗里的确有一句不妥之处。'此波涵帝泽，无处濯尘缨'句中，'此波'二字，改作'此中'更好。不知您觉得怎样？"贯休微笑着答道："且慢言，先请看看这个字"。

说着他举起手，摊开了手指，将先前写的那个字展示给王贞白看，原来正是一个“中”字，王贞白这下才真正由衷地佩服起贯休来，觉得他做诗的功夫果然不是虚传的，从此，两人结下非常深厚的友情。

2 误悼未亡见真情

古时候，文人常常以撰写悼文的方式来表达自己对去世朋友的思念之情。这种文章与墓志、神道碑之类形式的悼亡文字不同，由于不是受人请托的应酬之作，不至于带有溢美甚至阿谀的成分，而是亲人朋友间真实感情的流露，形式也比较随意，一些篇幅短小的悼亡文字往往因为抓住了最动人情的一个片断，因而成了文学史上的佳作名篇。比如向秀的《思旧赋》、袁枚的《祭妹文》就是这样一些脍炙人口的名作。嵇康遇害后，有一天，向秀驾车经过山阳嵇康的故居，时值寒冬，日薄西山，远远地传来了邻人吹起的笛声，发声嘹亮，坐在车里的向秀联想起的却是嵇康当年的琴声，以及嵇康临刑前“顾视日影，索琴而弹之”的情景，追忆起昔日一起饮酒游玩的往事，不禁悲从中来，回忆也戛然中止，令人感到一种无法以语言来加以形容的压抑和悲哀心情。

哀悼故友，固然可以显示人们之间的深情厚谊，误哭未亡之人，同样也是情谊深厚的表现。由于古代交通和信息传递不发达，偶尔出现一次信息的误传，并不是绝无仅有的事情。清代著名文人郑板桥就曾有过一次因为得到了误传的消息，痛哭未亡之人的故事。

郑板桥与袁枚原本并不相识，但是，因为读过袁枚的许多文章，他非常倾慕袁枚的文才，却一直没有得到当面拜谒请教的机会。郑板桥在山东做县令的时候，忽然有一次听人说起袁枚已经去世的消息，他既感到惋惜，更为自己歆羡多时，却再也无法得以当面聆教而深觉遗憾，竟禁不住大哭起来，边哭边跺脚，像失去了最亲密的朋友一样。后来，又有新的消息传来，证明先前关于袁枚的噩耗只是一则误传，郑板桥高兴极了。

袁枚听到了这件事以后，心里非常感动。两人一直过了20年以后，才在朋友的酒席上第一次见面，此时，郑板桥已经以诗文享名天下了，而且，他在书法和绘画方面也取得了很高的成就，两人执手相见，就像多年未见面的老朋友一样。郑板桥对袁枚说，天下之大，其实真正的人才并不多，言下之意，依然十分推崇袁枚的学问，袁枚则写了一首诗送给郑板桥，诗中写道："闻死误抛千滴泪，论才不觉九州宽。"前一句说的正是20年前郑板桥误哭袁枚的事，可见这件事在他的记忆里仍有着很深的印象。

清代还有一名文人李日景，也是仰慕别人的才学，又极其重感情的人。有一次他客居在南昌，忽然听别人说著名的诗人宋琬去世了。虽说他从未见过宋琬的面，却非常佩服他的诗才，听到这个消息后，他心里觉得很悲哀，怅然了半天，便将这种伤感的心情用诗的形式表现出来，写了一组哀悼宋琬的诗。后来，他从南昌来到了杭州，才得知宋琬并没有去世，而且这些日子正在杭州。听到这个消息，他不禁欣喜万分，赶忙向朋友借了一匹马，飞快地赶到宋琬的住处去拜访他。见了宋琬，他先表达了自己很久以来对宋琬文才的仰慕之心，后来又觉得意犹未尽，便拿出了自己先前写的那些悼亡诗给他看，使宋琬大受感动，两人竟至于相对泣下，仿佛经历了一场生离死别似的。宋琬赶忙吩咐人备酒，两人斟酒痛饮，极为欢畅。

这种看起来似乎有点唐突的举止，其实还是容易理解的，也可以说是完全正常的，因为这种做法正是体现了人与人之间的一种不寻常的关系。我们不难看出郑板桥、李日景对袁枚和宋琬学问的景仰，已经到了“心仪”和“神交”的程度，显然已经超越了一般的朋友之间的关系。假如不是出自朋友之间的真情，是决不会做出这种超乎常人的举止来的。

3 相争亦缘文字起

文人对文字的执著，在常人看来，也许会是不可思议的，甚至还会在生活中引发一些有趣的故事来。

毛奇龄是明末清初一个著名的大学者，人称西河先生。明亡后，他曾经长期隐居在山野，读书于土室中，以示与清廷的不合作精神，直到康熙时才受辟应博学鸿词科，又受命纂修《明史》，回到了社会。毛奇龄的学问极其广博，著述也很丰富，然而，他的性格十分偏执，又很喜欢讥讽别人，自视又极高，这样一来，文人中间便有很多人不大愿意与他往来。大约这种性格在日常生活中也不易与人协调好关系吧，即便在家里，他和夫人的关系也常常闹得很紧张。据他的一些学生说，在他家里上课的时候，有时候还会听到隔墙传来师母的谩骂声，不过西河先生却总是不在意的样子，他甚至能够做到边披阅学生的文章，边与学生交谈，回答他们的提问，时不时还提高嗓门应对两句隔壁传来的詈骂，显然他还在用一只耳朵听夫人的骂语呢。遇到这种场合，学生差一点都要笑起来，可又不敢出声。

毛奇龄很不喜欢苏轼的诗，他认为苏轼在写诗的时候，喜欢用各种比喻，说得太多了，所谓“词繁而意尽”，不如《诗经》和《楚辞》，比较含蓄，蕴意深远。本来，这是个智者见智、仁者见仁的看法问题，可是，毛奇龄却听不得不同的意见，非要同别人争个高低不可。有一回，他和汪懋麟等几个人一起聊天，不觉话题又转到了苏轼的诗上，汪懋麟实在不服气，便举出苏轼诗中“竹外桃花三两枝，春江水暖鸭先知”这两句为例，质难毛奇龄道：“这样两句诗，你难道也认为没有诗的味道吗？”毛奇龄一听，心里就很不高兴，愤愤地说：“难道水面上的鹅就一定比鸭子后知吗？为什么一定要独尊鸭子呢？”大家看到老先生偏见如此之重，哪里是什么讨论，简直就是在抬杠，一个个忍不住捧腹大笑起来。

说到北宋的王安石，大家都知道他是一个著名的文学家，“唐宋八大家”之一，同时又是个著名的政治家，乃宋神宗时“熙宁新政”的组织者。王安石确实是一个学识渊博的非凡人物，他曾经编过一本叫《字说》的书，从书的前言来看，作者是根据所谓“字者始于一，一而生于无穷”的原理，主要依据字形的会意来推论汉字的孳生。但是，俗话说，“智者千虑，必有一失”，王安石在书中列举的例子，有一些显得十分勉强，往往还把形声字当作会意字来处理，更有不少明显的漏洞，这就让那些不同意他的观点的人十分容易地找到了借口。当时他的同乡，一个名叫刘攽的学者便举“粗”（麤）和“奔”犇的古体字为例，说牛可算是躯大体粗的笨家伙了，三个牛字，却是一个奔字，这如何快跑得起来？鹿可以说是敏捷灵巧的动物了，三个鹿字，却组成了一个粗字，这又叫人作何种联想呢？

苏轼也是持不同意见的一个。苏轼文思敏捷，他抓住王安石仅仅注重从汉字部首来解释字义的片面性，便毫不留情地拿《字说》来开玩笑。

他说，依照王安石的理论，“笃”字似乎可说是用竹子打马的结果，就算勉强说通了，可是，“笑”字如何解释？如用竹子来鞭打狗的话，有什么可笑的呢？苏轼还曾向王安石问起“坡”字的字义，王安石回答说可以理解为土之皮。当然，这实在也是牵强之极的说法，不过多少还算沾上点边。苏轼听了，立即反诘说：“那么‘滑’字呢，莫非解释作水之骨么？”苏轼还用嘲讽的口气说：“‘鸠’字从九从鸟，看来也是有根据的了，不信你去看《诗经》，上面不是有这么一句么：‘鸤鸠在桑，其子七兮’，再加上爹和娘，不正是九个吗？”

不过，王安石和苏轼都是大学问家，气度也都很大，他们虽然对许多问题的看法很不相同，却并没有妨碍他们互相欣赏对方的诗文。王安石读苏轼的诗，常会感叹自己平生无此佳句；而苏轼读到王安石的精彩文章时，也认为自屈原、宋玉以来，千余年间，都没有出现过像这样具有《离骚》句法的好文章了。后来司马光在宋神宗死后，担任宰相的短短几个月里，尽改王安石执政时推行的新法，并下命令不许再看王安石的《字说》。据说王安石听到这个消息后，很不平地说：“新法是可以改的，可是，难道文字也不能研究了吗？”他绕着床徘徊了一夜，在屏风上数百次地写着司马光的名字，以发泄自己心中的不平，可见他对司马光这种将政治和学术问题不分青红皂白一棍子打死的做法，是非常反感的。

4　揎袖拔剑竟为学

文人之间论学，本来是一件很风雅的事情，偏偏有些个读书人意气用事，遇到意见不同发生争论的时候，总要辩出个是非高低来。殊不知，学术上有些问题，不过是属于见解不同，根本用不着、也不可能辩出什么名堂来的。但是，书呆子气十足的文化人，就是喜欢执著于自己的见解，以至于在书香里掺入了一点火药气味，书房里甚至会演出一场“全武行”。不过，话说回来，这种出于学术之争而闹得“动手动脚”的情况，毕竟只是偏执于一己之见解的学术问题，于人格并无妨碍，只是平时举止斯文的谦谦君子，这会儿却一个个涨红了脸较起真的来，模样显得有些滑稽可笑而已。人们在记录这些文人逸事的时候，往往用的是风趣的语言，而且依然视之为一种文人风雅的趣事。

清代山东诸城有两个文人，一个叫丁耀亢，一个叫丘石常，都是在当地负有名声的诗人，两人平时关系也不错，常常在一起赋诗唱和，称得上是关系密切的文友。有一次，他们在一起饮酒的时候，话题又扯到了诗文上，不知怎么两人的意见发生了分歧，各不相让，越争吵越激烈，最后，竟然互相谩骂起来，人们在一旁相劝也无济于事。只见丘石常怒气冲冲地取下挂在墙上的剑，拔剑在手，似乎要用武力来解决两人之间的争论，丁耀亢见状不妙，慌忙夺路出门，翻身上马，匆匆离开了。在旁边看热闹的人觉得这两位先生都有点失态，不过也挺有趣。后来，在山东一带，人们都把这当作一则文坛上的佳话来议论，大约两人酒醒之后，自己也会不觉哈哈大笑的吧。

清初还有一次论学竟至于拔剑相对的笑话，是与生性最好强辩的学者毛奇龄有关。陕西富平人李因笃，明末诸生出身，见当时天下大乱，颇有一番安民济世的雄心，后未得遂愿，便回到家乡，闭门读书，若干年之后，精通经史，尤其长于音韵训诂，成了一位很有名望的学者。与毛奇龄一样，他也在康熙年间被荐博学鸿词科,授官检讨。李因笃性格很耿直,看到别人有什么不对,喜欢当面指出,从不搞唯唯诺诺或违心应付的一套。他常和毛奇龄在一起,两人都喜欢研究文字音韵,有了共同的兴趣,自然少不了一起讨论这方面的问题。不过,毛奇龄是一个出了名的好意气用事的人,与李因笃稍稍熟悉之后,旧习难改,便又常犯这套不管有理还是无理、都要强辩三分的毛病。

有一次,两人因为讨论古韵的问题,又争论起来,毛奇龄显然缺少有力的证据,却一个劲地强词夺理,死抱住自己的论点不放。李因笃见他如此强辩,几近胡搅蛮缠,自己又一时语塞,心中勃然大怒,索性拔出剑来,准备照着毛奇龄身上砍去。毛大惊失色,赶紧拔脚就跑。因为有许多人平时都被毛奇龄这种强辩搞得很不舒服,听到这件事以后,觉得李因笃干得痛快极了。

清代著名的文学家曹雪芹的《红楼梦》问世以后,开始是以抄本的形式流传,到了嘉庆年间,北京城里的士大夫家里,几乎每户必备,一时间,阅读和评论《红楼梦》成了一种时尚,曲艺艺人还将《红楼梦》的故事改编成曲艺段子,付诸演唱,大受市民的欢迎。这种风气逐渐蔓延到了全国,文人中间几乎没有不知道贾宝玉、林黛玉故事的。

文人好读《红楼梦》,自然便会根据自己的理解,对故事中人物有着各自的偏好,有的人喜欢林黛玉,同情她的不幸命运;也有人喜欢薛宝钗,认为她敦厚温柔,更加可爱。于是,在这些执著的读者群里,便出现了"尊林派"和"尊薛派",双方各执己见,一谈论起来,往往争论不休。光绪年间的邹韬在《三借庐笔谈》里,记叙了与自己相关的一段趣事。邹韬和他的朋友许绍源都爱看并且爱评《红楼梦》,用今天的话来说,可算得上“红楼迷”了。可是，这两位先生拥立的主人公却不一样，邹韬尊林黛玉，贬薛宝钗，许绍源反之。受当时风气的感染，文人相见，话题不免会扯到《红楼梦》上来，一次，两人就此争论起来。大概彼此话都说重了，难听的话也讲了出来，用邹韬自己的话来说，“遂相龃龉，几挥老拳”，几乎到了动武的地步，幸而在一旁的朋友再三劝解，没有到动手的地步，也没怎么伤了和气。

他们两人倒是能够克制自己，都发誓再也不在一块儿谈论《红楼梦》了。过了一段时间，在赴秋试的途中，两人刚好坐在同一艘船上，相遇以后，邹韬对许绍源说：“老兄，你为什么就那样顽固，非要认为薛宝钗这个人可爱呢？”许绍源哈哈一笑，反问道：“你老兄怎么这般固执，偏偏要同情什么林黛玉呢？”话虽然这么说，他俩知道谁都说服不了谁。其实，这又何必一定要争个什么高下呢？本来就只不过是曹雪芹塑造的两个艺术形象罢了。两人换了个话题，十分欢快地谈了起来，一路上，气氛十分融洽和愉快。

大概这就是文人的习性，较之常人，他们更注重精神的、文化的东西，对世俗的人情世故，反倒不那么计较了，因而，在旁人看起来，有时便显得怪异，或者说书呆子气十足。这些看起来可笑的地方，也不妨说正是他们的可爱之处吧。

5 从来文人多相轻

文人之间，或者因为贵远贱近，或者出于重耳轻目，彼此有交往的文人往往会互相轻视，甚至发展到产生敌视的程度，这便是人们常说的“文人相轻”。究其根源,这恐怕只有到各自的学术渊源和性格中去寻找原因了。

晋朝的殷浩和孙盛,都是当时擅长玄谈的人。所谓玄谈,是一种本于黄老道学的辨析名理的议论,在魏晋时期的士大夫中间非常流行。有一次,孙盛到殷浩处拜访,自然是免不了一番相互辩难,两人越争越激烈,而且互不买账,结果就出言不逊,互相谩骂开来。殷浩指着孙盛说:“我劝你先生莫做强口马(强即犟),我该把你鼻子穿起来。”孙盛则回敬道:“先生没见那决鼻牛么?当心人们会把你的脸颊给穿起来哩。”本来,作为主人的殷浩还招待客人吃饭的,两人骂来骂去,饭菜冷了端下去热,热了没顾上吃又冷了,反复热了四次,还没有动筷子,倒是大家手上持的麈尾,因为骂人的时候往往被举起在手上奋力挥掷,上面的尾毛一点点地脱落下来,在饭菜上铺了一层。

像这样由轻视而至于当面对骂的情况,当然在文人中间还不多见,因为这毕竟有辱斯文。然而,在朋友的小圈子里,以不屑的口吻议论同辈人物,属于“臧否人物”一类,那就几乎比比皆是了。

南朝的丘灵鞠就是比较喜欢讥嘲别人,后来也算得到了回报的一个典型吧。丘灵鞠经历了南朝的宋、齐两代,他性格倜傥不羁,喜欢饮酒,文思敏捷,一时颇负文名。他有个毛病,喜欢批评别人,所用的语气又都带点讽刺的味道。有一次,在朋友处喝酒,有人说起另一个文人王俭的文章近来进步不小,很有一些精彩之作。丘灵鞠听了,眯着眼睛慢慢地说道:“王俭的文章,比起我没有进步的时候如何?”这话后来传到王俭的耳朵里去了。

其实,丘灵鞠在文学上的鼎盛时期是在刘宋,入了萧齐以后，文思已不如先前敏捷，在仕途上也没什么进展，渐渐地连平时的仪容也不大讲究起来，自己的家业也没治理好。这时候，对丘灵鞠一直怀有耿耿之心的王俭便对人嘲笑地说："丘公在仕宦上没有进展，文才也在后退呢。"

像这种相互之间的攻击还算是事出有因的，有时候，仅仅是学问上的彼此轻视，也会出现一些互相诋毁的现象。比如，清代后期的臧寿恭和严可均同为湖州籍人，又都是当时名声很大的学者，通经籍，博学问，但二人不仅从不相往来，而且都非常鄙薄对方的学问。有一次，臧寿恭的高足杨岘从长兴回家，泊船城外，看见严可均老前辈正在相邻的一艘船上独自饮酒；便与他攀谈起来。话语间，严可均知道杨岘跟随臧寿恭治学，便显得十分惊讶地说："他一个村夫子，也值得你当老师来对待吗？"后来，有一天杨岘和自己的老师谈起了严可均的学问，不料，臧寿恭竟说道："他么，不过能背诵几句《三字经》罢了。"《三字经》是儿童入学的启蒙读物，这么看来，在臧寿恭的眼里，也是极其瞧不起严可均的学问的。

文人相轻，在我们今天看来，是文人的一种毛病，它与文人之间出于学术见解的分歧而负气强辩不同；往往是出于对自身学术的偏好，甚至是出于一种基于门户、师承渊源的狭隘心理的表现，对学术的发展当然也谈不上什么积极的意义了。此外，我们也可以在一些人的性格上找到根据，这便是某些文人的自大和自傲的心理。清代扬州的著名文人汪中就属于这种类型。

汪中生活在乾隆时期，正是以考据出名的乾嘉学派鼎盛的时候，因家贫，后又因母亲上了年纪，便绝意仕进。他喜欢古文，却不愿效法韩愈、欧阳修式的写法，而是直接追随汉魏六朝文章的风格，确实是一个有才气、有思想的人。他后来被湖广总督毕沅聘为幕僚,晚年在杭州参加文澜阁的《四库全书》校勘工作,并有学术著作多种。汪中的问题是自视过高,喜欢奚落一些他认为名不副实的名流学者,因而他的某些使人难堪的行为,常被时人批评为狂妄之举。

汪中曾经在扬州的安定书院读书,他性格狂放,仗着年轻气盛,常常连掌管书院的山长都不放在眼里。据说每次新的掌院山长到任以后,汪中就故意把古代经籍中的经、史方面难解的疑案提出来,装模作样地去向他们"请教",看到他们受窘的样子,他便得意地哈哈大笑。安定书院是一所很有声望的学府,受聘担任山长的都是一些名望很高的学者,如孙志祖、蒋士铨等人在此之前都曾经官至翰林院编修,身分很高贵,依旧免不了遭受他的一番戏弄。孙志祖在任山长的时候年事已高,受到这番刺激后,不久便离开了人世。许多人认为,孙的弃世与汪中的狂妄举止有关。

当时居住在扬州的文士中,有好几位都是以学问赅博在全国享有盛名。除了上面说到的孙志祖、蒋士铨外,还如曾经担任翰林院编修的程晋芳,曾官礼部主事的任大椿,曾为贡生的顾九苞等,可说是人文荟萃。但是,汪中有一次却当着众人的面一本正经地说:"扬州一府,学问做通的人只有三个,不通的也有三个。做通学问的是高邮的王念孙、宝应的刘台拱,再有就是本人我了。"言下之意,像程晋芳等三人,便是被他列为学问不通者。正好有一位长期在外做官、临时回家小住的官绅,大约久离乡邦,未曾领教过汪的狂妄口气,加上自我感觉还不错,便请汪中评价一下自己的学问。汪中看了他一眼,慢慢地说道:"先生的学问倒不在'不通'之列。"这名官绅听了,不禁有点喜出望外,但正在得意的时候,只听到汪中又补充了一句:"先生再读上30年书,便可指望跻身'不通'之列了。"

6　谦谦君子不称师

当然，虽说彼此相轻是旧时文人中的一种陋习，士林中也不乏气度宏大而格调高尚的文人。真正的大学问家，文章学术到达一定的境界以后，反而不太计较虚名。像北宋两位著名的文学家王安石和苏轼，都是才华横溢且心气很高的人，即便他们在政见上还有很多的分歧，学术见解也不尽相同，却又都能非常客观地评价彼此的才学，甚至还很欣赏对方在诗歌和文章上的创作成就。关于这类文人雅量的传说在笔记小说中也不少见，往往成为文人交往中的佳话。

清初的叶燮和汪琬之间，就有过一段发人深省的故事。汪琬为顺治年间的进士，曾经做到刑部郎中，还参加过《明史》的编修工作。后来，他以身体不好为由，请假回家，便没有再出来做事。汪琬的学问很好，经学的根底十分厚实，尤其以一手漂亮的文章出名，被时人誉为"古文三大家"之一。汪琬晚年在尧峰山讲学授徒，因为他的声望很高，前来求学的门生达数百人之多。叶燮是康熙年间的进士，他的文章风格不蹈前人旧习，诗风则追随杜韩苏三家，陈习俗障，一扫而空，声望也很高。他因生性亢直，与上司不和，被罢官后，居住在吴县横山，也在家开馆讲学，远近求学者接踵而来，屋宇走廊都挤满了求学的人。

汪琬阐述经义的时候，言辞明晰，见解精深，然他性格直爽，从来不因为什么面子的缘故，放弃自己的观点而屈从别人的旨意。他的居处与叶燮的学馆相去不远，两人在学术见解上有相悖之处,讲学时难免要相互攻击,而两家门生也各持师说,互不相让,两人的关系,自然可以想见了。后来,汪琬去世了,有人以为叶燮听到这个消息,一定会感到高兴的。不料,叶燮表情十分沉痛,他叹息着说:“过去,我总是不满汪先生的文章,是因为他的名声太高,意气太盛,所以,我总喜欢罗列他治学中的失误之处。我自己也清楚,并不是他的学问真的荒谬到背离儒学根本的程度啊。如今,汪先生去世了,还有谁来批评我的文章呢?我失去了一位诤友啊。”叶燮收拾起自己过去写的指责汪琬学问疏漏的文字,通统付之一炬。听到这件事情的人,对叶燮的坦荡胸襟都钦佩不已。

清代乾嘉学派的成就,被后人看作是汉学传统的一次复兴,其中,许多学者经过艰苦的努力,在学术上取得了丰硕的成果。戴震在文字学方面的成果就是一例。戴震学问很好,却不喜欢当别人的老师。据说姚鼐还在做举人的时候,就非常佩服戴震的学问,曾表示要拜他为师。可是,戴震回信表示谢绝,很真诚地写道:“非但我自己感到不足以为师,我的学问也不如您,所以只能请您谅解了。其实,古人所谓的朋友,含有半个老师的意思在里面,我们不妨相互为师,这样便可求得完满了,因为如果谁有了错,就能互相规劝。重视人而不是看重虚名,这才不至于失去朋友这一词的真正意义啊。”当时戴震刚满33岁,却能如此看待师生朋友的关系,不求虚名,后来,他在学问上果然取得了十分惊人的成就。

在乾嘉时期的著名学者中,不那么计较虚名的还有好几位,如以考订史实著称的钱大昕,他在与人交往时的气度也颇为人称道。

戴震在未成名之前,一度贫困潦倒,他初到北京谋生时,是依靠钱大昕的揄扬才取得成功的。钱大昕的学术特点是广博而精洽，于经史文字音韵训诂都十分精熟，并通晓中西历法，在史事方面的考订成就最为突出，这方面的代表著作有《廿二史考异》等。但是，他从不因自己举荐了戴震而自傲。戴震曾经对人流露过钱大昕学问虽好，却在自己之下的看法，钱大昕听到了，非但毫不在意，在作《戴先生传》的时候，还将他与当时成就最大的阎若璩、惠栋、江永等人排在一起。人们都说，钱大昕学问广博，与人相处又是如此虚怀若谷，这正是他大大超过一般人的地方。

说到文人之间互相尊重的故事，在宋代的欧阳修和宋祁之间，还有一段关于署名问题的佳话呢。据宋人张邦基《墨庄漫录》记载，当北宋设史馆修《唐书》的时候，开始是由宋祁主持该项工作，后来改由欧阳修负责。实际上，欧阳修负责的是书中的《纪》和《志》两部分，《列传》部分已经在宋祁的主持下完成了。朝廷为了全书的文字在风格上尽可能做到一致，遂在全书即将杀青的时候，特意下了一道诏书，令欧阳修把《列传》部分的内容也看一遍，并适当在文字上作一些润饰。欧阳修得到这道诏命时，感到宋祁是一位有声望的前辈，自己素来十分敬重他。再说文字的风格，本来各人就不一样，差异是免不了的，况且各人还有不同的见解，岂能按照自己的看法来删改。欧阳修于是特意上了一道奏疏，谈了自己的观点。结果，他的意见被采纳了。

后来，在《唐书》的编修工作结束之后，御史告诉欧阳修，按照历来的习惯做法，正史向来是由撰写人中地位最高的一位署名的，此时，因为欧阳修地位最高，宋祁已经退休多时，所以，只能署欧阳修的名字。听到御史这么一说，欧阳修心里十分不安。他想，宋祁现在虽然已不在位，但是，他撰写《列传》部分的量很多，也花费了许多的精力，自己岂能掩盖他的心血呢?! 他坚持要求打破常例，他本人只在他主持的《纪》和《志》的部分署名，而《列传》部分，由宋祁来署名。

宋祁后来得知此事，心里非常感动。他高兴地对别人说："自古以来，文人之间在名利上大多都不肯让步的，像欧阳修这样的襟怀，真可以说是前所未闻。"其实，岂止古人，今日的文人群中，为了争署名，争金钱，有闹得不可开交，还要诉诸法庭的，其中也不乏名流之辈。他们看看一千年前的古人所为，倘良知尚未完全泯灭，或许会感到汗颜吧。

四　文人与酒

在日常生活的各种习惯中，饮酒恐怕是与文人关系最为密切的一件事情了。别的不说，单从保存至今的文学作品来看，与酒有关的题材无疑是最多的。饮酒能使人心旷神怡，能激发人的想象，能让人忘却现实的烦恼，对于生性敏感而又富于想象的文人来说，酒实在是个好东西。酒，钟情此物的人称之为“天禄”，厌恶此物的人名之曰“黄汤”，诗人则似乎更加偏爱“杯中物”这个名词，如陶渊明的“天运苟如此，且进杯中物”，孟浩然的“且乐杯中物，谁论世上名”，等等。喜欢发思古之幽情的人们还把酿酒的发明归结到一位名叫杜康的人身上，于是，在许多咏诵饮酒的诗文中，“杜康”又成为酒的代称。这位极可能是子虚乌有的发明家被人们不厌其烦地一再提及，甚至还有人撰写了从杜康开始的擅长酿制佳酿者的谱系。可以说，如果没有酒的话，文人的故事一定要比现在乏味得多。

1 但愿长醉不愿醒

说到文人与酒,我们首先想到的是始于东汉的名士。因为这时的名士大多已具备了后来文人的特征，其中之一便是饮酒。东汉后期,饮酒的风气开始从贵族阶层逐渐蔓延到社会上来,一些名士都有了饮酒的嗜好。比如,以宾客盈门著称的孔融,居然在诗歌里面发感叹,说自己最大的愿望就是“座上客常满，樽中酒不空”。而兼文人和政治家双重身分的著名人物曹操,出于经济和军事上的考虑,曾经想颁布一道禁酒令,为此,还遭到孔融的一番挖苦。他仗着自己和曹操是老关系,给曹操写了封信,信中说道:“天上有酒旗星,地上有酒泉郡,人有美酒之德,因而尧不饮千钟,便不成其为圣人。而桀、纣都是以女色亡天下的,您何不来个禁止男女婚姻的命令呢?!”其实,说曹操心里想禁酒,却是太冤枉他了,几千年来,文人中几乎人人能够脱口而出的饮酒歌,不是他那两句“对酒当歌,人生几何”么?在《短歌行》中,他还慷慨地吟诵,“何以解忧,唯有杜康”,简直就是为天下所有酒商免费做的广告。

魏晋时期,当文人逐渐形成为一个社会阶层,并且有了显著的社会地位时,他们酣醉人生的作风,便引起了人们的兴趣和注意,因为饮酒不但很快与文人结下了不解之缘,而且成为那个时代生活的主要内容。

最典型的就是魏晋时期所谓“竹林七贤”的时代。从当时人们的记载来看,文人饮酒的风气,称之为沉湎二字,毫无夸张之处。这些携着手,以从容闲适的步态漫游在山林溪涧的文士,一

旦相聚，坐在酒樽前，竟然毫无例外地肆意酣饮起来，“七贤”之一的山涛，一次饮酒至八斗才现出醉意，刘伶更是一个嗜酒如命的酒徒，他公开表示：“惟酒是务，焉知其余。无思无虑，其乐陶陶。”据《世说新语》记载，有一天，刘伶的酒瘾又上来了，妻子见他瘦骨嶙峋，身体都被喝垮了，便把刘伶好不容易找出来的一点剩酒泼了，又将酒杯摔在地上，一边哭，一边苦苦相劝道：“你喝得太多了，对身体伤害太大，无论如何还是戒了酒吧。”刘伶想了一想，答应了妻子的哀求，慢慢地说道：“戒酒确实是一件好事，我也想戒，就怕自己下不了决心。这样吧，如果让我当着神像的面，点上香，摆上祭品，再认真地起誓，也许能借神灵的威望来管束自己吧。”妻子信以为真，就高高兴兴地准备了酒肉，供奉在神像前，要刘伶起誓。没想到刘伶对着神像开口说道：“天生我一个刘伶，就是以爱喝酒出的名。一次能喝一大斛，喝他五斗才过瘾。女人家的话，别去听她的吧。”边说，边喝着酒吃起肉来，等妻子明白过来是怎么回事，刘伶已经又是醉意朦胧了。

刘伶曾写过一篇题名《酒德颂》的文章，这也是他留给后人唯一的文字，从这酒气熏人的题目，我们就不难想象他是如何称道酒的魅力和饮酒的乐趣了。但是，他确实是一个才气十足的文人，通过两个虚拟人物的对话，我们感受到作者那种对礼法的蔑视态度。此文虽然是以冷静的语言加以表述的，却让人感觉到了内在的强烈情绪。可见，嗜酒如命，不过是刘伶的一个表象而已。所以，刘伶虽然只有一篇文章传世，其分量也许抵得上别人的一册书。

刘伶只不过是嗜酒如命的酒徒之一罢了，在“竹林七贤”里，更有以狂放不羁的态度饮酒的，阮籍便是一个突出的例子。

虽然魏晋时期酒的醇酞远不如今天，阮籍和他朋友饮酒的方式常常是让人吃惊的。他喝酒的时候常常解开头巾，披散着头发，喝得热起来，还脱去衣服，光着身子。他们喝酒的用具不是杯盏，而是盆罐，酣畅放任地狂饮，很快便醉态毕现。有时候，酒的香味散发开来，引来了猪群，当猪把长嘴拱到酒盆里去的时候，阮籍竟然又把头伸进了盆里，于是，人和猪共同饮起酒来。

醉酒的阮籍是不在乎什么礼法的，他有一个以卖酒为业的邻居，妻子长得很美，阮籍常常去喝酒，喝得酩酊大醉，便躺在女主人的边上呼呼大睡，醒来了也毫不在意，一副若无其事的样子。有一年，阮籍的母亲去世了，孝子应该按照礼法守制，在家里接待前来吊唁的客人，而且还要显得极其悲伤的样子，少吃饭，甚至不吃饭。出乎人们意料的是，阮籍虽然是当时有名的孝子，但他在家办丧事期间，却照样饮酒吃肉。

这种“但愿长醉不愿醒”的风气，从表面上看，是一种纵欲行为，或者说，是自我麻醉的方式。但是，用这个观点来解释和理解“竹林七贤”，那就不免失之简单了。对笃信老庄哲学的魏晋时代文人来说，通过饮酒确实能达到一种形神相亲、物我两忘的超越现实的境界，这便是饮酒给人带来的最大趣味。追求自然，讲求“真”的境界，这种对宇宙和人生的追求，使他们在饮酒中找到了自己的旨趣。

当然，更重要的原因，还是他们所处的社会形势，迫使他们选择这种逃避现实的方式。表面上，他们似乎是在追求着适意和快乐，实则是面对社会政治的无序和黑暗，以及目睹上层社会的腐化等等现象的一种无可奈何的反应。以这些文人的身分，无论是积极投入或者消极回避当时的政治权力斗争，都不能保证避开迫害和危险，最好的办法，便是为自己罩上一层能够起到保护作用的色彩，沉湎于饮酒，就是一种选择。如果从这方面来理解“竹林七贤”们的举止，我们感到，他们内心的痛苦其实是难以用语言来表达的。

所以，当七贤之一的阮籍得知自己的儿子在效法他们的行为时，立即加以劝阻，说这些事并不值得模仿。由此看来，他们内心对此是十分清醒的。这种方式确实帮助他们躲避了一些麻烦，据说司马氏家族曾经打算与阮籍商议联姻的事，不料阮籍沉浸在醉乡中，“物我两忘”，竟然两个多月未能清醒过来，司马氏最后只得作罢。如此幸运地避开了一场说不清是福是祸的事情，谁又能说阮籍是一个只知酣饮醇酒、放浪形骸的酒徒呢？

2　陶然自乐与诗酒人生

生活在东晋时期的陶渊明，也是一位与酒有着不解之缘的文人。陶渊明是中国历史上的著名人物，说到对后世文人的影响，大概很少有人能够超过他。他的人生哲学，他对自然的崇尚

和热爱，还包括他的饮酒方式，成为后来许多文人的楷模。我们如果翻开像李白、苏轼这样一些文豪的集子，不少诗的篇名就是“和陶诗”，也就是说，过了数百年之后，和他有着相同襟抱的文人，还把他视作知己，向他倾吐自己情怀，把他当作自己的对话伙伴。

从嗜酒的程度来看，陶渊明与“竹林七贤”有着许多相似的地方。关于他和酒的故事流传很多，据《晋书》本传记载，他在浔阳做县令时，按照规定，可以得到两顷公田，用来种植维持自己生活需要的口粮。然而，到了春天下种的时候，他居然打算将这两顷土地都种上用以酿酒的秫谷，似乎忘记了妻小和自己还有吃饭的需要。结果，还是在妻子苦苦劝求下，才拿出一部分地来种谷子。他的好友颜延之与他共处了几年快乐的光阴，临别的时候，留下了两万钱，他立刻兴高采烈地把钱都送到了酒铺里。在他的眼睛里，好像除了酒之外，不大想得到其他的事情。他还闹过一次笑话，据说自己家里酿制的酒醅熟了，新制成的酒须将米糟滤掉才算完成最后一道程序。他在滤酒时，一时没有相宜的滤具，便从头上摘下头巾来滤酒，用完了稍加拍打后，又重新戴到头上。

这一切，发生在他的身上，却是那样的自然。因为这种浑然忘我，是在饮酒的快感中细细品味人生。“竹林七贤”是在饮酒中忘掉现实的世界，陶渊明则是在饮酒的过程中追求和享受一个“真”的境界。一个形神相亲的胜景，才是真正的陶渊明的风格。在他看来，甚至连求仕任官，也只不过是为了那用来种植粮食，并可以酿制佳酿的几顷土地罢了。这并不是说陶渊明毫无社会的责任感，而是他在当时社会黑暗势力之下的唯一选择。

所以，陶渊明又显然不同于“竹林七贤”。他嗜酒，却并不像他们那般到昏酣的程度，他用一种有节制的方式饮酒，虽然由衷地赞叹“酒中有深味”，也决不肆意狂饮，而是注重体会饮酒时的心境。他采集菊花，浸泡成菊花酒，即便当他最终不再为五斗米折腰，挂冠而去，躬耕隐居在山野时，依然能那样悠然自得地采菊饮酒。这表明他所处的环境虽然黑暗依旧，与阮籍不得不溺酒佯狂的时代毕竟是有所不同了。

不过，陶渊明与前人最大的不同之处，也是他对文学，包括对传统文人气质形成的最大影响，是他第一个把酒和诗结合起来了。过去，人们只能从“竹林七贤”的放任行为中来间接感受饮酒的心境，而陶渊明却是用优雅的诗的语言来描写饮酒所得的境界，他的诗几乎篇篇与酒有关。他的诗是从生活出发，将生活的感受上升为哲理，而这种哲理连同生活中具体的感受，是以诗的形象和语言表达出来的。语言文字所具有的独特的想象空间，加上只有饮酒时才能体会得到的心境，使得文人与酒之间产生了一种无法抗拒的亲和力。

陶渊明的作品被奉为饮酒诗的典范，并成为后代诗人一再咏和的对象。因为他将诗与酒结合起来了，构成了文人生活情趣的一个主要内容，即所谓的诗酒人生。与前人相比，饮酒显然有了积极的内容。六七百年之后，在今天安徽滁县，欧阳修于琅琊山上修了一个亭子。本来，修一个供游人憩息之用的亭子，也算不得什么大事，然而，因为欧阳修为之撰写了一篇《醉翁亭记》，这座亭子便变得名垂青史，万古流芳了。

在这篇著名的《醉翁亭记》里，欧阳修叙述自己与来客共饮，“饮少辄醉”，因自己年岁高而被称为“醉翁”。可是，醉翁之意不在酒，而是在那种陶然自乐的感觉，在于这时候，带着微醺的酒意，将山水之乐得之于心，借着微微的酒意，又使之升华为愿与天下人共乐的高尚境界。可以说，这篇《醉翁亭记》之所以不朽，也正是作者将饮酒的乐趣发挥到了最佳的境界。从某种意义上来说，这与陶渊明提倡的饮酒旨趣，有着密切的渊源联系。

3　谋官迁职只为酒

阮籍有一个称呼，叫"阮步兵"。步兵，是管理步兵营的校尉的简称，从汉武帝时设立之初起，步兵营便是御卫京都的精锐之师。随着军事制度的变化，后来，这个职务变得不像当初那么重要，因此，也常有让文人来执掌的情况。可是，像阮籍这样一介文士，手无缚鸡之力，怎么会干起这样一个差事来的呢？说起来，竟然和他喜欢喝酒有关。原来，阮籍有一次不知从什么地方打听到一个消息，说步兵营的厨子里面有一个善于酿制美酒的高手，而且，他们那儿还藏有三百斛的好酒呢。在酒的诱惑下，阮籍积极开动脑筋，四处活动，终于设法谋到了这个差事。从此，阮籍总能喝到精心酿制的美酒了。

◎阮籍

尽管人们在称呼他"阮步兵"的时候，似乎总带着那么点揶揄的口吻，在我们看来，阮籍的举止似乎有借此摆脱司马氏集团的用意，尤其当我们读到他写的诸如“终生履薄冰，谁知我心焦”的诗句时，更愿意相信这是一个内心充满痛苦的人的清醒和冷静的选择。无独有偶，与他同时代的张翰，也有这么一个类似的称呼——江东步兵，说起来，也就是套用“阮步兵”的典故。张翰有一句非常有名的话，那便是“纵使身后有名，不如身前一杯酒”。这种含有几分无奈的极端追求实际利益的话，使得人们不由地把他与“阮步兵”相提并论，只不过张翰的籍贯是江南的松江，所以，人们便把他称作“江东步兵”。后来，张翰在一个秋高气爽的日子，突然思念起故乡秋天鲈鱼脍和莼菜羹的美味来，于是，立刻辞别了繁华的京都洛阳，回家乡过起隐居生活来了。

从表面上来看，他们似乎仅仅是为了满足自己的口腹之欲，便不惜放弃了人们通常的价值标准，做出常人难以理解的举止。然而，如果看到张翰在离开了洛阳后不久，便出现了西晋末年的社会大动乱，我们对他的选择，是否能作另一种假设呢？这种与酒有关的颇带有特立独行意味的行为方式，常常被人当作文人的怪异行为来看待，其实，这只是借着酒的形式来否定世俗的价值观，其中，也不排除包含着独到的见解。无论是对世俗的漠视，还是对现实的透辟认识，用酒来作幌子，便成了文人的一项专利。

唐初的王绩，也是以上述方式的行为使后人感到有趣的著名文人。

王绩是隋代著名学者王通的弟弟，性格旷达，才学过人，曾经在隋朝做过秘书省正字。隋末社会动荡不宁的时候，他在家里热衷于种黍酿酒。据说，在他家里，专门从事酿酒的奴婢就有好几个。唐王朝建立后，他以曾经担任过隋朝扬州六合县县丞的身分，在长安等候分配官职。他的弟弟王静当时担任唐高祖的侍卫官，兄弟两人见面，王静问起他日子过得如何，王绩叹了一口气说:“收入有限,不过,每天发三升美酒,让人感到还是值得留恋的。”门下省侍中陈叔达和王绩是老朋友,听说此事后,便说道:“三升美酒怎能留住王先生呢。”遂下令每天发给王绩一斗酒。事情传了开来,大家便称王绩为“斗酒学士”。

王绩还有一件和阮籍十分相似的趣闻。他后来还是离开了长安,在外地做一个小官。唐太宗贞观年间,因为经济上十分拮据,自己在朝廷里又有不少熟人和关系,王绩再次到长安求职。他不知从哪儿知道太乐署府史焦革家里酿制的酒非常出色,便提出坚决要求做太乐丞。掌管选官的人不同意他的要求,认为根据王绩这样的资历,又是有身分的士人,不宜担当这类职务。没想到王绩竟苦苦请求起来,他听了吏部官员的解释,很不服气,振振有词地说:“士人和平民,其间当然有高下和清浊之分,天下人都知道,可没听说过庄子便因此不肯当漆园吏,也没听说老子以做柱下史而觉得耻辱啊。”他当然没有说出是因为酒的缘故。经过这一番辩解,他终于如愿以偿了。

可是,没过多久,焦革竟然死了,幸好焦革的妻子袁氏还经常送好酒来给王绩喝。再后来,袁氏也去世了,于是,王绩叹惜着说道:“这真是老天爷不让我喝美酒啊。”不久,他便辞去太乐丞一职,回到老家去了。听说王绩后来还把焦革酿酒的经验加以总结,又收集了有关杜康、狄仪以来善于酿酒者的各种传说事迹,撰写谱系。他还在自己居处的东南立了杜康祠,以焦革配享。用今天的眼光来看,他真可以说是一个热衷研究酿酒理论和酿酒史的专家。

以上几人都是为了得到饮酒的便利来争取某个官位,相反,也有人因为饮酒的关系而失去了做官的机会,“天子呼来不上船”的李白便是一例。

李白是著名的诗人,又以豪饮而被人们称作“酒仙”和“醉圣”。每当他饮得酣畅淋漓时，往往也是他诗兴大发、佳句迭出、文思如泉涌的时候。唐天宝元年，玄宗得知李白的诗名，召他进宫，命为翰林学士，经常在皇帝和宠妃一起游乐的时候奉诏撰诗。李白依旧保持傲岸不羁的作风，在玄宗面前带醉赋诗，常常取笔立就，而且也不需要再加润色，对他的才能，玄宗不由也大加赞赏。在万乘之尊的皇帝面前，杨贵妃亲手为诗人斟上葡萄美酒，当时最负盛名的音乐家李龟年带着一班梨园子弟唱起了诗人刚刚作好的《清平调》，醺醺然的李白竟然命令最受玄宗宠爱的宦官高力士为他脱去靴子。他的这些满不在乎的举止，终于得罪了许多人，在宫中待诏翰林三年，虽然唐玄宗几次想授李白官职，都因为高力士等人的谗言而作罢。最后，李白空怀报国之志，仅得到一笔赏赐，被请出了宫廷。

4　醉中书画如有神

像李白这样“斗酒诗百篇”的现象在历史上有很多的例子，用今天的话来说，大约是酒中含有乙醇，饮酒后大脑皮层的细胞异常活跃，从而刺激了形象思维能力的缘故。不管这种说法的根据有多少，历史上确实记载着许多有关文人酒酣时写诗作文或书画创作高度成功的故事。

苏颋是唐朝中期著名的才子，出生在一个官僚家庭。传说他从小就绝顶聪明，记忆力也极好，加上父亲毫不宽容的严厉督导，所以，成年后学问和文章冠盖一时。他后来担任替皇帝起草文书的中书舍人这一重要职务，轮到他值班的时候，不管需要拟写的文稿数量有多少，他都能应付从容，毫无差错，反倒是替他誊抄文稿的书手们因为来不及工作，往往还请他把口述的速度放慢一点。可是，他有一个毛病，那便是嗜酒如命。有一次，玄宗命人找他来撰写文章，苏颋竟然宿酒未醒，被人架着来到皇帝面前，勉强行礼朝见，却在殿前呕吐起来。幸好玄宗知道他的毛病，并未在意，吩咐左右让他躺下，还亲手为他盖上被子。苏颋醒来后拿起笔，很快把文章赶了出来，辞藻富丽，文笔极为典雅，玄宗大加赞赏。从此，苏颋醉酒书诏旨的名声也被人们当作一则佳话流传开来。

大凡在一种艺术表现形式上取得超凡成就的人，因为对艺术近乎痴迷的执著，苦心孤诣的个性表现，用常人的眼光来打量他们的举止，总觉得有那么几分怪异。唐代著名的书法家张旭就是这么一个怪人。他以充满激情的草书著称，被人们奉为"草圣"，却同时又有"张颠"的雅号。他对书法艺术苦苦探索，以致偶然在路上看见挑柴的担夫与公主的马车争道时的左右闪避，观赏艺人舞剑的各种姿态，都能触类旁通地激发起他的书法灵感来。

张旭与李白同被杜甫列为"酒中八仙"，所谓"张旭三杯草圣传，脱帽露顶王公前，挥毫落纸如云烟"，栩栩如生地写出了"草圣"的风姿。据说，张旭醉酒之后的创作激情最为高昂，《新唐书·张旭传》甚至形容他饮酒至酩酊大醉时，高呼狂走，然后再下笔书写，仿佛是在醉态中酝酿着情绪。《唐国史补》上就说得更神了，说张旭往往在饮酒大醉之后，便拿起毛笔，边写边大声呼叫，以至于解开束发的头巾，将头发浸润在墨汁里，代作毛笔书写。这时

◎张旭

候的作品常常有一种意想不到的魅力，以致他本人在酒醒之后，还常常怔怔地望着这些字，感到有一种不可思议的效果，仿佛这作品不是出自自己之手。

唐代的另一位才子顾况，则是借着酒酣之兴作画的丹青妙手。

顾况作画的场面极大。开始画画之前，他先在地上铺上几十幅绢帛，然后命人研磨墨汁，调制各色颜料，分别贮放于各个器皿中待用。准备工作就绪之后，命数十人在一边击鼓吹号，又有事先安排好的上百人开始齐声高喊起来，气氛越来越高涨。此时，一直在边上独自饮酒的顾况起身走了上来，他身着锦袄，头上缠着绡带，活像一个准备登场表演的艺人。带着几分酒意，顾况绕着地上的绢帛徐徐走上十来圈，拿起器皿将墨汁和颜料开始往绢上泼洒。然后，又取出一条长巾，覆在着上墨色的地方，命人坐在长巾上，由他拉着长巾在地上拖行。最后，撤去长巾，拿起笔，蘸取墨汁颜料，顺着留在绢帛上的彩墨痕迹，几经勾勒，极为传神的山峰峦岛的形状，便神奇地出现了。

◎张志和

这种作画运用的笔墨方式，便是一种被称作“泼墨”的传统技法，这需要作者具有十分熟练的技巧和非常丰富的想象力。我们从顾况作画场面的气氛来看，他已经习惯于在酒酣的状态以及音乐效果的刺激下作画。假如缺少了饮酒在作画者情绪上的渲染和刺激，恐怕效果是要相差许多的。

与顾况相似的另外一位画家张志和，自称“烟波钓徒”，作画时也喜欢鼓乐和笛声的伴奏，另外必不可少的一个条件就是饮酒至酣醉。此时，画家的手足竟然会随着音乐的节奏起落，只见他运笔如飞，须臾之间，微茫的山水景色便显现在纸上，亲眼看见的人都觉得简直妙不可言。

乘着酒兴来创作书画艺术，历代都有许许多多成功的例子。宋代著名文学家兼书法家苏轼，还根据自己的经验作过一番理论上的总结。据他说，每当饮酒之后，便能感到双手十指间拂拂然有一股酒气散发出来，这时候，自己便觉得运笔的感觉特别灵敏，得心应手，无不遂意。他的朋友，与他同属北宋“苏、黄、米、蔡”书法四大家之一的米芾，显然也很赞同这个说法。有一年，苏轼从扬州受诏回京，米芾在家里设宴招待苏轼，客厅里对设两张桌子，事先摆好了精美的笔砚纸墨，酒菜之类则安排在另外一张桌子上。所谓“心有灵犀一点通”，苏轼一见此情景，便露出会心的微笑。主客入席，两人举起酒杯，喝上一阵酒，便起身铺展开精致的纸张写一会字。写去若干纸，再重新坐下饮酒。两个书童在一旁不停地忙着研磨墨汁，才勉强跟上他俩的需要。到了傍晚，酒兴阑珊，三百张好纸也写完了，两人相视大笑，各自将对方的字卷拢起来，往腋下一挟，摇摇晃晃地作揖告辞了。

明朝有一位叫胡应麟的书法家，醉书的形式更加特别。据说他不到酒酣时一般不肯为人写字，大醉以后写字又常常不用毛笔，而他书法的一个特点则是越醉越妙。知道他这些怪癖的人，往往乘他醉了的时候才向他求字，一俟应允，便将事先磨好的墨汁倾入砚池。此时，只见胡应麟时而握起一束头发蘸着墨汁书写，时而直接用手臂蘸墨，兴致上来，甚至还会将耳朵和鼻子也用来蘸墨写字，可谓旷古未闻。他酒酣中写的字，大家都称赞说是神来之笔。

5 千金换酒也堪豪

对文人来说，饮酒时无疑能得到一种欢欣的快感，如果有机会与志同道合的朋友在一起饮酒，更是精神上的无以言喻的享受。在交通条件远不如今天的古代社会，朋友之间相聚的机会由于各自东西的仕宦生涯而显得十分珍贵。我们留心一下古代文人的诗作，便不难发现，吟诵友谊、怀念故人的主题，往往是与共同饮酒的美好回忆联系在一起的。因此，在文人之间，共饮美酒又增加了一层与友情相关联的意义；饮酒的豪兴，常常也被赋上一层浓烈的友谊的色彩。诗人李白在《将进酒》中所唱出的“五花马，千金裘，呼儿将出换美酒”，十分形象地描绘出人们酒酣耳热之际欲罢不能的气势，直到近代，号称“鉴湖女侠”的文人兼女革命家秋瑾，亦以“貂裘换酒也堪豪”的豪言壮语震人心扉。

李白初到长安的时候，社会上熟悉他的人还不是很多，被人们称作“四明狂客”的贺知章闻知其名，专程到旅舍登门拜访。当他读到李白《蜀道难》的时候，大为赞叹，称之为可以泣鬼神的作品，又称李白为“谪仙人”。贺知章本来性格就非常豪爽，遇见李白后，更感到遇到了情意相投的好朋友，一见如故，拉着李白的手来到了长安街上的酒楼，解下腰间的金龟，换钱痛饮一番，直到两人都烂醉如泥才罢休。这便是文学史上传为美谈的“金龟质酒”的故事。

为了显示友情，不惜以身上佩戴的饰物、长剑，甚至用座下的良马质酒，以换得与朋友痛饮一醉的豪迈气概，在古代文人的诗歌和文章里是经常出现的，也是人们认为值得颂赞的一种美德。然而，竟还有因为喜欢与知己友朋一道痛饮，最后搞得家道中落的文人，在我们今天看来，似乎不易理解，古人却对此颇加称道。

撰写《儒林外史》的清代著名文学家吴敬梓便是一个“饮酒歌呼穷日夜”的豪爽文人。他出生在一个科甲鼎盛的缙绅之家，祖上有以进士、举人出仕的官员十余人，然而，从他描写的范进中举的情况来看，吴敬梓本人对科举制度是没什么好感的。他曾应荐参加过一次博学鸿词考试，以后便托病不预。他从祖上接受了一笔颇为丰厚的遗产，不善经营，也无心经营，加上他生性豪放，喜欢结交朋友，周济贫士，与同辈文人往来，则更是放纵饮酒，不拘日夜，这样，没有几年工夫，祖传的家产便被消耗殆尽了。吴敬梓后来移居金陵，贫寒的情况并没有得到改善，不但没钱买酒，连买粮食都发生了困难，常常依靠朋友的帮忙。天冷的时候，饥寒交迫，晚上，便和朋友出门绕着城门跑上几圈，边走边歌吟啸呼，此起彼应，豪兴不减当年饮酒长歌的情景。只要囊中有几文酒钱，就要拉上朋友痛饮，常常大醉方止。临终前，他迫于生计，寄寓扬州，与朋友痛饮至醉时，常念诵唐人张祜“人生只合扬州死”的诗句。这句诗不幸成了他的谶语，死后光景萧条。

明末著名的文人冒襄，是当时有名的“四大公子”之一，也是一个喜欢宴集朋友，最后竟然因为在宴客方面花销过多，搞得家道中落的人物。

关于冒襄与酒的传闻很多，最能显示他精神风貌的则是一次酒酣之后，痛斥阮大铖的趣闻。阮大铖亦为当时文坛的名人，然有才而无行，竟以攀附恶名昭著的阉党头目魏忠贤为自己的进身阶，助纣为虐。正直的士大夫无不对阮切齿痛恨，又惧于阮的势力，常常敢怒而不敢言。阮大铖又是个善作文辞的高手，当时金陵酒楼等歌舞场所最风行的歌词，往往就是阮填写的。

一次，在桃叶渡的一次酒会上，冒襄酒酣耳热之际，当着众多名士的面，又开始詈骂阮大铖，有意思的是，冒襄痛骂其人品，却又同时赞叹阮的歌词写得实在是好，且骂且称善，在旁人看起来，自然十分有趣。当然，阮大铖听了，十分恼恨，千方百计要将冒打入监狱，幸亏朋友帮忙，阮的阴谋才没能得逞。

冒襄家中原有园林多处。他非常喜欢举行豪宴，几乎到了无日不有的程度，当时的名士如王士祯、邵潜、陈维崧等都曾是冒家的座上客，巨额的开销成为冒家的沉重负担。为了保持这种豪华的生活方式，冒襄不得不将家里的财产，包括朴巢、深翠山房等多处园池亭馆折价出售。然而，一旦手中银钱稍稍宽裕时，旧习难改，又重开酒宴如故，最终搞得家道衰败而不复振起。在当时人们看来，冒襄这种怡然不悔的态度，颇有唐代大诗人李白所谓“人生得意须尽欢”、“千金散尽还复来”的豪放气概。

6　醉后失态亦有趣

当然，对大部分的文人来说，一番痛饮之后，未必都是豪情满怀，神思逸飞，兴许会在朋友面前出出洋相，甚至无伤大雅地露一下丑。这对当事人不免是小小的难堪，在后人看来，也许可以算作一则文苑里的花絮。

比如，关于唐代著名诗人刘禹锡便有这么一则故事。据说当年刘禹锡受命离京到苏州任刺史，途经扬州时，大司空杜鸿渐因为颇欣赏刘的才华，为他大开宴席。席间，刘禹锡兴致极好，开怀痛饮，结果酩酊大醉，被人送回了旅舍。第二天早上，刘禹锡醒来一看，自己身边竟然陪着两名歌妓，不禁大吃一惊，忙问她俩是怎么回事。两名歌妓便一五一十地把昨晚发生的事讲给他听了。原来，前一天晚上，刘禹锡在席上喝得醉醺醺的时候，看到这两名歌妓的歌舞表演，兴致非常高，挥毫写了一首诗呈给主人。而主人见了诗作，只是微微一笑，待宴席散后，司空便安排这两位歌妓送他回来，并吩咐要她俩晚上陪着客人休息。

刘禹锡听了顿时感到惊恐不安，因为当时醉意恍惚，自己写了些什么，已经记不清了。于是，他起床后，便急忙赶到司空府上去谢罪。见了杜鸿渐，才知道自己昨晚酒后失态，看到座前的美人歌舞，一时兴起，撰写的诗句里，除了称赞歌妓的表演外，还有几句流露爱慕之意的话："高髻云鬟宫样妆，春风一曲《杜韦娘》。司空见惯寻常事，断尽苏州刺史肠。"这可大大越出了赞美的范围，而且是对主人颇为失礼的举止呀。何况自己不过是个路过此地的刺史而已，司空却是位居朝廷三公的高官。刘禹锡暗暗庆幸杜鸿渐对自己酒后的失态十分宽容，不然，也许就要因此得罪人了。

这也许只是根据传说编撰的故事而已，不过，其中"司空见惯"一词，流传至今，却已经成为人们耳熟能详的一句成语了。

刘禹锡毕竟还没有因酒醉失态给自己找来什么麻烦，而元代的大学者杨维桢却在一次酒醉中得罪了同为一时名人的倪瓒，两人失和，从此再也不肯相见。

杨维桢有一次和倪瓒一起在朋友家饮酒，酒宴的场面很豪华，还有歌妓在旁边陪唱助兴。杨维桢生性狂放，自视甚高，对同时期的文人多看不起，平时行为亦不拘小节。这一回饮酒至几分醉意之时，感到席间以通常的行酒令方式还不够刺激，他低头瞥见歌妓衣裙下隐约可见的三寸金莲，觉得非常纤巧可爱，突发奇想，将歌妓的一只鞋子脱了下来，套在酒杯外面，称为“鞋杯”，以之为行酒令时在坐客间传饮之用。不料同席的倪瓒却是一个极其讲究清洁的人，见杨维桢竟然想出这么一个既无聊又肮脏的主意，实在难以忍受，勃然大怒，一气掀翻了酒桌，拂袖而去。杨维桢顿时也变了脸，一场寻欢作乐的场面搞得不欢而散，令主人尴尬不已。从此，两人再也没有会过面。

因为饮酒闹得不欢而散是一种类型，还有把人搞得倒胃口，以致悔恨不已的例子呢。因为酒酣耳热之际，情绪兴奋，往往也是一个人思想上防范意识最薄弱，最易让人乘虚而入的时候。中国人做生意的传统，便是喜欢在酒桌子上，酒酣耳热的时候进入到实质性的内容。但对一些人来说，就难保不是一次“鸿门宴”了。清初的大学者傅山，皇帝请他进京都费了老大的力气，想不到他还会阴沟里头翻了船，居然有过在酒席上遭人算计的尴尬经历。

傅山博通经史，文章书法亦精绝一时，又以德行高峻为时人景仰，人们都以得到他题赠的墨迹为荣。有一年，京师打钟庵用募集到的钱将寺院修葺一新，主持的寺僧久慕傅山的名声，十分希望能够得到他题写的庵名匾额，可是，他又深知因为自己的一些不端品行，前去求书必定会遭到傅山的拒绝。于是，他设法找到一位与傅山关系十分密切的朋友，并送上一份厚礼，请他帮办此事。此人苦苦思索一番后，终于想出了一个办法。

这一天，他在家里准备了丰盛的酒菜，特意邀请傅山前来饮酒。酒过三巡，待客人微有醉意时，他便起身在一边的书桌上开始握笔书写起一首五言诗来。只见他连写了好几张，都废弃在一边，显得很有几分烦躁的样子，傅山觉得有些奇怪，便问他做什么。主人说,因为家里有一块屏风,打算在上面刻一首诗,诗倒是准备好了,不料字写得总是不称意,说着,还微微叹了口气。稍有几分醺意的傅山笑了起来,说:“这简单极了,我来替你写,如何?”说着,走到书桌边,拿起了毛笔。只见他笔走龙蛇,很快便把那首诗抄写好了,还乘兴在下面题写了落款。殊不知这首五言诗是主人事先精心准备好的,他已经将“打钟庵”三字嵌在了这首诗里了。待傅山告辞后,他便将这三个字剔剜下来,连同落款一起,送到了寺僧那里。不久,这块由傅山题写的打钟庵匾额便制成并挂上了。

过了一阵子,傅山偶然经过打钟庵,瞥了一眼门楣,发现匾额竟然是自己题写的,觉得很奇怪,仔细看笔势,确实是自己的手笔,琢磨了半天,记起了曾经为朋友题写屏风的事,这才恍然大悟,原来自己上次是被人出卖了。盛怒之下,傅山发誓再也不与那位朋友来往了。

7　何以解忧唯杜康

对文人来说,曹操《短歌行》中所吟诵的“对酒当歌,人生几何”的慷慨诗句,恐怕最能够代表对身世的感慨,因为对这两句诗,每一个人都可以有自己的理解,成功者回首往昔,不胜今昔之感,可以诠释为英雄的踌躇满志;也可以是文人对自己空怀抱负的悲叹,对人生失意的种种复杂心理的表现。古往今来的历史上,总是成功的英雄少,倒霉的角色多,所以,酒酣之际,不得意的人们,也由于酒精的作用,就常常情不自禁地将平时藏在意识深层的思想,以各种异乎寻常的方式表现出来。

清朝中期，有一个名叫陈本忠的文人，生性率直豪爽，喜欢读书，学识文章也很出色，与人交往，皆以诚恳真诚为朋友所敬重。然而，在科场上的考运却实在不怎么样，几次参加科举考试，成绩都不理想，按照大多数文人的命运，他只得一次次地努力，每当大比之年，都要到考场上去拼搏一番。他平时喜欢饮酒，几位知己在一起，酒后就不免对自己的命运蹭蹬有一番感慨之叹了。

有一年，他参加秋闱，即按照清朝惯例每两年一次在省城举行的科举考试。在进行了严格的检查甄别之后，三天考试期间，考生照例被锁入场院，按照编号住进各自的号房，时值中秋之夜，圆月高照，场内万籁寂静，人们或已早早歇息，或者还就着小油灯在做应试前的准备。此时，陈本忠独自在号房里饮酒，有了几分醉意，对着已经几进几出的考场，不禁又发起感慨来。他起身踱步到场院里，不知是什么原因，忽然一个步子跃上白天为巡查考场用的高台，用慷慨悲壮的声音高声唱了起来。唱些什么内容，他后来也记不得了，别人也听不清，只知道在肃然无声的静夜，激越的歌声显得格外凄厉而动人。显然，陈本忠此时已忘记自己身在考场，而完全沉浸在身世感慨之中了。负责巡查考场的官员闻声大惊，急忙下令巡逻的兵丁出来搜查，此时，在高台上喊了几嗓子的陈本忠，酒意也被迎面而来的晚风吹醒了几分，见到动静，一下子惊觉过来，赶紧跃下台来，趁着夜色，悄悄地溜回了自己的号房。在哄乱的考场大院里，急急忙忙的巡逻兵丁竟然也未能查出个所以然来。结果，第二天，在考生中纷纷流传说考场里晚上闹鬼了，只有陈本忠听了一言未发。

虽然似是一则笑话，在有着类似经历的科场失意的文人看来，毋宁说是一个听起来让人心酸的故事。其实，嬉笑怒骂，皆成文章，文人借着几分醉意的一些惊世骇俗的举止，同样也是一种含有对现实批评，甚至可以说带有几分反抗精神的个性表现。明朝中后期，随着工商业的发展，在经济富庶的江南地区，颇负时名的才子如唐寅、祝允明等人，都是极富才学而又不为社会所用的文人，他们对世俗的礼法漠然处之，且傲视那些凭借权势或财富在社会上假充风雅的人物。有关他们纵酒闹出的一些笑话，便显然带有上述的特点。

据说，有一次，唐寅和祝允明在苏州的一处名胜虎丘约了几个朋友饮酒。与他俩相熟的好友张灵原本在家里边读《晋书·刘伶传》，边独自饮酒，已经有几分醉意了，知道他们正在宴集，便手拿着《刘伶传》，拄着木杖，唱着小曲，打扮得如同一个乞丐的模样，来到了虎丘。唐、祝二人一见张灵的这副打扮，不禁大笑起来，觉得这样不拘行迹的举止十分有趣，一把将张灵拖了进来。众人一起狂饮，引起一旁游人的围观，观者如堵，他们却毫不在意，酒兴越加高涨，自称这种饮酒的方式，不减魏晋时期的名士风流。唐寅索性取来笔纸，挥毫画了一幅《张灵行乞图》，祝允明亦以他那出色的书法，在一边题写了数语，在座的客人争相传看，对几位才子的才气赞叹不已。而张灵在几杯酒下肚后，醺醺然站起身，说着“刘伶谢饮”，也不和任何人打招呼，径自便走了。

◎唐寅山水画

唐寅和祝允明还有更叫人啼笑皆非的行为呢。有一次，唐寅和祝允明两人喝醉了酒，坐在一个叫生公石的名

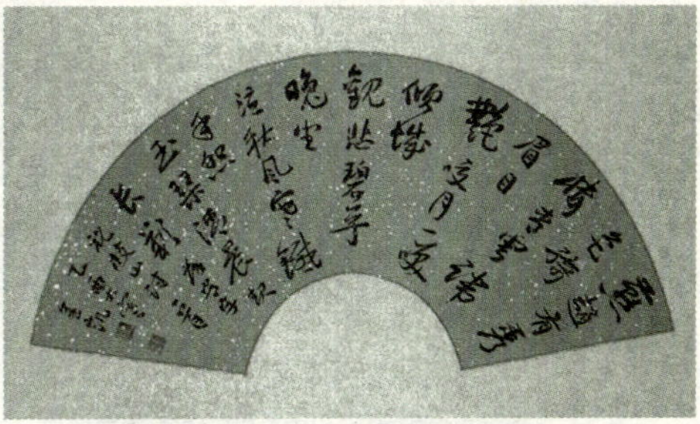

◎祝枝山作品

胜处休息，忽然，看见一处叫“可中亭”的亭阁里有几名衣着华贵、举止风雅，看起来颇有身分的绅士在饮酒做诗，两人便换上破衣服，装成乞丐的模样，倚着柱子，听他们究竟做些什么诗。这几名绅士虽然自命不凡，却并没有什么文才，苦思冥想了半天，才勉强凑集了两句。唐、祝本来就看不起这些假充斯文的缙绅，两人相视一笑，不免露出几分讥诮的神色。此举激怒了坐在亭子里的绅士们，他们没好气地说道：“叫花子懂什么，难道你们也会做诗不成？”不料两人异口同声地说：“没问题，做好了请赏酒喝。”于是，唐寅口不绝诵，祝允明则落笔如飞，不一会，一首数百言的长诗便写成了，诗中还有像“七里山塘迎晓骑，几番风雨湿征衫”这类佳句。诗写好后，把笔一扔，两人便嚷着要酒喝，一副满不在乎的样子。得了酒，又是一番痛饮，然后扬长而去。

那几个原本打算饮酒吟诗的“风雅绅士”愕然相视，又惊又喜，以为这两人是什么神仙下凡，于是，逢人便夸耀自己的这段奇遇。后来，才知道这是唐寅和祝允明对自己的调侃和奚落，感到既惭愧，又生气，从此，便对两人产生了怨恨和报复的念头。

8 饮酒行令雅趣多

古时候的文人在饮酒的时候，常常喜欢用一些助兴的方式，来增添饮酒时的气氛，也能增加一点情趣，如猜拳、行令、

音乐伴奏等等。行酒令就是文人饮酒时用得最多的一种助兴形式，因为它既可以测试人们在熟记和运用各类经籍出典、文学掌故方面的功夫，又能显示在做诗填词上的才能。当然，因为各人的学识有高下，气度和修养也不同，酒令的内容当然就是因人而异了。

◎薛涛

生活在唐代四川成都的名妓薛涛，也是文学史上有名的人物。她不仅容貌端丽，气度娴雅，而且极有文才，善于辞令，所以，唐代中期的许多著名文人如白居易、元稹、刘禹锡等人都与她有过密切的往来。有一回，她陪同客人在酒宴上，一起饮酒的黎州刺史提议大家来行酒令，要求是酒令必须是出自《千字文》，而且语中必须得有“禽、鱼、鸟、兽”之类的字。刺史先开头，说了一句“有虞陶唐”，其实，他说的“虞”字，只是“鱼”字的谐音，严格地说是违令的，但是，客人们照顾他的面子，忍住笑而未罚他酒。后来，轮到薛涛来行酒令了，她说了句“佐时阿衡”，刺史一听，便大喊起来，说：“没有鱼、鸟等字，该罚，该罚。”说着，便要给薛涛斟酒。薛涛笑着说道：“谁说没有鱼，我刚才说的衡字当中，夹着条小鱼呢，阁下先前讲了一个‘有虞陶唐’，可连鱼子都没有哇！”大家听了，哄堂大笑起来，刺史一下子还没有领悟到薛涛的意思呢。

有时候，文人在行酒令的过程中，还喜欢搞一些讽刺嘲笑人的恶作剧，借着饮酒时的机敏，制造一些哄笑的气氛，这就需要稍加思忖了，因为这不仅容易伤害他人的自尊心，唇枪舌剑之间，往往也会搞得自己下不了台。唐代江南有个叫方干的诗人，诗做得不错，句意新奇，有几分才气，可是，他的体态十分粗野，相貌实在不怎么样，嘴唇还有点开豁，却生性好凌辱别人。有一次，方干在一个朋友处饮酒，与席的客人中，有一位姓李的客人，在龙丘县当个主簿。大概是觉得他地位卑贱的缘故吧，方干发现这位李主簿的眼睛里有着一小点白翳，便打算拿他的这个生理缺陷来开个玩笑。饮酒至一半，大家行酒令的意兴正浓的时候，方干大声嚷嚷道："我来改一下酒令，大家请照这个例子办理。"说罢，他看了李主簿一眼，摇头晃脑道："措大吃酒点盐，军将吃酒点酱，只见门外着篱，未见眼中安障。"不料，这位李主簿视力虽有小小不便，文思却十分机敏，他张口就答道："措大吃酒点盐，下人吃酒点鲊，只见手臂著襕，(天气热的时候，一种露臂的短衣)未见口唇开裤。"语音刚落，便是满堂的大笑声。原来，方干饮酒时很爱吃这种叫鲊的干鱼，又有中唇开豁的生理缺陷，李主簿的酒令，可谓刺伤了方干的两个痛处，方干算是遭到报应了。

相比起来，一代大文豪苏轼的酒令，虽然也带有发牢骚的成分，但是要含蓄得多，也要雅驯得多了。宋人俞文豹的《清夜录》里，便记载了苏轼与朋友的一组酒令。据说苏轼和几位朋友在一次饮酒行令时，要求必须以《易经》里的两个卦名，来证实一个历史上的典故。于是，第一位客人先开口说道："孟尝君门下三千食客——《大有》、《同人》。"第二位客人接着说道："汉光武帝率军渡滹沱河——《既济》、《未济》。”第三个客人说道：“刘宽婢羹污朝衣——《家人》、《小过》。”苏轼的酒令更妙：“牛僧孺父子犯罪——先斩《大畜》，后斩《小畜》。”后来，有人说，苏轼的这个酒令是针对王安石父子在熙宁、元丰年间执行的新法之过而言。不管是不是这回事，这几句酒令对得既工整，又贴切，确实可属上乘之作。

9　读书亦能助酒兴

文人爱饮酒，也爱诵读好文章。两者的形式虽然不同，在激发人们的感情和想象力方面，却有着某种异曲同工之妙。不管何种形式的饮酒，少不了一种或几种助饮之物，用现在人的话说，便是下酒的菜肴果品之类。然而，历史上偏偏还有这么一些文人，喜欢以书佐酒，同时兼享书酒两种情趣之妙。陶醉在如此的境界中，大概是非常奇妙的一种感觉。

北宋著名的古文家苏舜钦，是对宋代文风起过重大影响的人物，他与同时代的梅尧臣等人一起，力矫宋代前期沿承唐末五代的卑弱文风，使风气为之一变。他性格豪放，喜欢豪饮。据说他有一个时期住在岳父杜衍的家里，到了晚上，总要家人给他送一斗酒到书房里去，夜夜如此。杜衍是仁宗庆历年间的宰相，当然不在乎这些酒的下落，但总是觉得有点难以置信，便派了一个人，暗中进行观

◎苏舜钦

察。原来,苏舜钦晚上读书的时候,读到好的文章,不免为其气势感动,意气风发之时,便喜欢喝上一大杯酒,以助豪兴。有一回,只见他读《汉书·张良传》,读到张良曾经募得一位力士,以百二十斤重的大铁锤狙击秦始皇的车队,却误中副车,如此壮举,惜乎功败垂成。苏舜钦不禁拍着书案,大声叹息:“可惜啊,没击中!”于是,满饮一大杯。又见他读到书中张良对汉高祖说道:“当初,我在下邳起事,与陛下会于陈留,这是老天以臣授予陛下啊。”此时,苏舜钦又拍着书案说道:“真正的君臣相遇,是多么不易啊!”又是满饮一大杯。

杜衍听家人向他描述苏舜钦饮酒读书,以精彩的文章佐酒的情景,不禁笑了起来,说:“这家伙拿这些东西下酒,一晚上饮它一斗,确实也不多啊。”

清代的才子金圣叹也喜欢豪饮,与苏舜钦相似,他也常常以诵书来下酒。不过,他喜欢读的是《离骚》,大声地朗读,读至精彩之处,便饮上一杯。饮得越多,豪兴越高,谈文论艺的兴致也越高。据《清代七百名人传》上的描述,他饮酒至酣醉时,意兴勃发,滔滔不绝,连胡子眉毛都似乎张了起来,激情上来了,甚至还将桌子上的灯盏投掷到地上,似乎在加强自己说话的情绪。这恐怕是饮酒以后,在情绪上产生的最佳境界了。

北宋的李觏,在宋初以文章和深邃思想而知名,对宋代的文人影响很大。他不喜欢佛道,对儒家的重要代表人物孟子的书也不满意。像多数文人一样,他也喜欢饮酒,却生性孤傲,不大同别人来往。有一次,某个高官送他一些好酒,家里酯的酒也熟了,一个熟识的士人想喝他的酒,便想出了一个好办法。他知道李觏不喜欢孟子,就写了几首骂孟子的诗,跑到李觏家里,说是请他赐教。其中一首很叫人发噱,“乞丐何曾有二妻?邻家焉得许多鸡?当时尚有周天子,何必纷纷说魏齐。”此诗并无什么诗意可言，因为是在数落孟子，李觏便觉得很投机，还请他留了下来，一起饮酒谈文章。以酒来助谈兴，无非是骂孟子而已，连着几天，把那些好酒都喝完了。这似乎和读书饮酒有异曲之妙。

过了一段日子，又有人给李觏送来了一些好酒。那位朋友闻知此事，揣上几篇题名《仁义正论》之类的文章，又来拜访他了。李觏一看文章的内容，无非是一些骂佛的内容，便想起了上次一起饮酒骂孟子的事，笑着对他说："文章写得很好，只是上回我俩饮酒论文，把我的酒都喝完了，害得我后来无酒喝，寂寞了好些日子。今天，就不留你喝酒了，留着我自己消遣吧。"后来，听到此话的人，莫不大笑。

五 文人与琴棋书画

历史上有许多文人都与琴棋书画结下了不解之缘。虽然古代贤哲有过"玩物丧志"的说法，然而，这恐怕也只是对本来就无志可言者而言的。而且，从文人自己的大量记述来看，琴棋书画一如其文章，都已经超越了一般意义上的"玩"，而是他们寄托襟怀的一种形式，甚至还可以说是他们精神世界的一部分。这种传统，一直可以追溯到我们儒家文化的创始人孔夫子，他老人家闻韶乐之后，竟至于"三月不知肉味"。可见，一种美好的事物，在人的精神上能够起到多么巨大的作用。

我们常常说，儒家文化的特点之一，就是一种崇尚礼乐的文化。假如说，音乐是在启迪心灵，或者激活人们想象力的话，一尺见方的棋盘，在人们的心目中就是大千世界的微型化。至于书法和绘画，更是文人心态的一种直接表露形式。书法本来是我们汉民族独特的艺术形式，写完字以后，顺便用留在砚底的余墨，画上几笔兰花竹枝怪石之类的所谓"写意画"，再题上几句诗，也完全称得上是世界绘画宝库中独此一家的专利。

这些在文人的生活中几乎不可一日无之的内容，倘若一旦失去，他们的生活肯定会变得十分平淡和乏味。我们如果在描摹古代文人的风采时，对此略而不言，那便是失去了理解和认识中国文人精神的一个重要组成部分。

1 高山流水谢知音

对于音乐的理解，我们的祖先，在非常久远的古代社会，就是根据旋律的进行和音调本身的抑扬变化，以及在思想上引起的丰富联想，来演绎和解读音乐所蕴含的思想，而不是单纯追求感官上的享受。《史记·孔子世家》中记载孔子学琴的故事，就是一个典型的例子。

据说，孔子曾经向鲁国的著名乐师师襄子学琴，练的是一首表现周文王志向和理想的乐曲《文王操》。苦练了一段日子之后，师襄子说，你演奏得很不错了。孔子却回答说："我对曲子是熟悉了，然在节奏掌握上还不那么得心应手啊。"又经过一段日子的苦练，师襄子听了孔子的演奏，又称赞他在琴技上的进步，可是，孔子依然不满足自己的成绩。他感到虽然在演奏技术上已经完全掌握了《文王操》，却还没有能够体会到文王的精神和意境。练到最后，只要弹奏起这首《文王操》，孔子的表情都会不由自主地变得肃穆起来，因为他感到文王仿佛就出现在自己的面前，他甚至能看到文王那沉思的神情，体会到了他治理国家的伟大理想。到了这个时候，孔子才感到自己在演奏这首乐曲时，找到了真正的感觉。

正是由于文人对音乐的理解常常是以意境的追求为目的，为了实现感情上的交流，人们便对音乐演奏对象的选择，提出了一定的要求。一个流传很广的传说，即俞伯牙摔琴谢知音的故事，很能说明这个特点。

据《吕氏春秋》的记载，先秦时代，有一位善于弹奏琴的人，名字叫做俞伯牙，他演奏的琴声音韵悠远，人们在聆听的时候，能从中领会到他寄托在乐曲中的深远含意。在喜爱他弹琴的听众中，有一个叫钟子期的人最能领会他的琴声，俞伯牙弹奏的琴声高亢激昂时，钟子期就说，伯牙是在表达如同高山般的意向；当伯牙弹奏的琴声细密轻缓时，钟子期便说，伯牙是在表现汩汩的流水啊。伯牙经常对别人说，只有钟子期才是最能心领神会他的音乐的人，两人遂成了被后人称作"高山流水"之交的知音。

后来，钟子期不幸去世了。失去了这样一位知音，俞伯牙感到十分悲痛，他叹息道："钟子期死了，再也没有人能够像他那样理解我的音乐了。现在，我弹琴还有什么意义呢？"说着，俞伯牙便把自己的琴摔掉了。

几千年来，一直沿及今天，人们都习惯把最能理解自己音乐表演的人称作知音。而在感情丰富的文人中间，知音的涵义又被很快延展到音乐之外，凡是对自己内心世界的某些感情内容，具有超越语言表达形式的限制，能够准确把握且心领神会的人，都引以为自己的知音。这非常形象地说明，几千年之前的中国传统文人，就领会到了音乐艺术的真髓，就感悟到了作为人的思维活动的最精微部分的某种共通性。在文人擅长的各种门类的艺术形式，无论是诗歌、书法、绘画、音乐，强调的都是"神韵"二字，而神韵就是一种我们可以共同感觉和体会

◎听琴图

到，能够激起我们心灵的共鸣，却未必能够用语言来精细刻画，甚至无法准确表达的东西。由此可见，基于琴的演奏而体会到的感情，对文人的审美意识形成和发展，有着多么重要的意义了。

对中国传统文化艺术有了这么一个了解之后，我们就能够理解，何以一个真正的知音的觅遇，竟是那么的不容易，因为这里需要的是一种心理上的沟通。同样，知音的失去，自然就是一件足以伤感的事了。据《世说新语》上的记载，东晋时期，著名的书法家王羲之的两个儿子王徽之、王献之，也都是在书法、诗文方面很有造诣的名士，像当时的许多文人一样，他们常常喜欢弹琴抒发心志，并都能理解对方的琴韵。后来，两个人生了病，而且，都已经到了病势沉重的地步，不久，献之就先病故了。徽之听到了噩耗，虽然心里十分悲伤，表情却依然十分沉静，他坐着车，赶到了献之的家。走进屋子，在祭奠亡灵之后，他径直坐在灵床上，取过献之生前常常弹奏的琴，抚弄了几下，藉以追思亡故的兄弟。此时，这张琴竟像感通人性的灵物似的，无论他再怎样弹拨，咿哑不成音调了。这个时候，王徽之突然感到一阵无法形容的悲怆，占据了他的整个心间，他再也无法控制住自己的感情，将琴一丢，喃喃地说道："人琴俱亡矣"，便开始泣不成声。回到家后，不过个把月的时间，王徽之也追随乃弟而去了。

2　焦尾琴与无弦琴

正因为音乐在文人的生活和精神上占据有如此重要的地位，我们可以看到，从先秦到近代，文人有各种各样的琴趣，或抚琴长啸，或和着琴瑟之音，弦歌一堂，甚至仅仅抚弄着一张无弦之琴，依旧能通过自己丰富的想象，在心中奏起美好的旋律。在文人的各种浪漫故事里，也流传着许多与弹琴相关的情节，如西汉著名的辞赋大家司马相如与卓文君之间的心中灵犀，就是依靠琴声点拨而通的。文人抚琴，有着自己的独特意境，因而讲究情趣。品位高雅的魏晋时期的名士，阮籍、嵇康等人，几乎都是弹奏琴的名手，嵇康临刑之前，顾影自怜，索琴而成一曲《广陵散》，已经成了文化史上的著名典故。

然而音乐又有别于其他的艺术。它的表现形式上的抽象性，使得人们无论是在构思，还是在表现或欣赏上，都必须具备充分发展的想象力，最形象的说法，就是孔夫子所形容的那样，听到一曲妙不可言的演奏之后，“余音绕梁，三日不绝于耳”的感觉和意境。不知是文人的形象思维促进了这种欣赏能力的发展，还是音乐的欣赏能力刺激了形象思维的更加丰富，古代某些文人对声音美感的鉴别能力，常常达到了惊人的敏锐程度。

◎蔡邕

《后汉书·蔡邕传》记载了东汉时期著名的文学家蔡邕与音乐的几个故事，便极能说明这一点。有一天，蔡邕应邀到一位邻居的家里去参加宴会，到了主人的门口，里面的酒宴已经开始了。只见宾主意兴都十分高涨，主人还特意邀请了一名善于弹琴的乐师，端坐在屏风后面，为客人奏乐助兴。蔡邕对音乐素来有着极大的兴趣，未及进屋，不觉停下脚步聆听起来。哪知不听还好，一听却吓了一跳，屋里传出的琴声里，竟然隐隐露出一股杀气。既然是请自己来作客的，主人家里何以又暗藏杀机呢？他觉得事情有些蹊跷，脚步未及跨进大门,便悄悄地离去了。

蔡邕是地方上声望很高的人物,主人听仆人报告说这位贵客已经来到了自己的门口,却又悄然折回的消息,赶紧追了出来,问个究竟。听完蔡邕直言不讳的一番话,主人亲自陪着他来到酒宴上,与弹琴的乐师相见。乐师想了一下,不觉失声道:"莫非是刚才在看螳螂捕蝉的缘故?"原来,乐师刚才在弹琴的时候,瞥见身旁有一只螳螂,正打算捕食一只鸣蝉,蝉已欲飞,而螳螂尚迟迟未下手,自己心里不禁替螳螂暗暗着急。"是不是我当时的情绪,已经流露在琴声里,让先生感觉到了呢?"蔡邕听了这番话,莞尔一笑,说道:"这就是了!"

还有比这更神的事情呢。蔡邕有一次在江南地区,看见一户人家正在做饭,主人往灶膛里丢进一块块的桐木做燃料。偶尔有一块木板被丢入火中燃烧起来后,忽然爆发出一下非常响亮的声音。尽管十分短促,蔡邕从木板爆裂的声音中立刻敏锐地感到,这是一块非同寻常的制琴材料。他迅即从灶膛里把这块木板抢了出来。买回家后,他用这块木材精心制成一张琴,安上琴弦后一试,琴声果然响亮而深沉,只是琴板的尾端还带有火烧过的焦痕,所以被称作"焦尾琴"。"焦尾"一词,后来也成了形容良琴的有名典故。

还有一回,蔡邕来到会稽柯亭。他发现,当地的人们多用竹子作为建筑房屋的材料,连屋檐下的椽子也是一根根的竹子制成的。经过仔细观察,蔡邕断言,这些竹子的质地非常适合做乐器。说着,他顺手抽了一枝出来,凿了几个眼子,制作成笛子,吹奏起来,发音果然非同寻常。

以上这些传说的流行,也许含有后人对蔡邕的音乐成就加以神化的成分,但是绝非空穴来风。从史书的记载来看,蔡邕在音乐上的造诣的确是很高的,他的女儿蔡文姬也非常善于弹琴，民间传说由她撰写的《胡笳十八拍》，就是一种和着琴声吟诵的诗歌形式。从这些记载里，我们可以感觉到古代文人对音乐的感觉和理解，已达到何等敏锐的地步。

对音乐的理解和表现是一方面，另一方面，即在欣赏的时候，通过对音乐语言充分展开的想象力，同样能够表现出一个人在音乐世界里的精神感受。最能显示古代文人在音乐想象方面能力的例子，恐怕就是关于陶渊明“无弦琴”的传说了。据《晋书》上记载，陶渊明在音乐演奏的技巧上没有受过什么训练，甚至有人说他“不解音律”，但是，这并不妨碍他对音乐意境的理解和体会。据说，陶渊明有一张没有琴弦的琴，每当他和朋友相聚，饮酒至微醺，精神上感到怡然自得的时候，便取出这张无弦之琴，如同别人在拨弄琴弦的样子，抚而和之，虽说寂然无声，他却是一副完全沉浸在音乐中的悠然自得的表情。别人感到十分不理解，便问道：“您在欣赏什么呢？”陶渊明答道：“但识琴中趣，何劳弦上声。”意思是说，琴趣已经领会到了，琴音本身已经属于次要的了。

我们完全可以理解陶渊明此时的心境。首先，他的朋友中不乏弹琴的高手，陶渊明从他们的琴声中早已具备了对音乐的欣赏和想象能力。其次，陶渊明是中国古代文人中很早就觉察到神韵说的文人，所谓“此中有真意，欲辨已忘言”，他体会到的意境，常常令他感到无法用语言来加以表达，或者说，一旦以语言来表达，便已经失去了本来的意境。那么，具备了这样的修养，达到了如此意境的人，抚弄无弦之琴，不是照样能在他的思想上激发起音乐的想象么？我们知道，现代音乐史上，曾经出现过无声的钢琴演奏作品，这与陶渊明的抚弄无弦之琴其实是基于同样的理论，不过后者早在一千多年之前就已经领会到这种意境了。

3 不尽琵琶弦上思

◎文人操琴

文人弹琴，主要是自己一种抒发情怀的方式，追求的是情趣二字，并不是刻意在技巧上达到某种惊人的地步。用今天梨园的话来说，属于“票友”一类业余爱好的性质。虽然如此，却仍不乏一些天资禀赋特别好的文人，加上自己格外浓厚的兴趣，居然也能卓然成家， 在以文留名的同时，也以艺术上的成就，让后人在追怀他们的时候，不禁歆羡且向往之。

中唐时期的著名诗人王维，就是一位具有多方面的艺术禀赋，并且同时又都在多方领域取得非凡成就的艺术家。《唐语林》上记载了这么一个故事，有一回，王维见到一幅题名《奏乐图》的大型壁画，不禁饶有兴趣地看了老半天，看着看着，还露出了会心的微笑。和他在一起的友人便好奇地问他笑什么，王维用肯定的语气回答说：“我看这画上的人们是在演奏《霓裳羽衣曲》，我还敢说，他们正演奏着的是其中第三叠第一拍。”古代音乐的记谱方法里，“叠”的意思，即相当我们今天说的乐段。看画竟然能够看出这么个名堂来，确实让人觉得太神了一点。

王维这么有把握，当然是因为他不但熟悉这首《霓裳羽衣曲》，而且还熟悉各种乐器的演奏方法。所以，他能从图画上描写的乐器的配置，演奏者的指法，以及打击乐者的姿势来加以判断并得出结论。我们从《新唐书》王维的传记中可以看到，他担任的第一个官职就是太乐丞，熟悉这些乐器的演奏方法，对他来说，不应该有什么困难。当时在场的人里，有人认为王维说得太玄乎了，不大信服，便特意召集了乐工来演奏《霓裳羽衣曲》的第三叠，在第一拍的时候，对照各个演奏员的姿势和指法，果然分毫不差。

这也许只是一则传说罢了。不过，我们从《新唐书》王维的传记来看，王维在音乐上的造诣确实极高，尤其是弹奏琵琶的水平，可以称得上技艺精湛。甚至有一种说法，说王维考取头名进士，都与他精于演奏琵琶有关。事情是这样的，原来，唐代的进士考试与宋代以后不同，虽说有一个考试的形式，很大程度上还得看你有没有强有力的推荐者作为后盾，并不完全取决书面考试的成绩。王维少年时代就是长安城里出名的才子，诗歌、绘画、音乐几方面的造诣都很深，唐玄宗的弟弟岐王李隆范就非常赏识他。所以，开元九年他20岁时，意气风发，决意参加进士考试，而且准备拿个第一名。可是，经过了解，王维得知另有一名文人张九皋，已经托了熟人的路子，一直通到了公主那儿，而且，已经与京兆试官打了招呼，内定为头名进士了。王维并没有死心，他找到岐王，请他帮忙出个主意。岐王对王维说，公主已帮定了的人，不可力争，只能巧取。他答应帮王维想办法试试看。

机会果然来了。不久，公主在自己的府第举办宴会，岐王让王维装扮成伶人模样，一起随同前往。英俊潇洒的王维，举止不俗，在宴会上的伶人里头颇引人注目。岐王又设法让王维为公主演奏了一首琵琶新曲《郁轮袍》，令公主赞赏不已。岐王见状，便乘机要王维将自己写的一卷诗文呈给公主。公主打开一看，惊讶地说道："这些作品我以前都见到过，印象很深，我还一直以为是古人的佳作呢，原来都是出自先生的手笔啊。"说罢，连忙命人为王维更衣，延至上座，待如贵宾。岐王看到时机已经成熟，就提出了王维打算参加进士考试，并希望拔得头筹的想法。此时的公主，正在为发现并结识了这样一位新才子而高兴，不假思索地说："按照你才华的确应该居于头名，我来推荐你。"公主说话果然算数，事后，她把京兆试官召到府第，告诉他务必将王维放在头名录取。这样一来，王维终于如愿以偿，成了头名进士。当然，王维的才华是不容置疑的，但是，我们也不妨设想一下，假如没有演奏琵琶的精湛技艺，能不能在那么多的文人中脱颖而出，吸引公主的注意呢？

不过，到了封建社会后期，文人弹琴寄怀，虽然仍不失为一种高雅的趣味，但是，人们对文人业余时间玩弄乐器的看法，毕竟与思想开放、气象宏大的唐代有了很大的不同，至少在理学家们看来，怀负道德之任的士人，是不应该在这种"末技"上消耗精力的。比如明代的杨慎，号升庵，从小就显露出过人的才气，曾在习文之余，仿汉代贾谊和唐代李华的笔法，拟作《过秦论》和《吊古战场文》，有"青楼断红粉之魂，白日照苍苔之骨"这样动人心魄的句子，被祖父视作"吾家贾谊也"。杨慎的父亲杨廷和，正德朝时位至太子太师，有这样的家庭背景，再加上自己的才名，所以，杨慎在北京城里是颇有盛名的公子。据褚人获《坚瓠集》里记载，杨慎非常喜欢弹奏琵琶，而且技艺精湛，年轻的时候，几乎每天都要弹上几曲，有什么新的曲子流行的话，他都要想方设法把谱子搞来弹会不可。

杨慎 24 岁那年，以廷试第一的成绩举进士，可谓风华正茂，而弹奏琵琶的热情依旧如故。夏日之夜，他经常邀集了好友若干，头上挽着巾带，穿着极其随便，带着酒，背上琵琶，在西长安街附近找个凉快的地方，边饮酒边弹唱，酒酣之时，兴味亦至极致，常常一曲歌罢，东方既白，方才兴尽而归。

有一回，文渊阁大学士李东阳，适逢上早朝时路过长安街，听到这里一片歌乐声，声韵不俗，便绕了过来瞧瞧，一看是杨慎，就从车上走了下来。杨慎见是前辈李东阳，亦举起酒杯说道："上朝的时间还早，且请先生听我们为您弹上一曲罢。"一曲终了，天色熹微，李东阳上车进宫，杨慎也换上朝服径直上朝去了。散朝以后，李东阳正好遇见杨廷和、杨慎父子俩，李东阳含笑而委婉地说道："以公子的才华和学问，完全能够做一些千古流芳的事，何必把精力花那么多在管弦丝竹上呢？"杨慎听了此话，猛然醒悟过来。自此以后，纵然长安街上月色如水，金水河畔，宫墙柳下，再也听不见杨慎的琵琶声了。杨慎后来在著名的"议大礼"案中，触忤嘉靖皇帝的意旨，贬谪云南，一住就是三十多年。这段生活也可以说使他因祸得福。因为边荒之地，政务并不多，大量的闲暇时间，杨慎得以恣意读书写作，书无所不览，后终于成为有明一代记诵之广博、著述之丰富的第一人，留给后人的诗文、杂著，竟达一百多种。

4　闲敲棋子落灯花

如果《左传》里太叔文子说的"举棋不定"的棋可以算数的话，那么，古代棋类游戏的开端，可以一直追溯到先秦时代应无问题了。至于《孟子》里所述的弈秋的故事，那就更能说明这点。尽管晋代的张华在《博物志》里说围棋是尧发明了教他儿子丹朱的，或者说是舜教他的儿子商均，那只不过是一种传说罢了。

然而，下棋可以用来启迪人的智慧，是不言自明的，不过，也有人从另外一个视角来看待这个问题。比如，晚唐的一位文学家皮日休在《原弈》里说，下棋的时候，若不用伤害、欺诈、相争之心，以及伪装的手段，那是赢不了对方的。所以，他断定尧舜这样以仁义礼智来治理天下的人，不可能用这种诈伪之心和争伪之道来教他们的儿子，倒是战国纵横家们，极有可能是这种游戏的发明者。这种道德本位主义的"考古法"，十分有趣，但是很能反映部分文人的观点。比如晋代的陶侃，在荆州当太守的时候，把地方上治理得非常好，尽职尽守，有一天，他看见部属在玩棋，便走了过去，动手将棋子棋盘一股脑扔到江里去了，嘴里还喃喃说道："这是尧舜发明了用来启迪脑子不开窍的愚笨之徒的，诸君都是国家的栋梁之材，何必把精力放到这种事情上去呢？"

不过，对大多数的文人来说，棋局中的乐趣，可说是无穷无尽，汉代的好多辞赋大家，都以棋为题，吟咏其中的无穷乐趣和妙不可言的意境。他们认为从棋局中能观测到大千世界的动静

◎对弈

之道，其出神入化的程度，简直就可以说是概括了人世间继往开来的一切。比如，东汉的班固就曾这样描述过，棋局要求方正整齐，意味着道必正直；黑白的棋子，意味着天地阴阳之分；星罗棋布，象征着天文；弈手执棋，显示了王政；布下种种疑阵，就像早先庖羲氏教人结网而渔；设置障碍，又似夏禹治水之势；一子处置不当，引起全面崩溃，暗示我们蚁穴亦可令大堤突现泛滥；弱势时兵不厌诈，就像田单突围之奇。甚至还有“参分有胜而不诛，周文之德”之类的话语，简直上有天文，下有地理，帝王之治，五霸争权，都包括在这一尺见方的棋盘上了。虽说是近乎文字游戏的说法，确实点出了文人何以乐此不疲的原因。

汉魏名贤中间，出现了很多品位高雅的棋手，东晋及至南朝，围棋是风雅的文人日常不可缺少的乐趣，它和弹琴一样，同样是人们寄托逸思的最好选择。还有人发明了围棋的别称：“坐隐”和“手谈”，还有一种说法是，手谈即不用棋盘棋子，通过各自报出的棋步，在想象中的棋盘上下棋，也就是今天所说的下“盲棋”，这当然是程度较高的棋手才能做到的。

◎谢安

晋朝的文人最讲究风度和气韵，历史上与下棋相关的文人故事，最出名的也在东晋。东晋的名士谢安，出身江东著名的贵族世家，年轻的时候，以才名饮誉天下，又写得一手好字，却似乎没有作官的欲望，成天和王羲之、支遁等名士相处，出则游弋山水，入则言咏诗文，过着自由而潇洒的生活。名声越高，要求他出来作官的呼声就越高；呼声越高，他倒是越不肯出来，直到简文帝病危的时候,他才以顾命大臣的身分出现。谢安作官确实也很有行政管理的能力,别人看起来有困难的事情,他却能举重若轻,处理得井井有条,之后,连续加了几次官,东晋的军政大事,几乎由他包揽了。

当时,北方地区的前秦刚刚统一了长江以北的大部分地区。苻坚意气骄横,调集了由北方各少数民族拼凑起来的军队数十万人,号称百万,大军压境,前锋已抵达淮水边。此时,东晋的京城建康已经人心惶惶,气氛十分紧张,唯独受命为征讨大都督的谢安,依旧神色安然。在作好种种安置之后,不明内情的谢玄等人仍心中不宁,几次来问应对计谋,谢安都答道已有安排。后来,他索性带着亲朋好友,从城里来到乡间的别墅,宣布要以别墅为赌注,与谢玄在棋盘上较量一番。平时,谢安下棋总是不敌谢玄,这一天由于谢玄心里极不宁静,无法下赢他了,而谢安还在咋呼着说向外甥羊昙借别墅做抵押。其实,这是谢安让朝野人心安定下来的一种策略手法,到了晚上,他便跑出去安排和指挥军队的防守了。

前秦和东晋之间的“淝水之战”是历史上著名的一次以少胜多的战争,败逃中的前秦士兵看见八公山上的草木,都以为是埋伏着的军队,把风声鹤唳,都当作追击而来的士兵。与此形成鲜明对照的则是谢安在棋盘上的从容风度。据说谢玄等人破敌的捷报送到的时候,谢安正在与人下棋,接过捷报,看完之后,他将报告放在了座床上,脸上毫无表情。别人问他前线有何消息,他只是轻描淡写地说了一句:“敌人被孩子们打败了。”接着,又若无其事地下起棋来。这大概是历代文人中间风度最好的一局棋了,内心翻腾若江海波涛,表面却镇定如一泓静水。据《晋书》上的描写,谢安在下完棋后,走过门槛时,不觉将脚上穿的木屐齿碰掉了一个,才算让别人感觉到了他那蕴藏在内心深处的喜悦。

下棋的风格，确实很能反映出一个人的气度和思想方法，谢安可以说是晋宋间以闲适从容风度为特征的名士典型。而北宋时期主持熙宁新政的“拗相公”王安石，下棋的时候，就是另外一种风格了。据说，王安石的棋风就与他那略嫌急躁的性格和极其务实的精神是完全一致的。他喜欢下棋，而且也善于下棋，居住在钟山的时候，曾经与薛昂下棋赌作诗，内容限制是关于梅花的。不过，薛昂输了棋，善作诗的王安石又都替代薛昂作了。结果，搞得薛昂的集子编出来后，别人怀疑有些诗就是王安石写的。

王安石下棋方式也非常有他的个性色彩，那就是全然不像六朝名士那样悠然品味其中的乐趣，似乎纯粹把下棋当作一种游戏。所以，他落子的速度飞快，而看到自己败势已定的时候，便往往不愿继续下子。他常常说道：“下棋本来是为了放松一下自己，现在为了几步棋，绞尽脑汁，岂不是适得其反了么？”这和他做诗写文章都要刻意求新的思想是完全一致的，不愿按照常人的习惯下棋。结果，有些人就认为王安石“棋品殊下”，不过，这和现代人把棋类看作一种体育运动的观点，倒是不无相似的。

文人当中，固然多把下棋看作一种雅趣，但是，也有个别痴迷于此道的文人，把棋趣视作人生的第一需要，甚至连作官不作官都不那么在乎。这在传统文人中间确属罕见的，但唐代的王积薪就是这么一位颇具“献身精神”的棋迷。

据《棋天洞览》上记载，王积薪好棋的程度，几乎到了寝食俱废的地步。他凡是出门，总是随身带上一个竹子编的小匣子，里面有一副棋子和一张画在纸上的棋盘，小匣子就挂在车辕上。出门遇到和他一样对围棋有兴趣的人，不管是什么人，哪怕就是一个干力气活的马夫、农民，只要听说其人棋艺不凡，都要拉上在棋盘上切磋一番，还要请他吃饭喝酒。经过他多年如此广集博览，棋艺大为进步，后来，更以棋技高明被召进翰林院。

“安史之乱”发生后，王积薪随同唐玄宗一起，从长安往四川避难。蜀道狭隘难行，一路上，每逢天晚住宿时，条件好的屋舍都让有地位和有权势的人先占据了，他只能随便找一处民舍将就一下。有一个晚上，实在找不到住处，王积薪沿着溪流，遇到一户只有婆媳二人的人家，主人把他安顿好后，便关上门休息了。尚未入眠的王积薪忽然听得屋里婆婆对媳妇说：“夜色这么好，我们来下盘棋消遣一下吧。”屋里也没有点灯，怎么下棋呢？只听得婆媳二人你一句、我一句地“手谈”起来。她俩每走一步，都要思索良久，在王积薪看来，都极值得玩味，连日的旅途劳累也顿时全然消除了。走到第三十六步，媳妇认输了。惊异中的王积薪将棋路一一熟记于心中，第二天清早起身后，便恭恭敬敬地向老婆婆请教。老婆婆让他摆开棋局，下了十余步，回头对媳妇说道：“这个年轻人还能走几步，你来教他几手常见的阵势吧。”于是，媳妇便教了几种如何攻守杀夺，以及救应防拒的方法。王积薪感到很不满足，婆婆笑着对他说道：“就这些本事，你以后也可以无敌于人世间了。”

这则记载在《集异记》上的故事，带着浓厚的神话色彩，不过，王积薪的棋技在当时确属登峰造极的水平。据《新唐书》上记载，他还曾编写过一本名叫《金谷园九局图》的棋谱传世，可惜今天失传了。有一点是可以肯定的，那就是王积薪为了下棋，最终放弃了原来的仕宦生涯。在传统的中国文人中，能作出如此的抉择，确是极为少见的。

5 文人竟为书法累

由于书写工具的特殊性和汉字结构的特点，中国的书法，可以说是世界上独一无二的一门书写艺术。早在两千年前，人们就充分意识到了这一点，渐渐地，书法就获得了与绘画平起平坐的艺术地位，“书画同源”的说法，显示了人们早就不把书法仅仅看作一种书写的手段了。而且，从喜爱的人数来看，对书法有着浓厚兴趣的人，似乎要比绘画还更多一些。文人的日常活动中离不开书写，而书法与中国传统的其他艺术一样，强调的依然是内在的神韵，所以，格外讲究气韵的魏晋时期，也就成了历史上擅长书道的文人大出成就的时代之一。

书法给文人带来的既有欢快，也有烦恼，甚至还有“早知今日，何必当初”的感叹。

三国时代的钟繇，是当时著名的书法家，他曾经向另一位书法家韦诞请教蔡邕的笔法，可是韦诞很保守，一直托词不肯教，钟繇气愤至极，甚至到了捶胸跺脚的地步，还气得吐了血。幸亏曹操送了一种叫五灵丹的药，才算救了他一命。钟繇一直等韦诞死了以后，居然叫人去盗他的墓，将随葬的书法作品偷了出来，这才满足了自己多年的愿望。这个传说不知是真是假，但是，在当时的条件下，学书之不易，以及人们热衷于此道的心情，可以想见一斑了。

热切希望学书的愿望是一面，另一方面，却也有因书法出名的文人，感到受其所累，甚至告诫子孙，不要在书法上再去耗费功夫了。故事就与上面提到的韦诞有关。韦诞因为写得一手好字，有一个时期，魏国建造的一些宫观楼阁，凡是要题匾额的，多半都请他来题写。这当然是一件很荣耀的事情，不过，有时候也会出现一些意外的情况。据卫恒的《四体书势》上记载，魏明帝的时候，修起了一座巍峨的宫殿，取名"凌霄观"，偏偏在修筑好了之后，才发现忘记题榜了。没有其他的办法，只好编了一个大笼子，让韦诞在里面，带上笔墨，让人从屋顶上把他高高地吊上去。在离开地面约摸25丈的高度往匾额上写字，韦诞心里恐惧之极，又不敢违命，写完字下来之后，大约是神经太紧张的关系，人们发现他的头发和胡须都变白了。据说，就是从这以后，韦诞不但不主张儿孙多习字，还将此作为一条家规，告诫后世。

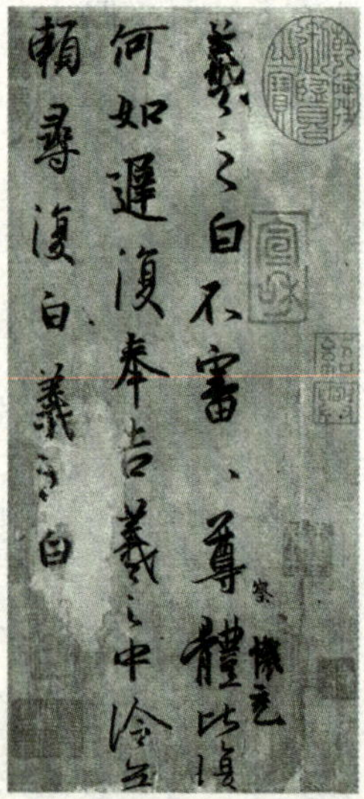

◎王羲之书法

魏晋时期的文人中间，书法上造诣最高的当然是被后人尊奉为"书圣"的王羲之了。他七岁时就开始学习写字，临习钟繇、张芝等人的作品，尚未成年，就显露出不同寻常的气势。后来，他又周游各地，见到了李斯、曹喜、蔡邕等人的墨迹，融会贯通，一洗各家的痕迹，创造了自成一体的新风格。大约是王羲之的书法名声太大的缘故，他的绝高的人品和学识上的过人之处，都不大为后人注意了。据说他虽然书名极高，架子倒不大，于是，就有人利用他的一些性情方面的特点，来达到自己求得墨宝的目的。王羲之生性非常爱鹅，会稽郡有一位老婆婆养了一只鹅，叫声非常好听，王羲之很喜欢，曾经想把它买下来，未能如愿。有一天，他特意领着亲友，兴致勃勃地前往观赏，没想到老婆婆听说王羲之要来，将鹅宰了，好用以招待客人。结果，王羲之为之怅然惋惜了一天。山阴的一个道士苦求王羲之的作品不得,后得知王羲之喜欢白鹅,便精心喂养了一群,个个体态健硕,望之洁白如云,鲜红的鹅冠点缀其上,在池水中游弋,看起来极逗人爱。他故意邀请王羲之到道观来作客,王羲之果然一下子就被这群白鹅迷住了,目光老是注视着鹅群。道士趁机提出想请王羲之写《黄庭经》的请求,并表示愿意将这群白鹅作为礼物,奉送给王羲之。王羲之欣然接受了自己喜爱的礼物,当即坐下来写经,意兴所至,走笔如神,一会儿工夫便写好了,然后笼鹅而归。这便是书法史上有名的"黄庭换鹅"的佳话。

王羲之的行草飘逸潇洒,不但风靡了当时的文人阶层,也对后人产生了极大的影响。他那清朗俊逸的风格,完全就是东晋时期文人精神风貌的一种写真,如著名的《兰亭序》,就是他与当时的名士孙绰、支道林等,在山阴兰亭遵从修禊祛邪的习俗,列坐于清流旁,杯中盛酒,使之顺流而下,杯子停在谁的面前,便由谁饮酒,即所谓"曲水流觞",一觞一咏,抒发情怀。他鄙视那些追求生活上的安逸和享受的世俗之情,他的朋友许恂住在丹阳尹刘某处,屋里装饰得非常舒适华丽,吃的东西也十分甘美,不禁流露出了人生但愿长此以往,也不算枉此一生的念头。王羲之当即以嘲笑的口气说道:"如果上古的高士巢父、许由等人在场,恐怕不会这么说吧。"

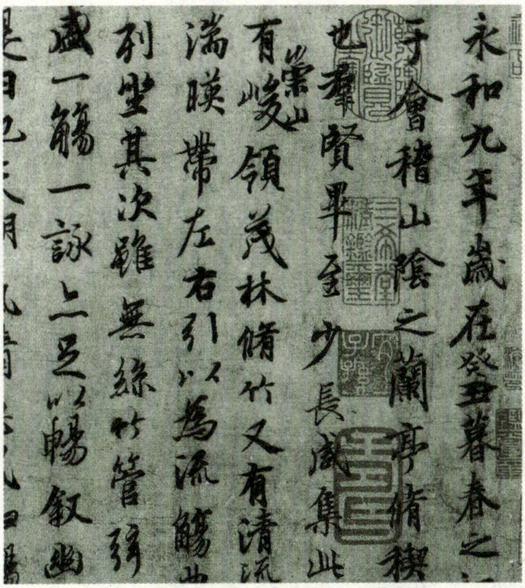
◎兰亭序

另一方面,王羲之虽然书名满天下,有时却也会率性所由地作出一些有趣的举止来。他有一次看见一位老婆婆在卖六角竹扇，几乎无人光顾她的买卖，遂顺手拿起几把来，在上面各书写了几个字。老婆婆见了很生气，觉得扇子已经卖不出去了，弄脏了还会有人要吗？王羲之笑嘻嘻地说："你对别人说，这扇子上的字是王右军写的，每把就可卖到一百个钱。试试看吧。"老婆婆将信将疑地照他的话做了，没想到这么昂贵的价格，人们都还竞相争购，一会儿就都被人买完了。

这种崇尚书法的风气不但在南朝盛行，也同样弥漫到了北方地区的文人中间，连王羲之、王献之父子的书法风格，也完全被传播了过去。说起来也有意思，这种南派书风的北进，居然是一个战俘带过去的。当然他不是寻常的人物，而是南朝梁的王褒。梁元帝时，南北之间在江陵发生了一场战争，身为左仆射高官的王褒被北军俘获过去了。其实王褒是个纯粹的文人，七岁就能写文章，既崇周公、孔子的儒家之说，又继承了南朝士大夫兼老庄和释氏的玄谈色彩，他还写得一手类似王羲之风格的好字。到了北方，虽说是战俘，却受到了极高的礼遇，并成了书坛宗主。贵族名士们都跟着王褒学字，二王父子的行草书法，终于流行在中原大地上了。

王褒虽说在北方受到的礼遇很高，有时却也像韦诞一样，会发出早知今日如此，悔恨不该学书的感慨来。原来，中原一带，尤其黄河流域，是先秦至汉魏中国古代文明的发展繁荣之地，各地的碑碣皆极丰富。王褒虽是祖籍琅琊，却只是侨居在南方的北方血统而已，见了各地那么多的石碣碑刻，自然舍不得不看，故而常常跋山涉水，在各处奔走；可又因为自己书名太盛，日日有应付不尽的各种请托，所以，他便有"崎岖碑碣之间，辛苦笔砚之役"的感叹。据说他曾经"不无悔恨"地自问道："假如我没有练过书法，也会像今天这么狼狈不堪么?!"不过，在我们今天看来，这恰恰说明了，历史上虽然有过分裂的时代，而文化的内在联系，使得我们中华民族早就形成了一个不可分离的整体了。

6 挥笔舞袖走流星

唐、宋两代，是我国封建社会经济和文化发展的一个高峰时期，文人辈出，在文人中间，与书法相关的逸闻趣事也非常多。我们熟悉的如唐代的欧、虞、褚、柳、颜等名家，北宋的如蔡、米、苏、黄四家，其实，这只是其中的一部分代表人物，如从我们熟悉的士人李白、郑虔、贺知章、王维、韩愈、杜牧等人的传记材料来看，他们在书法上的造诣也是很高的，只不过因为他们的文名光彩夺目，多少掩盖了一些其在书法成就上的色彩罢了。

◎赋诗题壁

欧阳恂是唐初的著名书法名家之一，他的字字形瘦削，被人形容为“孤峰崛起”，学问也十分好，据说，他的书法作品在海外如高丽等国极受欢迎。因为他的字笔画挺直方锐，很有力度，唐太宗和他开玩笑说：“外国人见了你的字，以为你一定是一个高大魁梧的身材呢。”这句话含有两层意思，因为大家都知道，欧阳恂是个五短身材，相貌也非常丑陋，如果见到他的形象，人们是很难把他和他笔下那劲险的字体联系在一起的。看来，

"字如其人"的说法，也只是就人的内心世界（如性情、品格）而言的。

欧阳恂在书法上的成就，是与他刻苦练习分不开的。据《太平广记钞》引《书断》载，欧阳恂有一次出行，偶然发现一块西晋书法家索靖所写的古碑，深为其骨势峻迈的笔力打动，驻马凝视良久，方才缓缓离开。可是，没走出几步，他又折返回来了，下马停立在碑前，再次细细揣摩碑文的字体，累了，就把毯子铺在地上，干脆坐下来观摩。最后，欧阳恂竟然在这块古碑旁住了三天，把索靖的笔势完全摸透了才离开。据说在书家中，这种痴迷的精神，也不是个别的现象，如李阳冰在绛州看到一块刻有篆字的石碑颇为怪异，然而很有个性，居然也在碑下寝卧数日，舍不得离开。郑虔任广文馆博士之前，喜欢练字而没钱买纸，后来得知慈恩寺有几屋子柿树叶，就借居在寺里，每天取柿叶练字，几屋子的树叶练完了，字也练出来了。可见，当时整个文人阶层都对书法有着一种狂热而痴迷的追求精神。

在盛唐气象的影响下，最能反映时代精神的书法代表作，应属纵笔如飞、疾走龙蛇的草书。张旭和怀素，一"颠"一"狂"，前后承应，推陈出新，显示唐代书法艺术已基本摆脱了"二王"的影响，开出一代全新的书风，那气势奔放的狂草艺术，将书法的表现力推到了一个新的阶段，因而博得了文人的普遍青睐。这个阶段的书法，比如张旭的草书，能够痛快淋漓地将作者的情绪，如喜怒、忧悲、怨恨、思慕、无聊、不平，在心中激起的一切，甚至连自然界的山水崖谷、鸟兽虫鱼，乃至歌舞战斗，都能以书法的形式表达出来。张旭的草书并非属于阳春白雪一类的作品，在人民大众当中也有着广泛的基础。据《幽闲鼓吹》上面的记载，张旭到苏州常熟县任县尉，有一段时间里，一位老者常来递交诉状，请他批示。如此一而再，再而三，张旭觉得很不可理解，便斥责老者不该以如此屑细琐事来给公家增添麻烦。老者此时方才吐露实情，原来他极为喜欢张旭的字，只不过是想利用这个机会，多搞几张真迹而已。

书法艺术的进一步成熟，包括文人阶层自身的发展，到了宋代，人们对书法的兴趣也进一步浓厚起来。人们向往的是“一间窗户明亮的书房，一张洁净的书桌，加上上好的笔墨和纸张”。宋代社会的商品经济较前有了很大的发展，收藏名人的墨迹，成为许多人的一种爱好，请人写字而付一定的润笔，也逐渐成了不成文的规矩。不过，对苏轼这样的名家，最忌讳别人用商人的眼光来衡量他的作品，如果刻意向他乞讨，往往不能如愿，倒是趁他兴致好的时候，不经意地或许能得到不少呢。

有一个十分有趣的故事，颇能反映他那诙谐的性格。《苕溪渔隐丛话前集》上记载，黄庭坚曾经开玩笑地告诉苏轼说，韩宗儒得到苏轼的字迹之后，总是拿去和姚麟换羊肉，因为后者极其喜欢苏轼的字，看来，这颇有东晋王羲之写经换鹅的遗风啊。苏轼听了此话，一笑置之。不久，正赶上苏轼在翰林院忙着起草制文，韩宗儒又打发人送来了一封信，而且要请苏轼即刻作复，派来的人就守在苏轼的身旁。苏轼想起了黄庭坚的话，他的幽默感来了，笑嘻嘻地对来人说：“回去跟你们长官说，今天断荤，没有羊肉吃了。”

◎黄庭坚

苏轼的书法，已经明显地改变了宋初那种秀丽妩媚的书风，有意识地开始变形和夸张，字体方扁，左低右高，撇捺重而有波折，大小参差错落，翩然矫健。黄庭坚的字体特点是点画线条一笔之中提按数次，故给人起伏荡漾的感觉，整体

结构内紧外松，纵横捭阖。这两种字体都很有个性，特别是苏轼的代表作《寒食帖》，向来被人们视作书法史上的经典作品。说起来，黄庭坚是“苏门四弟子”之一，同时，两人又可说是极其投合的好朋友，彼此常常开玩笑，也曾经互相“嘲笑”对方的字体。苏轼说：黄庭坚的字虽然清劲有力，笔势有时太瘦，看起来倒像挂在树梢上的蛇。黄庭坚反唇相讥说：先生的字当然不敢妄评，不过，偶尔我觉得字形似乎扁了一点，看起来像是石头下面压着的蛤蟆。两人说罢，不禁相视大笑，因为虽然是夸大其词的玩笑话，却不得不说在神态上确实把握了对方的主要特点。

7 文人爱字痴且迷

说历史上一些擅长书法的文人“颠”也好，称“狂”也罢，实际上皆表现了他们对书法艺术的痴迷。张旭乘醉书字，奔走呼叫，甚至以头发蘸水墨书之，得到一个“张颠”的称号；稍后于他的唐代另一位草书大师怀素，自言得“草圣”三昧，他虽然是个和尚，却不守佛门戒律，食鱼啖肉，唯有在书法上潜心钻研。据说，他夜里躺在床上，听到澎湃而起的江潮声，都会忽然感到触发了他的灵感，书兴大发而起身书字，效果奇佳。他又嗜酒成瘾，故有“颠张醉素”的说法。

◎米芾

到了宋代，被视作“尚意”的代表人物之一米芾，字体左右倾倒，却摇曳多姿，有着妙不可言之意趣。就是这位米芾，也有个“米颠”的雅号。

说到“米颠”，就连皇帝也知道他的痴与怪。宋徽宗得知他精通书道，特意召他进宫，在瑶林殿设笔墨纸砚，请他写字。徽宗坐在帘子后面，由梁师成与他相伴。米芾一见纸笔精良，情绪大为激动，便反系袍袖，提笔如行云流水，龙蛇飞动。他知道徽宗坐在帘子后面看他写字，写到得意之处，不时回过头来，对着帘子说上一声：“妙极了，陛下。”那副神态十分好笑。徽宗是历史上有名的“艺术”皇帝，花鸟画和书法都称得上一绝，见米芾落笔如神，也不去讲究什么君臣礼节了，心中大喜，把砚匣镇纸都赏给他了，还任命他为书学博士。

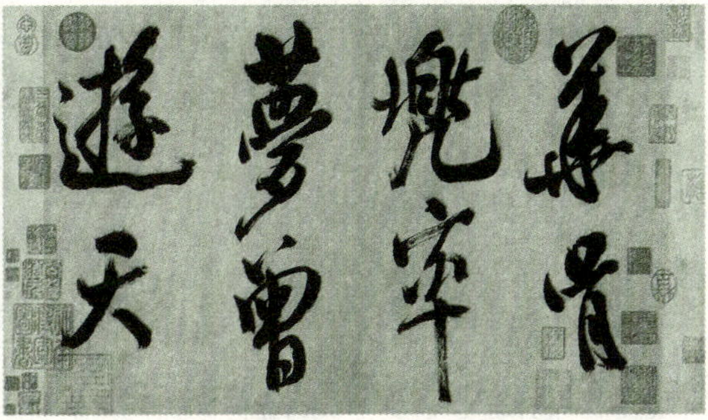

◎米芾书法

大凡喜欢写字的人，也都兼有对佳砚良墨的癖好。米芾任书学博士之后，有一次陪同皇帝游览御花园，应召在一轴黑格线的绢纸上书写大字。米芾行罢礼，便挽起袖子，舐笔挥毫，大书二十字进呈。他此时用的笔砚，都是所谓御用的特制品，制作格外精良，宫廷之外，极不容易得到。米芾写得高兴，自然对此也有爱不释手的意思，皇上的东西，又不能开口要，怎么办呢？他灵机一动，便对宋徽宗说：“陛下的笔砚，被微臣用过之后，再让陛下用，恐怕就不大合适了，可否就此赏赐给微臣呢？”徽宗知道米芾的意思，因为喜欢他的字，对此也就挥手一笑了之。喜得米芾跪下谢恩之后，顾不得砚台里还有残余的墨汁，拿起来往怀里一揣就走，搞得袍子上都沾了好些墨汁。宋徽宗看了他那喜不自禁的样子，笑着对身边的蔡京说道：“‘米颠’之名，果然名不虚传啊！”蔡京对宋徽宗说:“米芾人品高洁,是所谓不可无一,不可有二的人物啊。”言下之意,他的行为虽然看上去古怪,的确也是难得的人才。

像许多嗜好书画的人一样,米芾还极喜欢收藏古人的字画,每每见了别人好的收藏,便喜欢借来认真临摹,非常用心,出手的作品,几乎到了可以乱真的地步。有一回,蔡攸邀请他一起观赏晋人王衍的一幅真迹,米芾爱不释手,久久不能放下。此时,他们正坐在一艘船上,边行边观赏风景,却见米芾把卷轴收拢起来,往怀里一揣,怔怔地就往外走。蔡攸见了,大吃一惊,赶紧拉住他说:“你把这件东西带哪儿去?外面是水啊。”只见米芾痴痴地说:“我一辈子收藏的字画,都及不上这一幅,我不想活了。”边说,边做出执意要往水里跳的样子。蔡攸见了,无可奈何,只得答应说将这幅字送给他,这才把他的情绪稳定下来。

像爱字爱到这种程度,若是别人,也许会被人说是巧取豪夺,甚至说是近乎无赖手段了,不过,对于“米颠”,人们觉得还是可以理解的。那些对艺术执著、着迷,乃至于到了通常认为匪夷所思地步的人,总是被人们用一种宽容的态度来理解,即便是觉得可笑的事情,也多半是以善意的玩笑口吻,来记述这些古怪的人物和他们的举止。说到古怪,晚清的吴大澂就是一个有趣的人物。

吴大澂是同治年间的进士出身,写得一手好字,尤其擅长篆籀。后来官至翰林,在古文字研究和古器物方面的考订上,都取得了不少成果。他曾经出使到东北地区,奉命勘查中俄边境的界定事务,在两国交界的地方,立了大铜柱,上面的铭文,便是他以大篆体的文字书写的。书法的功力当然不用说,可是,别说俄国人了,即便在中国人里,能流畅地识别大篆的人,只怕也不很多了。后来,在甲午中日战争时,他奉命镇守山海关,结果未能守住,大败而逃,被革了职。从此,就把精力一心用到学问上去了。

吴大澂篆书写得漂亮，也喜欢写字，所以，平时与人写信，都多用古篆。他与自己的老师潘文勤常常通信，潘文勤十分喜欢他的字，得信之后，总是请人装裱成册，不过半年时间，装成了四大本。有一次师生两人见面，未及说起其他事，潘文勤就用“吃不消”的口气对吴大澂埋怨道：“你以后给我写信，还是潦草点吧，这半年工夫，我付给装裱匠的钱就是老大一笔了。”话虽然是这么说，隔了不久，潘文勤又给这位学生写信，盛赞他的古文大篆“精妙无比”，不但自己甘拜下风，而且还断言其墨宝且必定能流芳后世。

与人写信用篆文，看不懂也没关系，还可以作为艺术品收藏。有趣的是，吴大澂兴致上来了，居然还用大篆字体来批阅公文。这并不是说笑话的。据《清稗类钞》里的记载，吴大澂当年在湖南做巡抚的时候，便常常好以篆文来批公文，害得底下执行的办事人员，不得不经常跑回来向他请教，这个是什么字，那个读什么音，实在有点不堪承受。吴大澂倒是饶有兴趣地加以说明，讲不清楚时，还手讲指画地耐心讲解，旁人看来，实在觉得滑稽好笑。

8　点染丹青写神韵

传统的中国画，就像她的姊妹艺术书法以及诗歌一样，都是以其独特的气韵，成为世界艺术宝库中的一枝奇葩。从其基本的格调来看，无论是绘画的材料、技法，都迥然有别于西画，即使是表现手法上，也有很大的差异。即便只是一枝梅花，或几块石头，甚至几枝兰花或日常习见的一丛竹子，加上画面上大块的未加任何点染的空白，却造成了画面上的极为和谐的平衡，造出了某种生动的气韵，不但是作者大胆的运笔，就连那大块的空白，也为我们提供了极大的想象空间，此时的意境，便与《长恨歌》里所描绘的“此时无声胜有声”有着异曲同工之妙了。

这种艺术传统的形成，其根源可以追溯到中国传统文化的某些最基本的特点，即中国文人的审美情趣，而在处理色调、线条等问题上，文人日常所用的笔墨技法，又是驾轻就熟且便于加以发挥的。所以，中国的文人与中国画，无论是精神上或是技法上，都有一种内在的密切联系。我们甚至可以这么说，如果不理解传统的文人画，也就无从完整地了解中国文人的内心世界。从文人与画的关系上，我们可以借以窥视到文人精神的一个重要方面。

以善画著称的文人，当首推东晋的顾恺之了。在尤其注重精神风貌的东晋时期，士大夫在审美方面最讲究的是神韵，顾恺之的画正是在人物神气的把握上最得人们的赞赏。据说，顾恺之画的人物，有时候数年不点眼睛，有人很不理解地问他为什么要这样，他回答道：“人物的四肢体貌，大家都十分关心，其实对人物的神态来说，却是无关紧要的。最要紧的地方，就在于一双眼睛，内心神态的表露，全是通过眼睛来传达的。”

顾恺之的诗赋文章也写得很好，平时的举止神态却显得有点迟钝，似乎总是带着点漫不经心的样子。其实，这正是他大智若愚的地方。据《世说新语》上记载，当桓温把江陵城修葺得非常宏丽壮观，命令宾客僚属们各自赋诗形容的时候，顾恺之脱口而出的“遥望层城，丹楼如霞”两句最为出色，桓温大喜，送给他两个婢女作为奖赏。然而，有的时候，他又会做出非常可笑的事情来，比如他曾把许多自己最得意的作品藏在橱里，还贴上了封条,寄放在桓玄那里。桓玄从木橱的背后抽去了板子,将画偷取一空。顾恺之来取回木橱的时候,桓玄只是对他说自己从来没有打开过封条。当顾恺之把橱门打开以后,见自己的画一张都不见了,好不奇怪,然而他只是喃喃地说道,莫不是自己的画太神妙了,通了灵性,就像人得道之后,会羽化登仙一样。他似乎根本想不到别人做了手脚。当时的人们见顾恺之如此,都说他有“三绝”: 画绝,才绝,再加上一个痴绝。

文人作画历来讲究神韵，有时候甚至到了不能自已的程度。生活在明朝后期的杭州人诸君简，就是一个沉迷于书画的文人，他与当时以书画擅绝一时的董其昌关系非常密切,因而在董作画时,常常得以仔细观摩其用笔的方法，久而久之，他在自己的风格中，也不知不觉融入了董其昌的某些特点。有一次,当他作画的时候，一位朋友在旁边观看,琢磨了半天,忍不住问道:“你老兄画画，到底学的是哪一家的笔法?”诸君简想了一下,微笑着答道:“我在作画的时候,感觉上似乎自己的手都不存在了,仿佛是跟着笔在走,哪里还想得到是谁家的笔法呢。”听起来像是随口说出的话,如果没有对中国传统画精神的真实丰富感受,是无从体悟到这点的。

而明清之际的著名文人傅山,在绘画上更有着自己的一套理论和实践。傅山的书法成就冠绝一时,人们争相收藏他的墨迹,在社会上流传也不少。而他的绘画虽然品位极高,却极少为人动笔。按照他的说法,画画虽然被人们视作末艺,却必须是"笔补造化",方才算臻达境界。言下之意,是一种唯可意会,无从言喻,似乎是主观的意志,但又超越了意志的把握,仿佛是受之于天的灵感,又像是神鬼的造化之功,决定了绘画的成败,个人的创意,只能是在自然状态下的一气呵成之时,略加以补缀罢了。所以,他作画的时候,极讲究客观的环境和自己主观上的精神状态的协调,二者缺一不可。据说曾经有位朋友向他求画,傅山允以中秋之夜为期,假如那天晚上天气晴爽,风清月明,便请他准备纸笔,定不爽约。到了中秋之日,天气果然晴爽宜人,朋友大喜,他知道傅山嗜酒,便特意准备了上好佳酿,请傅山一番痛饮,直到月出东山,方才停杯。此时,他已命自己的书童将两张书桌拼成了一张大几,上面铺开一张丈余长的玉版纸,以界尺镇定四角,又研磨了浓浓的一钵墨汁,一切准备就绪,屏退众人,便请傅山动笔。

傅山的朋友远远立在旁边,静静地观看他作画。不一会,只见傅山开始手舞足蹈起来,忽而还向上一跃,似乎像在发狂一样。这位朋友从来没见过傅山的这副神态,不禁感到有点害怕,恐怕他出什么意外,连忙走上前去,从背后一把抱住他的腰。此时,只听得傅山狂叫起来,接着又深深地叹了口气,说道:"你怎么把我的兴致全给搅了!"说着,他把手上的笔往桌子上一扔。原来,傅山是以这种手足狂舞的方式,酝酿自己的创作激情,没想到受此一惊,刚刚激发的感情被打断了,创作当然也就只好中辍了。朋友见他满头皆墨,大汗淋漓的样子,深悔自己刚才举止鲁莽,败坏了傅山的创作情绪。无奈之下,急忙唤人取水来为他洗头,然后再派人送他回家休息。

历来士大夫中虽然不乏擅长丹青的文人学士,他们的绘画风格也各呈特色,但是,有一点却是不约而同的,这就是他们当中的绝大部分人，都认为自己的画与画匠作画有着本质上的区别，理由便在于自己的劳动带有创意，讲究意境，并非简单的重复劳动。宋人《宣和画谱》里记载了这么一个故事。宋代有一个名叫李成的画家，为唐代宗室后裔，后经五代时期的离乱，无复显赫的身世可以炫耀，避地北海，遂落籍于营邱。其祖父和父亲仍以儒学名于一方，李成从小却显示出了自己在绘画方面的天才。他开始画画时，并没有想到将来能以此作为谋生之道，只是作为一种个人的兴趣爱好，把自己看到的山林薮泽，以及山间曲折飞流、危栈断桥和四季风雨晦明的景色变化抒发在纸墨颜料上。积习既久，技法益熟，竟至于能借手中画笔，直抒胸中情怀，被时人目为海内第一，皆以"李营邱"名之。

当时，有一个姓孙的权贵之家，得知李成的画名，便写了一封信给他，让他到自己家里来作画。李成见了来信，大为愤慨，认为自己也是个儒生，作画只是自己为了抒发心意而已，岂能被人随便轻易支唤？按照自古以来的社会阶层划分，自己的身分与画工一类有着断然不同的区别，遂感到大为羞辱。于是，他对于孙某的要求根本不予理睬。孙某虽然心中极为不快，也不得不辗转托人，才算弄到了他的几张作品。

9　写意画中蕴深意

人们常常把欣赏中国画别致地称为读画。一个"读"字，十分形象地点出了中国画在表现方式上讲究含蓄的特点，要求读者充分运用自己的想象力，来拓展理解的空间，达到作者在画面形象背后蕴含的深意。这种想象力甚至可以突破自然常识的限制,唯以体味作者的意蕴为上。寻常的距离感和空间感,都可以由作者按自己的表现意图加以变形或夸张,同时,又能完全起到准确传递信息的神奇效果,这正是中国画追求神韵、讲究神会而不追求外形逼真的高明之处。

因此,当人们欣赏的时候,假如一味在形象的位置、大小的比例、色彩光线的浓淡上去吹毛求疵,许多文人的作品必定“不堪一击”,如果换一个理解角度的话,则也许是惊人的成功了。唐代著名艺术家王维的作品《袁安卧雪图》,就是一个十分典型的例子。据宋人沈括的《梦溪笔谈》记载,王维作画,往往不在细节上过于拘泥,这正是他不俗之处。沈括还引用前人的笔记材料,说王维画画,甚至连一年四季的景物都不加注意,比如画花,他在画桃花、杏花等在春天争奇斗艳的画面上,常常会出现夏天才看得到的荷花。在《袁安卧雪图》的画面上,雪地里居然长出了一株绿油油的芭蕉,真让人感到不可思议。尽管有人以“雪里芭蕉失寒暑”为由,对王维的作品提出了异议,大多数文人的意见却是肯定的。人们认为,王维信手画的一株芭蕉,十分传神地衬托出了袁安清朗的情致,欣赏者被吸引的正是王维得心应手的神来之笔。虽说在细节上不那么可靠,却并不妨碍人们读画的时候,内心获得的极大享受。看来,这种“得意忘形”,与中国文人在诗歌欣赏时讲究的“得意忘言”,完全是一回事情。

所以,王维在绘画上的成就,在中国画史上有着十分重要的意义,有人认为他对中国历史上文人画的发展,起到了开创性的作用。他又擅长作诗,宋代的苏轼用“诗中有画,画中有诗”八个字来概括王维的艺术成就,可谓完全把握了他在追求神韵方面的特点。关于王维的画,还流传着许多带有神话色彩的故事。传说他曾为岐王画过一幅画,画面上有一块大石头,由于画得极有神采，以致坐在画前，竟然会令人产生身居山间的悠然情趣。过了若干年，一个风雨交加之夜，画中的石头被大风卷走了，遍觅不得。又经历了几代皇帝，到了宪宗朝，忽有高丽王朝的使者来朝，献上一块奇石，上面有王维的印章，方知道画中的巨石原来被大风刮到高丽王国去了。这虽然是一个神话故事，却反映了王维的绘画艺术在当时人们的心中，确实到了出神入化的地步。

就像惯以援翰写心一样，文人也喜欢用丹青来抒发内心感受。在我国历史上，当山河变色、社稷易帜之时，受到现实种种制约的文人，便常常以绘画的形式寄托自己精神上的苦闷，表现出士大夫的忠君爱国之心。于是，通常是寄托闲情逸致的文人画，又往往表现出一种悲怅寂寞而又无可奈何的心理。虽然在表现手法上极为简略，却依然让人感受到一种精神上的震撼力量。

南宋灭亡之后，著名诗人汪元量继承了诗圣杜甫“诗史”的传统，撰写了大量反映宋亡惨痛事实的诗歌。汪元量还擅长绘画，他曾画了一幅题为《草虫卷子》的画，画面上有各种形状的鸟儿，神态逼真，卷末则有大小数雁。许多与汪元量一样，怀着亡国之痛的士大夫们，在看到这幅画的时候，都不由自主地在思想上产生了强烈的共鸣。他们认为，画面上以大小数雁为终结，表现的主题正是他诗歌里“江南破，北雁来”之哀叹，虽然画面上没有一个人物，却让人深切地感受到了国破家亡的凄凉。毫无疑问，作者正是借助中国画的传统含蓄手法，才得以如此成功地表达了蕴含在自己内心的感情。

另一位以擅写墨兰著称的士大夫郑思肖，则以一种特殊的方式来表示自己对宋朝的忠贞。“思肖”的名字，是他在宋亡之后改的，取“肖”是为了表示“从趙”的意思。他还将自己的住处取名为“本穴世界”，将“本”字的“十”移到“穴”字里，便成为“大宋”二字了。郑思肖在宋朝灭亡之后，凡是画兰，一概不再画土，以此表示自己目睹大宋王朝灭亡，土地为异族所掠夺，不忍再绘土于画中的痛苦心理。郑思肖以其简练的墨色写意兰花，在中国艺术史上占据着独特地位，也许正是因为人们从他那简单的线条里，还看到了令人敬重的民族自尊心和知识分子的独立精神。

六　文人与山水

按照中国文化的传统观点，天、地、人向来是被视作自然界和谐组成的整体来看待的。因此，本来只是作为自然风景中的山水湖泊，在几千年的历史文化中，就不仅仅表现为一种单纯的自然风光，而包含着人对社会、对人生的理解和认识。早在两千多年前的孔子，就有过"仁者乐山，智者乐水"的充满睿智的见解。历代的文人墨客，几乎无不被各地的名胜山水吸引，其原因当然是名山大川的秀美景色，然而其中所蕴含的钟灵神气，能够在人们遭遇逆境的时候，荡涤胸中的污浊，"非必丝与竹，山水有清音"，其意义就远远超越山水景色本身了。

1　山中宰相陶弘景

如果说到文人与山水的关系，生活在南朝的陶弘景大概是一个最容易让文人产生羡慕之心的典型了。

陶弘景是丹阳秣陵人，一生经历了宋齐梁三朝。他自幼即表现出过人的智力，十岁的时候，一个偶然的机会，使他得到一部葛洪的《神仙传》，此后昼夜研读，道家的思想意识逐渐在他的心理上产生了很深的影响，竟至于决定了他一生的道路。当他还是一个少年的时候，便对人表示，当自己仰天望着青天白云的时候，感觉上并不觉得是远不可及的另一个世界。这番话，显示了陶弘景在思想上很早就流露出脱离尘世的意识。

◎陶弘景

与单纯追求长生不老的求仙意识不同，陶弘景在知识领域表现出来的，则完全是一种典型的文人意识。他读书万卷，“一事不知，深以为耻”，这句话，亦是许多文人在求知方面力图达到的境界。他研读经史，探究历法，就连打铁炼钢的事情他都饶有兴趣。我们今天对南朝工匠们炼钢水平的了解，主要就是依靠他关于杂生铁和熟铁的混合方法来制作镰刀的一条记录。他在书法上也很有造诣，还喜欢下棋和弹琴，后两者都是南朝士大夫们通常具备的修养。他在十多岁的时候，就因为在学问方面的深厚根基，被召到齐朝的宫廷里，担任诸王的侍读，初步奠定了在社会上的声望。不过，他虽然身在朱门，在所谓的上层社会圈子里，依旧不见他的身影，唯有沉浸在书籍中，才是他最大的乐趣。当时，朝廷在举办一些典礼的时候，有关礼仪方面的事务，总少不了向这位少年老成而学识渊博的年轻人咨询。

然而，安逸舒适的宫廷生活并没有改变陶弘景的思想，反而更使他感到自己与社会的格格不入。一次偶然的机会，陶弘景决意辞去职务，打算住到山里去。他的要求得到了批准。待到临行的那天，建康城里的王公贵族们纷纷赶来为他在路边设帐饯行，华丽的车马，塞满了路口，据说这是宋、齐两朝几十年来史无前例的盛况，不过，这也恰恰是陶弘景最不感兴趣的俗套。看来，世界上的事情往往就是这样一种“二律背反”的现象，越是热衷在名利场上角逐的人，对这种名士的高致清怀，就越要表示出一种热情来；而越是想追求清静无为的人，社会就越是不让他轻易得到安宁。

陶弘景隐居的地方是建康附近的句容茅山，因为汉代道教的三茅君得道后来掌此山而得名。陶弘景在山中筑起了馆舍，给自己起了一个“隐居”的别号，这大约也是古往今来的文人在咏山水的诗歌中用得最多的一个典故了。陶弘景在向孙游岳学习了道教的一些图经之后，曾经带着寻访仙药的目的，遍游天下名山。他对山水有一种特殊的感情，每经过一道涧谷，都情不自禁地在山间盘桓吟咏，坐卧其间，心情格外愉悦。他对门人说：“我看见那些豪华的宅第，朱红的大门，精致的建筑，虽然知道住在里面是有气派的，却一点也没有向往或羡慕的欲望。更何况我望到了高山，看着湖泊溪涧，就不能克制自己的思念向往之情。在朝中做事，时不时还难免出点差错，幸亏这样，我也就有脱身的借口了。真是命中注定的呀。”言语之间，真是一种无法形容的快乐感。据说，齐高祖有一回问他：“住在山里，究竟有什么好处呢？”陶弘景是用一首诗来回答的：“山中何所有？岭上多白云。只可自怡悦，不堪持与君。”齐高祖表示非常赞赏他的说法。其实，他又何尝能知道其中的真正乐趣呢！所谓望着云气而能体会到的恬适心情，只有那些放弃了人世间的名利观念的人，才能体会得到，齐高祖显然是在附庸风雅罢了。

随着陶弘景名声的越来越大，出于仰慕他的人品和学识，请他出来为政府做事的呼声也越来越高，可是，他一概婉言拒绝了。他的父亲曾经做过地方上的官员，后来，不知为什么原因，被自己的小妾毒死了。父亲的命运给陶弘景很深的刺激，所以，他终身未曾婚娶。日常生活中，陪伴他的只有一个家僮，上了年纪之后，本来擅长的骑马等活动也都放弃了，唯一的爱好是听人吹笙，大概是笙的音质带有一种空灵的感觉，特别能够引起他的联想。此外，他特别喜欢的爱好就是听松，庭院里种植了许多松树，每当风起，听到松针在风中发出的柔和清爽的声音时，总能在他的精神上引起无比的欣快感。

南朝的政权几经更替。当梁取代齐而立以后，由于梁武帝萧衍在未称帝前曾与陶弘景有旧谊，而且据说那时候陶弘景还曾将他获得的关于萧衍将拥有天下的图谶让自己的徒弟进奉给梁武帝，所以，到了梁朝，梁武帝给他的恩礼格外厚重，多次修书问候，或者派人前来看望他。后来，又亲自写信，请他无论如何出山，辅助他的帝业。陶弘景没有正面回答梁武帝的要求，只是画了一幅双牛图呈给皇帝，图中一头牛自由自在地散放在水草之间，另一头牛戴着金笼头，却被人用绳子牵着，后面还被人用木棍赶着，此外并无文字说明。梁武帝看了，笑着说道："这家伙真是无所不为，他想做庄子说的那个拖曳着尾巴，在泥潭里爬行的乌龟啊！看来，是请他不出来了。"但是，梁武帝每逢国家有什么重大的决策，都派人前往陶弘景那里听取他的意见，几乎每个月都有几次书信往来，因而当时的人都把陶弘景称作"山中宰相"。用现在的话说，陶弘景可以遥控梁朝的政事。

有一种传说，说陶弘景在去世之前，预料到了梁朝的灭亡，并为之写了诗，密藏在一个匣子里。后来，梁朝果然在"侯景之乱"中灭亡，而梁武帝也不幸困死在台城了。

这恐怕是历史上与朝政联系得最密切的隐士了。偏偏就是这个以“隐居”自号的陶弘景，在历代文人的笔下，总是被津津乐道地再三吟咏不已。我们细究其原因，所谓身在江湖，而不忘庙堂朝政的事务，介乎出世和入世之间，文人的这种矛盾心理，大约在陶弘景这种“山中宰相”的形式中，得到了最理想的体现吧。

2 谢灵运的山水情

在文学史上，人们习惯将魏武帝曹操“东临碣石，以观沧海”的诗句视作中国山水诗的开端。在诗中，作者不仅以沧海为中心，生动地描绘了它的外观形象，而且，使人在感受到大海孕大涵深、动荡不安的内涵的同时，体会到了诗人宏大的抱负。山水诗的产生，标志着人们对自然美的认识有了更深一步的认识，即大自然不仅是作为陪衬的生活环境，而是具有独立美学价值的欣赏对象。人们以一种积极的态度，去欣赏大自然的美，去寻找一种在精神上激起共鸣的东西。魏晋以后，社会动乱，政治黑暗，很多文人都以山林为乐土，希冀隐逸成为一种风气，这便使得山水诗得到了很快的发展。

生活在南朝宋的谢灵运，虽然是个仕途上不得意的贵族文人，最后还落得个身首异处的不幸结局，但在文学史上，却自有他的重要地位，至少可以说，他是第一个真正的山水诗人。说起来也有趣，他钟情山水的起因，竟是政治上的失意。谢灵运出生在南朝的一个贵族世家，他的祖父就是东晋著名的谢玄。他自幼聪颖机灵，又博览群书，文章之美，独步江东。按照他的族望，袭封康乐公，所以，后人也有在诗文中称他为“谢康乐”。史书上说他生活方式十分讲究舒适,喜欢豪华的场面,他的服饰无论是式样还是颜色,常常与众不同,包括他平时出行的车驾也是如此。有意思的是,谢灵运在衣裳器物方面的标新立异,在当时的上流社会里,常常会起到领导新潮流的作用。显然,这说明谢灵运在审美方面,不仅是新奇,确实也有独到见解。

由东晋进入宋以后,谢灵运仍然保持了很高的地位,被任命为黄门侍郎。然而,他那行事放任率意的习性不改,很快便由于受到一件门客命案的牵累,被免去了职务。后来,他又常常喜欢和一些王公贵族们在一起议论朝政,而且说话偏激,好意气行事,又不喜欢遵守那套上下尊卑的礼法,常常搞得当权者们头痛不已。他认为自己的才能,完全应该参与最核心的机密决策,事与愿违,朝廷却只是让他处理一些文字方面的工作,并不接触到实际的机要。这样一来,谢灵运的牢骚就更大了。结果,朝廷就让他出任永嘉太守。

永嘉在今天浙江的温州地区,素以山水秀美著称。谢灵运到了永嘉,立即迷恋上了当地美丽的山水。他恣意游玩,很快走遍了永嘉的各地,而且,在那些景色迷人的地方一耽搁就是十天半月,将作为本职工作的政务,都丢开不管,连老百姓的诉状都置之不理。又过了一段时间,他干脆以身体不好为借口,不管亲戚朋友的劝阻,辞去了太守的职务,完全自由自在地游山玩水去了。

谢灵运每到一地游览,莫不为各种不同特点的风景所吸引,并写下了许多诗文,记录自己的感受。魏晋时期的文学作品,尚未能摆脱过于雕琢和繁冗的缺点,然而谢灵运在山水诗中仍给我们留下了不少的名句,如描写暮色的"林壑敛暝色,云霞收夕霏";描写秋景的"野旷沙岸净,天高秋月明",我们今天吟咏玩味这些句子,仍然情不自禁地为作者刻意描摹景色的功力所感佩。与谢灵运同样有着山水之癖而稍稍晚一些的谢朓，是谢灵运的族亲，由于在对山水风光的迷恋，以及在山水文学上的相似的成就，被后人一起称作大小“二谢”。在山水诗上，他则要较谢灵运更加成熟，如他所写的“余霞散成绮，澄江净如练”，不但在后来深得唐代诗人李白的赞赏，几乎也可以算作流传千古的佳句了。

江南一带多为丘陵地区，游景时上山下坡是必不可少的，而南朝时期的士大夫们平时喜欢穿木屐，当人们在山坡上行走的时候，就感到有所不便，谢灵运为此发明了一种经过改进的木屐，风行一时，被人们称为“谢公屐”。这种木屐的特别之处在于，木屐底下的木齿是可以拆卸的，上山时拆下前齿，下山的时候拆下后齿，如此，即可保持身体的平衡。所以，后来在唐诗里，“足登谢公屐”几乎成了人们形容游玩山水的一种代称。

谢灵运由于仗着祖辈遗留下来的丰厚财产，过着极为豪奢的生活，家中有奴僮百计，还有许多与他们家族有着密切依附关系的“义故门生”，所以，谢灵运经常运用大量的劳力，凿山浚湖，或开辟田园山庄。南朝的时候，江南经济尚处于开发的早期，山区里大量的地方都是原始的森林，有一回，谢灵运为了开辟一条供他上山游玩的路，竟然动用了几百人的随行队伍，伐木开路，从他在始宁的别墅一直到临海，声势浩大。往日寂静的山林变得喧闹起来，经过那里的人们以为发生了什么事，赶紧报告临海太守王琇，王琇以为是“山贼”在闹事，大惊失色，赶紧派人前去刺探，得知是谢灵运为了游玩山水在命人开山伐路，方才安下心来。以如此的形式来满足自己对山水风景的爱好和追求，实在罕见。

从谢灵运留给我们的文字里，我们可以想象到当时他所嗜爱并尽情享受的山水生活。在一大片田园里，依着山坡，傍着流水，点缀着星星点点的馆舍。馆舍前后，种植着丛竹和各种散发着香气的花草和树木。南朝时候的大庄园，又是一个生活上的自给单位，所以，人们能够在别墅里看到大片的田地，田里阡陌纵横，人工挖成的沟渠，就像人体的经脉一样，连成一个周密的水利系统。春天的时候，极目望去，视野所及，一片快人心脾的碧色。到了夏天，稻谷抽穗，空气中充满了芳香。到了秋天，田里的稻谷，连同那山坡上的麻、菽、粟类植物，一片金黄，意味着收获季节的到来。

利用湖泊山石的天然形势，加以人工开凿的蓄水池塘，如果条件许可的话，还可以制造出一个人工瀑布，急流飞湍，在阳光下映照出彩虹般的颜色。连上那些纵横交错的水上交通网络，也能够沿着水流舟行，饱览山清水秀的景色。这些依靠人工修筑的美景固然给人舒适安逸的感觉，而真正的无尽风光还是在山野里。永嘉周围有天台、桐柏等险峰奇壑，山路迂回万千，人迹罕至，极目东望，隐隐可以感觉到东海的波涛。

谢灵运充分享受山水之乐的时候，还常常与族弟谢惠连等多位志同道合的朋友一起，"以文章赏会，共为山泽之游"，时人称他们为"四友"。这种方式，也推动了山水文学的发展。他还喜欢携一卷老子的《道德经》，或者庄子的《逍遥游》，坐卧山间馆舍，体悟人生的情理。这都对后世文人在山水方面的情怀，产生了很深的影响。

3 偏嗜泉石觅禅意

说到古代文人山水之情的起源，其实可以一直追溯到先秦。孔子在与子路、冉有等几个学生一起讨论各自志向的时候，唯独对曾皙希望在暮春之时，与知己朋友数人，在沂水里沐浴，在春风里欢歌起舞的想法大加赞许，显示了他到自然中解忧抒怀的意向。而庄子抗命丘园，肆志濠濮，更是后世文人在仕途上遭遇不顺，希企在大自然中隐逸遁世时效法的对象。

这种"仕不得志"而纵情山水的态度，几乎在每个朝代的文人中都可以看到，尤其在魏晋时代，政治生活清明的时期少而黑暗时期多，士大夫在看不到自身前途的时候，求仙和隐逸成为一种流行风气。在自然山水里寻找乐趣，同时，也是在寻找一种使心灵平静的途径。比如，以狂放著称的阮籍，从《晋书》中关于他的传记来看，在他的生活中，除了与朋友一起饮酒之外，或者是闭起门来读书，累日不出，或者登山临水，以至于乐而忘返，而他读得最多的书正是老子和庄子的著作。

即使在士大夫进身机会比较多的唐代，在遭遇了追求功名富贵的失败经历后，人们也常常选择隐居的方式，甚至以此终老。被诗人李白称为"红颜弃轩冕，白首卧云松。醉月频中圣，迷花不事君"的孟浩然，有着几乎毕其一生的隐居生涯，到了满头白发的时候，依然朝夕与青松白云作伴，常常在银色的月光下喝得酩酊大醉，迷恋于花前的自由而不愿侍奉帝王。这种浪漫的生活方式，让人觉得他的品格就像山峰一样的高洁。但是，从孟

浩然的早期作品中，我们仍然能看到他一度有过追求功名的强烈愿望。

不过，历史上也有不少文人在老庄思想的影响下，不一定出于功成身退的美好愿望，也不一定是在仕途上的坎坷遭遇，而是被一些偶然性的事情触动了隐居的念头。据《新唐书·张志和传》的记载，张志和是在亲长去世的刺激之下，引起他出世的念头的。由此为契机，他在服丧期满之后，也许是感到人生幻灭无常的缘故，不再做官，而是找了一处景色宜人的地方隐居起来，自称"烟波钓徒"。后来，他的兄长张鹤龄怕他遁迹在江湖而一去不还，特意请人在位于今天浙江省的越州给他修筑了一处住所。为了满足张志和追求自然情态的要求，居室外茨以青草，屋椽的材料也故意不施斧锯，完全保留了一种回归自然的情趣。

张志和在隐居的时候，常常到河边去垂钓，却常常一无所获，因为他用的钓钩上是从来不挂鱼饵的，他追求的是钓鱼的情趣，而不在乎有没有鱼儿上钩。当县令组织人们来疏浚渠沟时，他手执畚箕，毫无忤色地站在旁边，不以为意，似乎与自己根本不相关。他的嫂嫂为他织布，缝制了一件布裘，他穿上身后，便不再脱下来了，即使大热天也依旧披在身上。在旁人看来，他的行为十分怪诞，这大概正是他率性行事的地方吧。

◎陆龟蒙

不过，虽然张志和一心出世，寄情山水，生活在尘世的人们却十分关注着他。因为在统治者看来，这些不恋世俗之情的隐士，象征着社会风气的清明。所以，当时的宰相李德裕称颂张志和“隐而有名，显而无事，不穷不达，严光之比”，观察使陈少游还为张志和的居室题名“玄真坊”。这些举止，显然未必是他本人出世隐居的意图，或许恰恰是背道而驰的了。

◎野钓

唐朝后期的诗人陆龟蒙在他的后期生涯，也过起了隐居的生活。陆龟蒙的文才很好，不过，他在科举考试上的运气却不佳，连进士也没有考上，后来，他便给自己家乡苏州和附近湖州的刺史当了一阵子幕僚。有一次，因为遭到一位地方官员的轻慢，自尊心受到了伤害，遂拂袖而去，从此，在松江的甫里隐居了起来。他家里藏书富有，据说达万卷之多，这在唐代可不是一个小数目了。陆龟蒙本来生性就不喜欢和流俗之士结交，所以，很少有人来造访，过着优哉游哉的清闲生活。每逢春秋佳日，带上书童，将笔墨书籍、炉灶茶具和钓具搬到小船上，泛舟太湖，自称“江湖散人”，又号“天随子”、“甫里先生”。

与其他的隐士略有不同，陆龟蒙在隐居生活中，仍然笔耕不辍，即使在生活发生困难的时候依然如此。不过，他和一般文人的创作又不一样，文稿写成之后，他并不在意，常常是往箱子里一塞了事，甚至过了好几年都不理会，似乎并不注重社会上人们对自己的看法，在这一点上，又显示出了他那出世的行为方式。因为他的文章在当时有一定的影响，于是，有些知道内情的人居然下手去偷他的文稿，这在当时的文人圈子里便成了一件有趣的逸闻。

和一般的隐士生活不同,陆龟蒙还常常亲自参加田里的劳作。据《唐才子传》上说,陆龟蒙家里虽然有田数百亩,但因为田土多半地势低洼,加上江南地区多雨,经常受到水涝之患,收成并不丰厚。可贵的是,陆龟蒙经常在田里运泥除草,不避辛劳。有人见他这样一个读书人居然还干这些粗重的农活,很不可理解,甚至还有人就此嘲笑他。陆龟蒙对别人的嘲笑一概不予理会,他对人们说:"上古时代的圣人尧、舜劳作不止,身体还因此得了病;大禹为了治水,脚上都磨出了厚厚的茧子。圣人都能这样做,我一个普通的平民,又为何做不得呢?!"由此看来,陆龟蒙隐居生活所追求的境界,显然要超过那种唯以脱离现实,寄怀于山水的隐居方式,因为他的生活旨趣脱离了官场的羁绊,却并没有离开生活,用今天的眼光来看,陆龟蒙的价值观念还含有不少积极的因素哩。

4 跋山涉水格物理

有一种观点认为,中国传统的文人,通常都是将诗书经史作为自己毕生精力的倾注对象,甚至还有人就此推断出古代中国自然科学不发达的原因来。其实,这种说法失之武断,至少是不够全面的。在古代文人中间,献身科学事业的人虽不算多,然而取得出色成就,并足以令我们今天为之骄傲者亦不乏其人。像明代的著名文人、旅行家、探险家,更确切地说,应该是地理勘察家徐霞客,就是一个极为有力的例子。

徐霞客出身在明代后期江南地区的一个富商家庭。他的父母由于在经营纺织品方面取得了成功,同时,从明代中期开始,江南地区经济的发展，逐渐开始在影响着人们的传统价值观念，所以，徐霞客虽然从小在私塾受教育，并表现出过人的天资，却对科举功名和八股文的写作毫无兴趣，令他感兴趣的是古今史籍，尤其是舆地、方志、图经、游记一类的书籍。在这方面，他的家人给了他很大的支持和帮助。

从22岁开始，徐霞客开始了他志在山川的几十年壮游生涯。51岁之前，他主要在内地经济和文化比较发达的地区考察，一方面游览名山大川，一方面也对各种地志和图经进行考订和修正。51岁之后，他的足迹开始涉及西南地区，主要目的是考察江河的源流，他所感兴趣的石灰岩地貌的奇特景观等。前一个阶段的游览，虽然重心放在与图经进行比较、核实的考察，但是，从他留下的大量日记来看，这段时间的实践，实际上为他的西南考察打下了坚实的野外地理勘察的训练基础。他不但关注自然的景观，还仔细记录了诸如物产资源、人文地理的情况，比如他在五台山时记载了当地的一种特产天花菜，在恒山则记录了山南产煤的情况，并注明了不用深掘即可得到。后来，考察水系的分布情况和山脉的走向，逐渐成了他主要的考察目标，这表明，徐霞客在长期的考察活动实践中，已经无师自通地成为一个科学考察的专家，这不能不说是一个奇迹。

徐霞客对山水景色的迷恋，使他在探险的途中，无论遇到什么困难，都充满了一种必胜的信心，勇往直前。他在《游记》中写到，经过湖南茶陵地区，为了探明一个叫作麻叶洞的洞穴的内部结构，他在花重金都无法雇得当地向导的情况下，毅然与随从一起下洞探测。当地人传说洞中有精怪，见他下洞，无不惊恐地在外围观，一直到几个时辰过去了，他们两人安然无恙地回到地面后，大家才放下心来。不过，这些善良的人们认为，徐霞客竟然能够躲避精怪的邪毒，必定具有法师的神灵法术，而徐霞客则因为自己发现了洞中的奇异景象而喜出望外。

古代南方的许多地区，向来有着“瘴疠之地”的称呼，极易染上种种莫名的疾病，还常会遇到拦路剪径的强盗，衣物不幸被洗掠一空。这些遭遇，似乎都没能阻拦徐霞客实现自己的探险计划。最有意思的是，有一次在滇西探险，他从一个悬崖上几经攀登，才勉强攀上一段险峰，完成考察之后，沿着陡峭的石坡滑行而下，几乎长达一里路程，唯有用手扯上几把身后的山草，才是唯一迟滞滑速的保险措施。这段几乎是以生命为代价的旅程结束之后，随身的几十文饭钱都丢失了，行李则还在后面尚未运到，无奈之下，他坐在一家小店门口，将自己身上的衣服、绸裙和一双布袜挂在店门口，被一个路人买了去，这才解决了当天的食宿之需。等仆人买来了酒饭，两人还在对刚才的险遇惊魂未定时，徐霞客却又在计划乘晚去探尖峰洞了。

从徐霞客毕生从事的探险和考察经历来看，在他的思想上，有着很复杂的思想渊源。他受到佛学和道教的影响很大，比如，佛教主张大彻大悟，认为“四大皆空”，对世事如功名、利益、家庭，都采取了毫无挂碍的态度，庄子亦认为人生生不足喜，死不足悲，生死变化不定，何况利害之端。正是受这些思想的影响和推动，徐霞客为了自己的兴趣和理想，舍弃了舒适的生活环境，对财产、家庭也采取了比较淡然的态度。从另一方面来看，明代后期社会政治的黑暗，许多有见解和思想的知识分子都采取了逃避的消极态度，而徐露客弃绝仕途，寄情于山水，则表现为一种积极的人生进取精神，这是尤为可贵的。

徐霞客虽然没有在传统的文人道路上发展自己的才能，却与当时社会上的许多著名文人保持着密切的往来，这固然是他那赡博的学识为这种交流打下了基础，也由于这些学者对徐霞客的非凡经历有着极高的评价和认识。比如著名的大学者黄道周说,他的朋友很多,可是,真正生死不易的朋友只有徐霞客。晚明的文学大家陈继儒,号陈眉公,因在当时社会上声望极高,一般来客他都拒不会见,听说是徐霞客来拜访,则拉着手,进入树林,饮谈至深夜。他还主动给在云南的好友写信,请他特别关照徐霞客的考察活动。

明末清初的钱谦益对徐霞客的游记文字极为赞赏,他认为这是人间真文字、大文字、奇文字,不当让它泯灭不传。虽然钱谦益只是从文学欣赏的角度,视之为天下大奇书,却仍不失其卓越的见识,而且钱谦益对《徐霞客游记》的保存和出版,都有着不可磨灭的功劳。即便从文学的角度来看,徐霞客也将传统的游记文学推到了一个新的阶段,他在游记里记录的范围之大,超过了历史上的任何一个作家。从文字的表述来看,他在描写自然山川的奇险壮丽时,有机地向人们发掘这种自然之美。他善于用简练、流畅和清丽的文笔,描摹自然景物的特点,并充满了对大自然无比热爱的情趣。《徐霞客游记》作为古代游记文学的优秀之作,完全是当之无愧的。

其实,最能说出徐霞客奇特之处的,是现代世界闻名的中国科技史研究权威李约瑟教授。这位将自己大半生的精力都献给了中国科技史研究的英国学者认为,从《游记》的内容来看,徐霞客似乎是个现代的野外勘察家。他不但在分析各种地貌上有着惊人的能力,而且很有系统地使用各种专门的符号,甚至在记录每一种东西时,连尺寸都能十分精确地仔细标记出来。这就是一个兼文人和科学家于一身的奇人徐霞客。

七　文人与释道

大约在公元一世纪中期，也就是我国东汉明帝时，一行白马，经过了万里长途的跋涉，从西域驮着佛经抵达洛阳。一起来到的还有迦叶摩腾等外国僧人。从此，揭开了佛教在中国传播的历史。到了两晋时期，代表知识阶层的部分文人首先接受了佛教的思想，这标志着佛教逐渐融会到华夏思想文化的开始。佛经的翻译，佛教教义的阐释，更离不开文人的参与。一些士大夫由于个人的遭际，尤其当自己的理想遭到破灭之后，常常在佛家的教义里找到了另一把新的钥匙，或者直接遁入空门，当了一名远离尘世的出家人，更多的文人，则是在诗歌、文章的创作中，流露出了介于出世入世之间的思想，以居士的身分自居。当然，文人中也有挺身而出，为维护儒家道统，痛斥佛教虚妄的摈弃派。于是，文人与佛门之间，形成了一段“剪不断，理还乱”的难解难分的历史。

相比起来，道教则是一种土生土长的中国宗教。它的起源可以一直追溯到上古时代原始宗教中的灵魂不灭的观念。道教的宗教哲学主要是黄老之学，据说，通过长期的修炼，可以实现长生不老和成仙的梦想。神仙信仰为古代文人提供了许多可资发挥想象的天地，神仙的高洁，仙境的奇丽，都成了文人寄托怀抱的极好素材。历代都有许多文人信奉道术，甚至醉心于丹鼎修炼，至于神怪游仙的传说则更是文人文学创作中持久不衰的题材。

其实，佛教也好，道教也好，它们在中国散播的过程，也是一个融入传统的儒家文化的过程。我们如果把以孔子的学说为代表的儒家思想也看作一种准宗教的话，那么，三教在互相排斥的长期争斗的过程中，同样也呈现出互相吸收的趋势，尤其到了后代，"三教合一"的例子更是举不胜举。这样，在文人的思想意识和行为举止方面，便表现出纷呈的色彩。

1 奉佛居士王摩诘

文人在思想上产生遁入空门的想法，往往可以到他们所处的历史环境中去寻找原因。由于统治集团内部的倾轧斗争，以及个人坎坷的仕途经历，对于大多数文人来说，他们热切追求的理想和信念，他们为之奔走的前程，说到底，所谓春风得意者极其罕见，大部分人是在宦海的波涛中挣扎，甚至不免遭遇刀光剑影下的无妄之灾。生死富贵的无常，常常令文人们感到彷徨和痛苦，在思想上难以解脱的矛盾之中，不同程度的奉佛学道便成了不少文人的最终选择。

生活在盛唐时期的王维，可说是一个多才多艺的艺术家。他擅长写意境深远的山水诗，而他的绘画，又开创了含有禅意的风格，流风远及宋元诸派。同时，他还是一位精通音律的音乐家。王维在他的青年时代，曾经和其他盛唐时期的文人一样，也充满着向往开明政治的热情。他撰写过像《从军行》、《燕支行》、《少年行》这样一些血气方刚的豪迈作品，表现了那个时代文人们的英雄气概和进取精神。王维的弟弟王缙也是一位博学多艺的俊才，兄弟二人在上层人士中很受推重，无论是在京都长安，还是东都洛阳，他们都是王侯权贵之家最受欢迎的座上客。

但是，自从有“口蜜腹剑”之称的权相李林甫执政以后，正直耿介的士人几乎都未能逃脱李林甫的陷害，出现了严重的社会危机。目睹这些黑暗的现实，王维开始对仕途生活产生了一种由失望到恐惧进而回避的消极态度。后来，又发生了“安史之乱”，叛军攻下了京都，王维未能在此前随同玄宗到成都避难，不幸成为叛军的俘虏。他虽然试验了饮药下痢、假装声哑等诸多方法，试图摆脱安禄山的网罗，却都未能成功，最后，他出于无奈而接受了伪职。平乱以后，他本当因此而治罪，幸而他曾经写过一首叫《凝碧池》的诗，才使他幸免了处分。

事情的经过是这样的，安禄山率军进驻长安之后，曾在皇宫里的凝碧池边宴请群臣。在这种场合，照例须由乐工在一边奏乐助兴。这些乐工，多半是旧日宫廷里的梨园弟子，如今被抓了进来，感情上自然觉得十分痛苦和压抑。于是，在这些被迫来为叛军演奏的梨园弟子中，常常发出一些强忍着的抽泣声。突然，乐工雷海青将手中乐器奋力一扔，朝着入蜀避难的玄宗、肃宗所在的西方恸哭起来，雷海青立刻遭到当场被肢解的残忍处罚。此时，被拘禁在菩提寺的王维听到此事，产生了强烈的共鸣，便十分伤心地写下这首《凝碧池》。诗中写道：“万户伤心生野烟，百僚何日再朝天？秋槐落叶深宫里，凝碧池头奏管弦。”诗中流露了自己向往中央王朝以及在叛军统治下的痛苦心情，因而在唐王朝的军队光复长安后，王维因为此诗才获得免罪。然而这段经历对他精神上的打击很大，王维从此以官为隐，一心向佛，完成了他思想上的转折。

这当然也与王维的经历不无关系。王维从小就生活在一个佛教气氛非常浓郁的家庭，父母为他取名为维，字摩诘，用的就是《维摩诘经》中维摩诘居士的典故，他的母亲还曾师事大照禅师三十余年。经受了几次人生挫折以后，王维对佛教的兴趣，不再仅限于艺术思维和表达形式上的借鉴，而是渐渐渗入到了生活方式，乃至改变了对整个人生的见解。中年以后的王维，不茹荤腥，妻子去世以后也不再续娶，三十年间孤居一室，衣不文彩。他在长安供养了十多名和尚，以玄谈为乐。在他自己居住的斋房中，除了奉佛玄谈的茶铛，以及药臼、经桌和休息用的绳床之外，几乎一无所有。每天退朝回来，焚香独坐，念诵经文。

从王维后期的诗歌中，我们可以看到，他的大部分时间是在辋川的蓝田别墅过着平静的生活。他与道友裴迪等人泛舟寄情于山水之间，弹琴赋诗，吃斋念佛，精神上十分悠闲自在。佛教的教义，使他的精神得到一种解脱，他的诗作，几乎都是对闲静孤寂的景物的描写，表现出一种对现实极端冷漠的心情，全然没有早年的豪情。他甚至放弃了自己早先的看法，认为“植福祠迦叶，求仕笑孔丘”，只要在精神上能够得到解脱，儒家的仁义道德，也未必是可取的。他在诗里嘲笑陶渊明弃官以后，又去乞食，是“一惭之不忍”，“屡乞而多惭”，而他自己的内心，已经全然做到“晚年唯好静，万事不关心”，完全是一个脱离了尘世的出家人的心态。

王维在临终前，因其弟王缙不在身边，便让人取来纸笔，援翰作书，与他道别。然后，又给几位交往密切的亲朋故友一一写了告别信。在作这些安排的时候，他的神态非常安详，就像自己将要出远门旅行一样。告别人生，对他来说似乎没有丝毫的恐惧。信的内容多半为敦劝人们奉佛修心，这就是这位大艺术家对人世留下的最后忠告和希望。当然,依现代观点看来,他这样做也未免太消极了一点。

2 佛儒亦可同一家

从盛唐到中唐,中国佛教徒中出现了许多名僧,各阐宗风,是佛教事业在社会上取得大发展的时期,如禅宗继慧能以后的石头希迁、马祖道一等人,华严宗则如四祖澄观、圭峰宗密,天台宗的荆溪湛然等。这些不同的宗派和高僧虽然都有各自的理论建树,共同点则是努力寻找佛教与中国传统学术的结合之处,并积极扩大在社会和文人中的影响。即便作为这一趋势的反动,一度出现了后来的辟佛与护法的激烈斗争,甚至演成了武宗时期的毁法事件,融合却如同一股巨大潜流,悄然无声地向前发展。在我们今天看来,即使敢于"逆龙鳞",冒天下之大不韪而上书谏迎佛骨的韩愈,他所倡行的"道统"之说,依旧让人感到,儒家理论受到了佛教学说的某些影响。

代表中唐时期文坛成就的柳宗元、刘禹锡和白居易等人,就是在盛行的佛教风气影响之下,"外服儒服,内宗梵行"的代表性人物。柳宗元自幼好佛,大约十岁前后开始接触佛教的学说。他在政治上积极参加了"永贞革新"运动,颇有在政治事业上有所作为的雄心,又对一些哲学命题很感兴趣,所以,柳宗元在对佛教教义的理解和认识上,便不是消极的接受,而是通过自己的独特领会,融会贯通,阐发出新的意义来。

柳宗元在永州的时候,曾有一位法号叫元嵩的僧人,在刘禹锡的介绍下,特意前来拜访他。柳宗元在送给他的一篇序文中，就元嵩因为其先人未得安葬而内心不安的心理，阐发了自己对佛教教义的理解。他不满于佛教“去孝以为达，遗情以贵虚”的理论，认为这只是一种荒诞的佛徒所为，在基本教义上，佛、儒都是强调“孝”的。其实，贪恋亲情确是佛教认为的诸种烦恼之一，只是佛教在传入中土以后，参与译经的人们，为了在中国传教的需要，而自己加以发挥的内容。柳宗元对佛教理论的演绎，恰恰是中国文人以自己的思想，主动参与了佛教在中国流行的反映。

柳宗元由于参与了唐后期“二王八司马”的政治改革活动，失败后被贬官至永州。初到永州的时候，他住在龙兴寺，寺院建在潇水东岸的山丘上。古屋破旧，阴暗潮湿，柳宗元在住室加开了一扇西向的窗户，眼界豁然开朗。站在屋里，可以眺望到江水和大山的景色，他的心情也不禁为之振奋起来。为此，他还特意写了一篇文章，以开窗纳明为比喻，阐明如何悟得佛家教义的道理，指出事物自身本来并没有变化，然而，由于悟得了佛道，便能得到正智、正觉和光明。

与柳宗元在佛家教义的理论上进行探索的旨趣不同，白居易对佛教的理解更加具有士大夫的风格。如果把他对佛教的兴趣与前人加以比较的话，那么，他显然更接近王维。那是一种精悉禅理，以入世为出世，既享受了现实社会的富贵，又深得禅理旨趣的人生方式。所以，他礼佛，敬僧，读经，参禅，同时又不放弃人世间的一切享受，包括和酒楼歌馆妓女们的密切往来。白居易将王维居士式的佛教在自己实践的基础上，以诗文加以宣扬，对后世士大夫阶层的居士佛教起了较大的影响。这并不完全是他个人的选择，而是佛教的南宗禅在唐代中期以后发展的表现。

从白居易的个人经历来看，他习佛的时间可以追溯到青年时代,在他不到三十岁的时候,即在洛阳圣善寺师事一位法号凝公的僧人。从当时写的偈颂来看,他对禅悟已经有了自己的领会。然而,从本质上来看,白居易从来就不是一个热衷于宗教教义的理论家,更不是一个虔诚的实践家。在他对前程充满了儒家积极有为的意识时,甚至还有过批评朝廷佞佛的言论。他出仕以后,朝廷的政治日趋黑暗,党争加剧,是这些现实的情况,使得他放弃了青年时期兼济天下的政治理想,走上了皈依佛教的避世道路。

但是,也许正是这种特殊的经历,使得白居易在对佛家教义的批评和对佛教的崇拜上,都不曾走一种极端的路线。他只是用唐人常见的辟佛之言来批评佛教,而且,主要是批评过度兴建佛寺、铸铜像的做法。另一方面,他也不去愚妄地佞佛。他曾在题名《醉吟二首》的诗里描写自己饮酒后的感受,“空王百法学未得,姹女丹砂烧即飞。事事无成身老矣,醉乡不去欲何归!”佛教宣扬的什么涅槃、无生观念,似乎都不若人世间饮酒之类的享受更加来得现实。

按照自己的理解方式,白居易的人生观和日常生活的内容与佛教的教义有着很大的区别。佛家要求人们舍弃欲望,割断情念,作为诗人的白居易恰恰是一个感情世界非常丰富的人。他甚至还作了一首《不能忘情吟》的诗,说“予非圣达,不能忘情,又不至于不及情者”。更不用说他那首有着千般风情的《长恨歌》了。白居易的晚年,依旧怀着强烈的功名之心。在他的生活中,琴、酒、诗是不可或离的伙伴,被他称为“三友”,据说他甚至还发现了醉酒居然和坐禅有着共同的价值。直到晚年,他还十分留恋女乐,退休之后,家里还蓄有小蛮、樊素等歌妓。

从白居易的一生经历来看,宗教只是他的生活内容之一,说得更确切一点，宗教只是他生活中消遣、享乐的一种方式。从功能上来说，他的参禅悟道，主要是为了给心理上带来心泰神宁的放松感觉。这看起来虽然有点荒诞不经，对宗教情绪强烈的人来说，简直是无法想象的事情，然而，这却是许多古代士大夫与宗教之间的真实关系。这种讲究人生实际的佛教态度，使得人们同时享受到了出世和入世的快乐，历来是士大夫最为欢迎的一种宗教观。

3 亦禅亦道苏学士

如果说，唐代的文人在佛教和儒家学说的结合上打下了厚实的基础，那么，到了宋代，士大夫与佛教中的禅宗的交往，也许可以称为到了心领神会的程度。宋代的僧人，不仅和士大夫一样游历各地的名山大川，还与士大夫结友唱和，填词写诗，鼓琴作画，高雅而风流。而文人士大夫之中，禅悦之风也越来越盛。从北宋到南宋，活跃在文坛上的一批士大夫，几乎都是禅宗的信徒居士。就连曾经写过《本论》的欧阳修，与庐山东林寺祖印禅师一席交谈之后，肃然心服，退休以后，几乎日日与僧人来往，后来，干脆还给自己起了一个“六一居士”的名号，题其文集曰《六一居士集》。欧阳修还为他的一位好朋友释秘演的诗集写了一篇非常出色的文章，称其“状貌雄杰，胸中浩然”，“老而志在”。这些词语，用在一位僧人身上，似乎有点不类，却恰恰反映了当时文人与僧人之间的一种特殊的密切联系。我们在宋代文人的生活中，看到的就是这么一幅交融的图景。

生活在北宋时期的苏轼，无论从诗文、书画，还是在政治事业上，都是非常引人注目的人物。他学识渊博，才华横溢，天性又极其豁达开朗，这些条件，为他与僧人的交往，提供了极大的便利。他交游很广，在杭州的时候，吴越地区的名僧，十有八九都和他有着密切的往来。甚至有一种传说，说曾经有一位禅僧告诉过苏轼，他的前身是一个禅家名人五祖戒和尚。后来，明代的一个和尚朱宏，在他撰写的《往生集》中，更神乎其神地

◎苏东坡

记载说，苏轼遭贬南行岭右的时候，曾经画了弥陀像带在身边，当作往生西方的护照。这显然是一种讹传，它的真实意义在于反映出了传播者的心理。

苏轼确实不止停留在与僧人的交往上，他还真正地信奉禅旨。他曾花了不少的气力，对《六祖坛经》说“法、报、化三身”进行阐发和补充，还学着禅僧的口吻，和禅僧们大掉机锋。《续传灯录》上记载着苏轼到了荆南，听说玉泉皓禅师的机锋不可挡，心里有点不服气，便打算前去比试一番。一天，他身着便服，登门求见，禅师见了他，发问道：“尊官高姓？”苏轼回答说：“我姓秤，乃是秤天底下长老的秤。”禅师一下子便猜透了苏轼的来意，于是，猛地一声大吼，突如其来地问道：“你且秤一下，这一喝声有多重？”这实在出乎苏轼的意料，愣了一下，未能回答上来。于是，他只好认输，非常恭敬地向禅师行了礼。

苏轼是一个性格非常诙谐有趣的人，尽管他这次输了，心中并不服气，以后还有过好几次类似掉机锋的经历。就拿与释了印掉机锋的一次经过来说，同样也是充满了风趣。苏轼来到

了印的禅院，了印先开了口："这里没有先生的坐处。"苏轼被他一激，找到话头了："我借师父的四大作禅床。"不料了印的反应更机敏，立即说："老僧有一问题，如果先生答得上来，我就把四大给你作禅床，若回答不上来，请把你身上佩戴的玉带留下。"苏轼十分自信，觉得和尚的问题未必有答不出的道理，立即将玉带解下，放在桌子上，说："师父请问。"了印开口道："老僧四大本空，五蕴非有，请先生在上面入座吧。"四大本是佛教上的名词，指的是构成世界物质现象的基本元素，因其能造作一切色法，又有"能造四大"，然佛教教义认为人生和万物皆是虚空和无常，所以有"四大皆空"之说。苏轼本来是和了印斗机锋，没想到对方这样一问，还是被禅师占了上风。了印见苏轼一时语塞，微笑了一下，便慢吞吞地吩咐身边的小和尚："将先生的玉带留下来。"

从几次斗机锋的情况，我们不难看出，苏轼与禅师们的来往是非常密切的。事实上，苏轼确实在禅宗那里学到了很多的东西。他在诗词里，常常流露出"蜗角虚名，蝇头微利，算来着甚干忙，事皆前定，谁弱又谁强"的宿命观点，也有诗说："芒鞋不踏利名场，一叶轻舟寄淼茫。林下对床听夜雨，静无灯火照凄凉。"这不正是寂静空寒的禅家意境么？更不用说"斫得龙光竹两竿，持归岭北万人看。竹中一滴曹溪水，涨起西江十八滩"这种热情的礼赞了。被视为千古绝唱的前后《赤壁赋》中，既有他最喜欢的庄子的齐物思想，又有禅宗"法界一相"，对于宇宙和时空产生的虚幻和幻化的种种遐想，在这位文学大师的笔下，这一切皆与江边的月夜景色，融汇成了极美的意境。

不过，文人毕竟是文人，出入佛门，在他们的思想上增添了一些清新活泼的内容，却没有改变文人的根本性格。相传苏轼在杭州时，有一次曾带了歌妓去拜访大通禅师，禅师对他如此不敬佛门清净之地非常不满，脸上露出了不悦的神色。苏轼索性提笔作了一首歌词，要歌妓唱起来，干脆当场和大通禅师开个玩笑。词中写道："师唱谁家曲，宗风嗣阿谁，借君拍板与门槌，我也逢场作戏莫相疑。溪女方偷眼，山僧莫皱眉。却嫌弥勒下生迟，不见阿婆三五少年时。"歌词非常浅白风趣，闻者莫不大笑。

还有一次，杭州灵隐寺有个僧人，其实是佛门里的一个败类，迷恋上了一个名叫李秀奴的妓女，两人暗中偷情多时。这个和尚居然还在自己的手臂上刺了"但愿生从极乐国，免教今世苦相思"的情语，真可谓色胆包天。后来，因为李秀奴不再愿意与他往来，这个叫了然的和尚一怒之下，便把李秀奴打死了。身为杭州太守的苏轼在审理案子的时候，十分厌恶这个和尚的行径，看到他身上刺的情语，索性借着话头，填了一首《鹊踏莎》的词牌，作为判语，其中两句便是"臂间刺道苦相思，这回还了相思债"，随后押赴刑场处斩。

4 出家还俗两相宜

唐代著名的文学家韩愈曾经写过一首《华山女》的诗，开头的两句为"街东街西讲佛经，撞钟吹螺闹宫廷"，描写的是唐代中期，佛教在社会上盛行，长安城里开佛教讲座的情景。继而又说到道教为了与佛教争夺信徒，"欲驱异教归仙灵"，也派了一个白咽红颊的华山女道来演说法经。而长安城里那些文采风流的文人们，本来就生活在一个热情浪漫且自由开放的生活环境里，值此佛道大盛，无不充满了一种兴奋的心理。

韩愈是一个认定自己负有重振儒家道统使命的人，因为他强烈地感受到了传统儒学的危机。中唐时期的士大夫，在当时社会因转型而出现巨大变动的刺激之下，正在开始进行各种试图摆脱传统束缚的尝试和努力。像《云溪友议》里所记载的那样，有的士大夫，对着僧徒，便是一番对《大品般若经》的说长道短；遇着道家人物，则是就《道德经》来阐发一通蕴意；和儒生交谈，索性直接讥评起先儒的是非长短来。本来温柔敦厚的传统文化习惯与价值观念，都出现了明显的变化。

传统的道家思想毕竟是自家这片文化园地上的产物，有时候比佛教的教义更容易被士大夫接受。生活在盛唐时期的诗人李白，便是文人中浸淫于道教最深的一个典型。他称自己五岁的时候，就会诵读《六甲》，十多岁时，就开始向往神仙的生活。在与他交往密切的朋友中间，东岩子和元丹丘等人均为道士。李白对道教的信任是执著而又认真的，他甚至认为自己确实像他的好朋友贺知章说的那样，是道家学说里的神仙，遭到天帝贬谪才来到人间的，最终还会被仙人召还到天上去。

但是，李白又是一个关心现实政治，热衷于功名，并且对自己充满了信心，有着很大抱负的人。在“达则兼济天下，穷则独善其身”思想的影响下，他决定要走一条“一振高名满帝都”的成功之路。他终于通过玉真公主的推荐和贺知章的褒扬，受到唐玄宗的征召入京。然而，他只当上了皇帝身边的一名文学侍从，并没有实现他那身居宰辅之位、兼济天下的梦想。接着，李白又不幸接二连三地在政治活动中陷入了困

◎李白像

境，最终不得不放弃了自己做“布衣卿相”的梦想。

正是在对现实感到失望的情绪驱动下，李白从现实又回到了理想，他终于在齐州紫极宫登坛受箓，正式成为道教中的人。人们喜爱的是一个充满浪漫主义激情的诗人李白，李白却成了一个道士，未免使人感到有点失望。不过，尽管他披上了道家的青绮冠帔，尽管他还写了那么多的求仙诗，李白仍以他磅礴洋溢的才华，为我们留下了光焰万丈的诗篇，这一切，说明他首先是中国文学史上的一名杰出诗人。

贺知章的入道，与李白有所不同，直接的原因可说是一次带有偶然性的事件。天宝初年，贺知章得了一场病，病中他感到自己幻游了天宫。照现在的观点来看，这正是由于他平时受道家学说影响的结果，可是，他却觉得是上天对自己的一种启示，醒来之后，便向皇帝提出了告老还乡当道士的请求。后来，他还将自己的家宅捐献出来，改成了“千秋观”。在他离别长安之时，唐玄宗亲自为他作诗送行，还把他家乡故居附近的镜湖、剡溪的一部分作为礼物赐给了他。当时李白尚未入道，所以，他在赠别诗里流露出不胜羡慕的心情，还问他“借问欲栖珠树鹤，何年却向帝城飞”。贺知章和李白都是盛唐时期赫赫有名的诗人，却先后都穿戴上了黄冠道衣，可见道教对文人产生的吸引力是多么强烈了。

◎贺知章

当然，文人的这种入道或者出家做和尚，还是比较自由的，出家之后如果觉得不耐寂寞，亦可以还俗。这样一来，有时候便会出现几度出家和还俗的现象。像北宋时期，有“苏门四学士”之称的秦观，就曾两度断尘缘，不过，他最终还是留在槛内。关于秦观两度断尘缘，还有一个十分缠绵动人的故事。秦观有一个侍女名叫朝华，开封人，19 岁的时候就来到了秦家。过了三年，秦观产生了修真的念头，遂将朝华送回到她的父母身边。朝华家里的境况不大好，秦观于是送了一笔钱给她的父母，请他们早早为朝华选一户好人家成婚。朝华在临别的时候心里感到很伤感，哭泣不已，秦观还特意作了一首诗来安慰她。诗中写道："月雾茫茫晓柝悲，玉人挥手断肠时。不须重向灯前泣，百岁终当一别离。"

谁知朝华对秦观的感情十分真挚与执著。她回到父母身边后，过了二十多天，又托自己的父亲来向秦观表示，自己不愿出嫁，只求能够回到他的身边。秦观也很怜惜朝华的真情，于是答应了她的请求。

又过了一年，秦观出任钱塘副使，上任的途中，遇到了几位道友，一起谈起了有关道家修炼的话题。秦观忽然感到自己在修真断缘的问题上过于优柔寡断，而光阴似水，一去不返，遂下了断缘的决心。他打发人立即到开封将朝华的父亲接来，托他把朝华带回家去。为了表示自己的决心，他又写了一首离别诗："玉人前去却重来，此度分携更不回。肠断龟山离别处，夕阳孤塔自崔巍。"

当然，在历史上同样还有一些文人，由于某种变故，对人世间产生了一种幻灭感，因而彻底皈依宗教。这多半出现在社会发生较大变动的所谓"乱世之秋"，而所皈依之宗教，也常常是在理论上更为精妙的佛教。历史上每逢王朝更替之际，许多文人学士削发为僧，除了表示自己作为遗民身分的一种消极态度外，其实就是对现实社会的绝望表现。

生活在明清之际的陆丽京，在满族统治者入关之后，被卷入了一场文字狱的大案之中。在清初,由于文字狱而遭到满门抄斩流放的例子举不胜举,在全家被押送到北京之前,陆丽京带着镣铐,在宗族祠堂告别祖先牌位时暗暗祈祷,如果上天保佑,事情能够得以澄清,全家得以幸免于难的话,那么,他得以生还后,一定削发为僧。到了北京以后,奇迹居然发生了,就像他暗中祈祷的那样,他所牵涉的这个案子,最后破例没有定案。然而,陆丽京自此也失踪了。

若干年之后,年迈的陆丽京忽然又出现在杭州,他是为了替弟弟治病的事情才回来的。陆丽京的妻子和女儿就住在隔壁,可是,他就好像不认识她们似的,没有过去看上一眼。人们以各种理由苦苦相劝,他的脸上始终毫无表情,用出家人的话来说,真是心如古井,尘世的一切,都可以无动于衷了。

5　白话诗人寒山子

唐朝的时候,有一位文人因为连年科场失意,后来索性绝意仕途,隐居在今天浙江省天台山附近的寒岩,他就是著名的诗僧寒山子。自古以来,以诗人、画家、建筑家、天文学家等身分传世的僧人灿若群星,如诗僧皎然,画僧贯休、巨然、石涛等等,但是,寒山子的身分却比较独特。虽然他经常到居处附近的国清寺求取残羹冷饭,他却并不是严格意义上的僧人,不过是因为他的朋友拾得是国清寺里管理伙食的,每次斋罢,拾得便近水楼台地将剩下来的饭菜倒进竹筒,让寒山子来取用。但是,说他不是僧人,他的大部分时间却都是在寺庙里度过的,他每次吃罢饭，就在庙里的长廊里边走、边说、边笑，嘴里连说“快活！快活！”寺里的小和尚们，遇上机会还和他打趣开玩笑，甚至还顺势拍打他几下，寒山子则满不在乎，有时还会在一起拍手大笑，一副癫狂样子。

不管称他是隐士也好，称作僧人也好，有一点是可以肯定的，即寒山子在唐代的诗歌创作方面有着独特的地位。他所作的诗歌，语言浅近，然而有着鲜明的风格，含有大量劝诫的逸趣。他的诗常常是以大量浅近的语言来阐述佛理，使人读了很受启发。比如他的一首五言诗是这样写的：“不解审思量，只道求佛难。回心即是佛，莫向外头看。”这首诗，是在向人们说明这样一个道理，心即佛，佛即心，佛在心中，不在心外。假如不懂得思量这个浅近而又根本的道理，一心向外觅佛，那就如同缘木求鱼，难得佛果了。

平时，寒山子头上戴着一顶桦树皮做的帽子，身上穿着破旧的衣裳，脚上踏着一双烂木屐，脸色十分憔悴，似乎是邋蹋之极的样子，其实，他精神上却是极为自由和愉快的。不管是在庙宇的长廊里唱咏，还是和放牛的孩子歌笑，不管在旁人看来，他的生活是多么的艰苦，命运是多么不济，寒山子永远都能自乐其性，逍遥自在。他平时说得最多的一句话就是：“咄哉，咄哉，三界轮回。”原来，在寒山子看来，人世间的一切现象，他都已经看得通体透辟，真是所谓“至人遁迹，同类化物”，在这一点上，他可以说对传统文化的精髓和佛教的名理都有非常深刻的理解，他那形似癫狂的举止，不过是凡夫俗子不可理解的外表而已。

当然，寒山子的精神境界也不是说完全没有人理解。当毌(guàn)丘胤将要到台州任刺史之前，一个偶然的机会，从国清寺的丰干禅师那儿得知了寒山子和拾得的贤名，丰干禅师又描述了两人状如贫子,形似疯狂的特点。毌丘胤到台州上任后不久,立即亲自到国清寺来寻访寒山子等。毌丘胤先打听丰干禅师当年的禅院在什么地方,又问拾得和寒山子现在何处,不料,僧人们回答说:“丰干的禅院在藏经楼后头, 那里并没有人居住,只是常常听到有老虎在那儿吼叫。寒山子和拾得此刻倒正在厨房里。”毌丘胤便随着僧人穿过古木森森而且布满虎迹的禅院,找到了坐在灶火前面,正拉着手痴笑的寒山子和拾得二人。毌丘胤很恭敬地向二人施礼,两人不以为然,反而说道:“丰干也真是多嘴多舌,尽给我们找麻烦。咱们连弥陀都不识,向我们施礼有何意思?”

僧人们见毌丘胤向这两个怪人施礼, 觉得很不可理解,同时,也感到寒山子和拾得居然对父母官如此无理,便不由分说地将他们赶了出去。毌丘胤见此情景,赶忙命令僧人们必须把他俩找回来,还要给他们安排住房。他回到官邸后,特意让人赶制了两套衣服,附加上一些香药,送到国清寺来,作为对两人的供养。在信奉佛教的毌丘胤来说,这是他对两位高僧的虔敬的表现。

谁知不管人们怎么劝说,寒山子和拾得却毫不动心。他们不肯住到国清寺的禅院里, 更不愿穿毌丘胤送来的新衣服,嘴里念叨着“报汝诸人,各各努力”,乘人不注意,离开了大家。从此,寒山子再也没有出现,而是云游四方,不知所向了。无奈之中的毌丘胤还是做了一件大好事,他让人们在寒山子平时所到之处搜寻,前后在竹木石头岩壁中共找到寒山子平时题写的诗歌共三百余首,再加上拾得在墙上写的偈语若干,编纂成一部《寒山子诗集》传世,让这位亦僧亦俗,站在文人和佛僧之际的“边缘人”为后人留下一份珍贵的精神遗产。

当我们吟诵着寒山子“登涉寒山道,寒山路不穷。溪长石磊磊，涧阔草蒙蒙。苔滑非关雨，松鸣不假风。谁能超世累，共坐白云中”的诗句时，超逸清幽的天台山景色，使人产生了悠然向往之心，更显示了诗人那超脱尘世的意境。这在历代文人的作品中是极为罕见，因而也是非常独特和珍贵的。

八　文人的怪诞与狂放

从先秦时代老庄的旷达开始，经历了诸如魏晋名士的风度，到明清时期的所谓狂生，孤傲、狂放、怪诞、旷达，乃至放任不羁，一直是中国文人性格的一个重要组成部分，并成为他们有别于其他社会阶层的显著特点。怪诞和狂放，又常常以一种诙谐的形式表现出来。

其实，在很多情况下，狂诞与诙谐是一体两面的东西。狂诞就是一种夸张的诙谐，而诙谐的本质，往往就包含着对现实的某种意义上的批判。这种批判，通常是社会无法正视或无从理解的，于是在一些文人的身上，便表现为夸张的行为。当然，还有一种狂诞，从表现形式上看，似乎是有悖理智的举止和言论，然而，我们如果稍作分析的话，便不难发现隐含在这些行为中的真实意义，亦如孔子在《论语》中讲的“不得中行而与之”的狂放和狷介的精神，那是被扭曲的人格和精神的表现。

无论是狂诞还是诙谐，都与文人的独有天资、他们对社会现象及其本质的深刻洞察力，以及他们的社会能量密切相关，因而常常折射着文人智慧的光辉。

1 击盆歌唁与饮酒守制

生离死别，是人类永远不可回避的一个题目。有人战战兢兢，惊恐地等待着命运的安排；有人穷尽权力和智慧的力量，尽量延续自己在这个世界上的存在。真正的智者，则把生命看作自然的现象，这便是人们说的通达。生活在两千多年前的庄子，就是这么一位智者。他的学问广博深邃，他的文章如同他的思想一样，汪洋恣肆，又蕴含着深刻的哲理，影响及至于今。

当庄子的妻子死了以后，惠子前去吊唁，只看到庄子蹲在地上，敲着盆子在唱歌。惠子感到很奇怪，问庄子说："与你日夜相伴的妻子死了，不哭也就罢了，怎么还唱起歌来了呢?别人看起来不是太过分了吗？"

庄子回答说："你有所不知。她死了以后，一开始我是感到非常悲伤的。可是我一琢磨，人在出生前是什么呢？什么也不是，别说形体了。一开始连最原始的气都不具备，后来，才渐渐地在蒙茫之中慢慢形成最基本的气，又从气的形态渐渐具为形，有了形之后，才开始有了生命。弄清了这个道理，我就明白了，人从出生到死亡，就像一年中春夏秋冬四季的交替一样，都是属于自然的现象。人死了，就是安安静静地躺在天地间这么个巨大的屋子里了。我如果嗷嗷地大哭，岂不是违背天地自然的举止吗？所以我就不哭啦。"

庄子对自己后事的处理态度也显然与常人不同。据说庄子临终前，对正准备为他料理后事的弟子们说道："我是以天地为棺椁，以日月为双璧，以星辰为珠宝，以万物为陪葬，这样的葬礼，实在已经隆重得无以复加了，又何劳你们为我做什么准备呢？”

弟子们嗫嚅着说：“我们担心您的身体如不加覆盖的话，被天上的老鹰、乌鸦啄掉呀。”

庄子说：“露天放着会被老鹰、乌鸦吃掉，那埋在泥土里，不也一样被蚂蚁吃掉吗？你们硬要从老鹰、乌鸦嘴里夺下来，送到蚂蚁那儿去，岂不是太偏心了。”

听起来颇为幽默风趣的语言，显示了庄子在生死问题上是何等通达，一如他的其他思想，都带着一种飘逸和潇洒的意味。而庄子将生命视作自然世界生生相息的一瞬间的思想，则对后世文人关于时间和空间的观念产生了深刻的影响。我们读晚于庄子一千多年的苏轼的《赤壁赋》，其慨叹“寄蜉蝣于天地，渺沧海之一粟，哀吾生之须臾，羡长江之无穷。”只不过是对庄子人生观从不同角度的发挥了。

生活在魏晋时期的著名文人阮籍，他在悼念母亲的时候，所表现出来的怪异举止，则不但令人感到他深藏内心的痛苦，而且也反映了他对世俗的鄙夷和人格的孤傲。

阮籍是个生性极其孝顺的人，他生活的那个时代，又是历史上最出名的标榜孝治的时期。士大夫之间在谈话的时候，不仅要避开自己家里尊长的名讳，以示孝悌，还得小心翼翼地提防别犯了对方的家讳，不然也许会弄得非常难堪。当阮籍的母亲去世的时候，他正在与别人下棋，对手见此情况，便说不下了吧。没想到阮籍却请他留下继续下棋，说是要与他一决胜负。可是，过了一会儿，阮籍便闷头喝了二升酒，这下才哭出声来了，一直到哭出好多血来才止住，可见他内心是极其悲痛的。到了下葬的那一天，阮籍吃了一大块蒸猪肉，又喝了好些酒，然后去送葬，嘴里一直喃喃地说着“完了，完了”，又放声大哭，随后又吐出好多血。由于过度的悲伤,他的模样变得几乎让人认不出来了,形销骨立,差一点把命都送掉。

由于阮籍这些违反常例的举止,加上他在守制期间到司马昭处作客,照样饮酒吃肉,便引起了人们的非议,甚至主张把他放逐到海外去,以便整顿风教。幸亏后来有人为他说话,才免于遭难。

那么,究竟他为什么会有如此怪异的举止呢?我们不难从他以白眼来看守礼从俗的人,便能得知,这是他从心底里对那套虚伪的礼法制度的厌恶之情。据说阮籍在母丧守制时,嵇喜来吊唁,阮籍嫌他精于世故,是个守礼从俗的人,便作出白眼,即斜视对方,表示不欢迎的样子,客人只得尴尬地告辞了。嵇喜的弟弟嵇康带着酒,挟着琴,来向阮籍表示吊唁之情,阮籍一见大喜,认为这才是符合自己心意的知心朋友,立刻露出了所谓青眼,即正视着对方。原来这是阮籍不愿意追随社会上流行的所谓礼法制度,故意做出来的表示呀。

2 真率坦诚人多怪

在许多文人看来,也许因为文章学术上取得的成就给他在精神上带来的自足感,足以使自己睥睨人世间的一切,因而,在一些心气甚高的文人意识里,世俗的道德和行为价值未必都是需要认真对待的。常人深深掩藏在心底的一些看法,他们却能毫不在意地公开宣扬, 这种在社会交往中显得狂放的作风,便成为被称作名士的部分文人行为的一个显著特点。

朋友之间互相称赞几句彼此的文章诗歌,原本是一件非常正常的事情，这不仅是对朋友劳动成果的一种肯定，也含有关心和希望的成分在里面。可是，生活在魏晋时期的文人在这种场合也许会被置于极度难堪的境地。东晋的王濛与好友名士刘惔久别后相逢，王称赞刘的文字和思想较之以前大有进展，没想到刘听了他的赞美之词，却瞪了王一眼，还让王朝天仰起脸来。王感到不可理解，便问他这是什么意思，刘没好气地回答他说："我的水平并没有什么提高，就像你头上的天空一样，生来就是那么高远的。"王濛碰了一鼻子灰，只得悻悻地走开了。

东晋的另一位名士叫庾亮，曾为征西将军，他死了之后，他的一位朋友孙绰，为了表示对亡友的追悼之情，特意写了一篇很有感情的悼念文字，文章中以悲切的语调，记述了自己对庾亮的哀痛之情。孙绰是当时出名的擅长写文章的高手，他曾自负地向人们夸示他写的文章"掷地将作金石声"，写碑文更是拿手好戏，当时一些名人桓温、郗鉴等人去世后，都是由孙绰撰写碑文。不过，在当时一些人看来，孙绰又是个才高而行鄙的人，与他有过交往的人，多鄙视他的行止，庾亮的儿子也不例外。当孙绰写完悼文，送去请庾亮的儿子过目时，这位公子公然认为孙绰的感情过于夸张，他说："我父亲与先生之间并没有如此深厚的交情呀"，毫不客气地把这篇悼文退回去了，搞得孙绰好不难堪。

像这样率真到令人难堪的地步，当然也只是在一些自视甚高的文人身上才会表现出来。这种风气在魏晋时期十分流行，部分原因是那个时期的文人在思想上追求的是一种崇尚自然的境界，不仅在与人交往中如此，在平时的衣着打扮上也这样，宽衣大袖，也许还是肮脏不堪，甚至还有裸袒见人的。像素有"书圣"之称的王羲之年轻的时候，当著名的士族大家郗鉴派人到王家来相婿时，他居然袒露着肚子，若无其事地叉开双腿，在榻上喝酒吃饼。而郗府来的人，恰恰倒是注意到了他的怪诞举止，回去一报告，郗鉴大为高兴，说："这才是我理想中的女婿呀。"在东晋时期，这都被文人们看作是十分风雅的事情。

◎袒腹东床

在这些风雅的行为中，确实也有一些有趣的事情，让人觉得颇有咀嚼的余味。

王羲之的第五个儿子王徽之，也是一个放荡不羁的名士，做官而不理政务，他的上司桓冲叫他料理官务，他却拿着笏在那儿悠闲地看西山的云气。据说有一个大雪之夜，他睡了不多会儿，起来打开房门，望着四面皎洁的雪夜之景，独自饮起了酒。心意彷徨，不觉吟诵起左思的《招隐》诗来。忽然，他思念起了此时住在剡县的好朋友戴逵来，便唤起仆人，划着小船，从山阴向剡县出发。经过一夜的船行，天亮的时候，到戴逵的家门了。此时，王徽之却叫仆人别停下来，立即将船再划回山阴去。事后，别人问起他为何特意去拜访戴逵，到了他家门口，却又折返回来了呢？王徽之回答说："本来就是乘着兴致而出行，等我到了戴逵家门口，觉得已经尽兴了，难道还不该回来吗？至于见不见戴逵，那倒是无所谓的。"这就是人们常说的"乘兴而往，兴尽而返"的典故。

晋朝的孙楚，也是一个很有个性的人。他的好朋友王济去世了，死后还追赠了骠骑将军的称号，葬礼也举行得十分隆重，许多名人贤士都来送葬。孙楚素来很尊重王济，这一天的葬礼，他被一件事情耽搁了，来迟了一会，所以，只能是单独哭吊王济。他的哭声非常哀伤,在场的宾客没有人听了不流泪的。哭声止住以后,孙楚又对着王济的墓碑说道:“您过去很喜欢听我学驴叫,今天,就让我再为您学一次吧。”说罢,他就非常认真地模仿驴子叫起来。孙楚模仿得那么逼真,反倒把在场的客人都逗笑了。只见孙楚环顾着众人,恨恨地说道:“诸位没有死,倒让王济死了!”

学驴子叫,大概是那个时代比较流行的事情,因为三国时期有名的文学家王粲,也是一个喜欢听驴子叫的人。他死的时候,连魏文帝曹丕也参加了他的葬礼。葬礼完毕,曹丕向大家提议说:“王粲生前爱听驴子叫唤,我们今天就在他的墓前,一人叫上一声,就算为他送行吧。”于是,前来参加的客人们,站在王粲的墓前,依次伸着脖子,学了一次驴叫,最后一次与他道别。

这种种在常人看来不一定理解的举止,文人却觉得是风雅的事情,并在诗文中津津乐道,以致成了文学史上的一个个掌故。因为这些行为都是所谓名士的举止,后来,人们就把这种常人觉得匪夷所思的怪异行为,甚至像仪容方面的不修边幅和衣冠不整,都以“名士派”称之。到了后世,文人中间类似魏晋时期名士的怪诞虽不多见了,而这种自视清高、孤芳自赏的心理,依然在很多文人的性格和行为中保留了下来。

清代道光、咸丰年间著名的文学家龚自珍曾经以“我劝天公重抖擞,不拘一格降人才”的诗句,道出了清代后期知识分子思想上的苦闷,以及自己朦胧中对新时代到来的渴望。他的诗歌,特别是七言绝句,曾在晚清知识分子中间风靡一时。在龚自珍的性格中,就很有恃才傲物的特点。道光九年,龚自珍应进士试,他的考卷弥封后,落在王植阅卷的号房中。王植批到头场试卷中的一篇文章,感到写得很有趣,忍不住笑出声来,和他一起参加阅卷的考官温平叔看到了,便拿过卷子仔细看了一遍,说:

“这一批都是浙江的试卷，从文章的气势和内容来看，必定是龚自珍的卷子。此人恃仗自己有才，喜欢骂人。如果你不推荐他，势必会在社会上把你骂得狗血淋头。他文章确实也不错，就推荐他吧。”王植依了温平叔的意见，龚自珍才得以录取。

按照传统，中榜的举人习惯上称批阅并选拔自己的考官为座主，后来又称房师。这个称呼，显然含有感激考官提拔栽培的意思。发榜以后，人们问龚自珍他的房师是谁，龚自珍哈哈大笑地对他们说道：“稀奇，实在是稀奇得很，居然是那个无名小卒王植。”王植听说这件事后，忍不住埋怨温平叔说：“依你的主意推荐了他，他考中了，我却还是遭这家伙骂，真不知该怎么对付他才好。”

其实，岂止房师，在龚自珍看来，学问就是学问，连什么尊卑长幼之分也不必拘泥。

有一天，他和几个朋友一起在戏院子里当台而坐，聊着学问方面的事，话题不知怎么聊到了龚自珍几位前辈的学问上来了。他的外祖父是著名的大学问家段玉裁，精通文字音韵和训诂，影响非常大，按理说不用他来评论了，可是，龚亦直斥段注的《说文解字》不好。朋友们又问起龚的父亲、曾任苏松太兵备道的龚丽正先生的学问情况，龚自珍微微点着头说道：“稍微通一点。”说到他的叔父、当时做到礼部尚书的龚守正先生的学问时，没想到龚自珍居然摇了摇头，说道：“一窍不通。”随即大笑起来。他本来是坐在椅子上，背靠着椅背，双足搁在桌子上的，大笑的时候，脸朝天一仰，不小心身体失去了平衡，扑通一下，摔在地上了。不知是他那副狂放不羁的口吻，还是他从椅子上摔下来时的可笑样子，引得大家哄的一下，全笑了起来。

说来有趣，龚自珍的狂妄性格，似乎也遗传给了他的儿子龚橙。龚橙非常喜欢改他父亲的文稿。据说他常把龚自珍的牌位放在书桌上，每改一个字句，他便用竹杖敲一下牌位，说道："这个地方不通。你是我的父亲，所以我帮你修改，我不敢欺骗后人啊。"看起来，真是有其父必有其子了。说到对着牌位改文章，在清代似乎也不只是个别学者的习惯，据说毛奇龄在读朱熹校注的《四书集注》时，也是喜欢在手里拿个棍子，凡是碰到他认为不通之处，便用小棍子轻拍一下桌子上的牌位，嘴里还咕哝一声："阿熹啊，这里又错啦。"

3　冷观俗物眼茫茫

文人对于世俗的价值观念的反感，即使是日常生活的小事情，也常常会以一种幽默的形式表现出来，在人们啼笑皆非的尴尬之中，忽然使人领悟到一种辛辣的讽刺精神。

自古以来，中国民间就有在七月七日晒衣物去霉蛀的习惯，本来，这不过是日常生活中的小事情，可是，晋朝的时候，在阮咸居住的那一带，竟在一些人庸俗举止的影响之下，变成了一种恶俗不堪的风气。原来，在阮姓聚居的那片地方，大致按穷富分为两大片，道北的经济情况比较好，道南的情况就要差一点，所以逐渐便有了"北阮富，南阮贫"的说法。每到农历七月初七，北阮诸家在晒衣物的时候，纷纷翻出了各色绫罗丝绸，铺展在太阳底下，而爱面子、讲虚荣的人家，便乘机炫耀起自己的富裕来。渐渐地在人们中间形成了一种比阔的风气，如果拿出来晒的没有新奇贵重的衣物，那便是没面子的事情。与那些阔人相比，住在道南的阮咸属于贫寒之列，当然没有可以炫耀的衣物，但他极其鄙夷"北阮"那些俗不可耐的举止，于是，当他们在阳光下展示那些五颜六色的绫罗丝绸时，阮咸笑眯眯地在自家门口，用小竹竿挑着一条粗布短裤晒了出去。别人问他这是什么意思时，他说："咱们也不能免俗啊！"意思里包含着对"北阮"的蔑视。

与阮咸比起来，明代的祝允明对他所鄙夷的人可要厉害得多了。

祝允明有个朋友上了年纪，还不甘寂寞，新买了两个小妾，并兴致勃勃地请他给她们分别取个名字。祝允明很讨厌这个朋友的做法，但碍于情面，不好推却，便灵机一动，给她俩分别取了"忠奴"、"孝奴"的名字。他的朋友觉得很风趣，也很得意，还到处向别人夸耀。殊不知祝允明这是在骂他，意思是"孝当竭力，忠则尽命"，讽刺他年纪大了还这么好色，连命都不要了。知道这个典故的人，都在肚子里觉得暗暗好笑。

祝允明是明代江南地区与唐寅等人齐名的著名才子，文章书法皆冠绝一时，慕名前来索求书法作品或请他写文章的人简直络绎不绝，许多人都带着钱钞和银两，上门求见。可是，祝允明很讨厌那些有了几个钱以后，便装模作样来附庸风雅的人，常常托病不见。据人们传说，想得到他的字，还是到他家里去偷拿比较方便，因为祝允明很爱饮酒，常常喝得醉醺醺的，乘这个机会，到他的住处去拿，兴许还能搞到成沓的作品呢。书法作品可以设法偷取，文章还是只能当面请求他了。有一个豪富，一直想请祝允明为他的家人写一篇墓志铭，多方辗转托人，祝允明实在不便推却，只得答应了下来。可是，他

◎祝允明

提出了一个条件,按字计酬,每写一个字,便让仆人往一个器皿中掷十个铜钱。

主人既然将祝允明请到了家里,便设酒盛情款待,祝允明也不客气,饮酒至半酣,方拿起笔开始动手写文章。只见他略加思索,便下笔疾书,在叮叮当当的钱币声中,一会儿二三百字便出现在纸上了。主人正在为自己的"钱能通神"而暗暗得意,忽然,掷钱币的声音停了下来。原来,祝允明用眼睛斜睨了一下盛钱的器皿,觉得数量已经不少,便不管三七二十一,文章写完没写完,说了声"够了",就站起身来了。主人看到书桌上未完成的文稿,急得连声喊到:"先生,先生,文章还没写好啊。"祝允明若无其事地只顾往外走,嘴里应着"够了,够了",提着钱扬长而去,最终留下来的是一篇有头无尾的文章。这豪富后来只好再花一大笔钱,请了别人才得以续完这篇墓志铭。这就是被视为狂生的祝允明。

在明代,还有一位被视为行止怪诞的大画家陈洪绶(即陈老莲),也是这个脾气。陈洪绶生性诞僻,唯嗜好饮酒,他作画所得的润笔,常常是到手即尽,毫不在意。他尤其喜欢为贫士作画,因为这样可以帮助他们解决衣食之需。据说,靠他资助为生的差不多有上百人。相反,一些显宦豪富倚恃权势要他作画,即便是出重金相请,他也不动心。

有一回,一个地位显赫而为人卑鄙的显贵,以请陈洪绶鉴定宋元名画的名义,把他请到一艘船上。当船离岸之后,便要陈洪绶为他作画。陈发现自己上了当,顿时大怒,谩骂不已。显贵以为他是在拿架子,并不当回事。不料,陈洪绶见他们没有停下来的意思,即准备投水自杀。这显贵一看势头不对,退避在后,托人央求陈为他作一幅画,可是,直到最后,陈洪绶依然一笔未画。

◎杨维桢

这种被视为怪诞、狂放的行为，其实正是文人漠视权贵、洁身自好的高贵品质的表现。

元代的杨维桢的举止，则是一种对文人中间的鄙陋举止的轻蔑。杨维桢是极负盛名的文学家，恃才傲物，喜欢做些常人看来有点出格的事情。有一次，他来到上海，暂住在朋友姚桐寿家里，正碰上嘉兴人贝廷臣送来一封信，请杨为萧山县令尹本中写一篇《吴越两山亭志》，同时，还附了若干嘉兴诗人咏诵亭子的诗作，请杨从中选择一些佳篇，以便书成时一并刻入印行。杨维桢提笔撰文，忙到半夜，方才大致就绪。他正要休息，忽然，只听到一阵敲门声，打开门一问，才知道来访的竟是一批嘉兴籍的诗人。怎么回事呢？原来，他们不知从哪儿打听到的消息，得知尹本中委托杨维桢挑选部分诗作刻入书中，特来造访，目的就是想与他通融一下，能将自己的作品选进去。为了达到目的，他们手上还都拿着金银绸缎之类的礼物，借以巴结杨维桢。

杨维桢很快便弄清了他们的意图，不禁哈哈大笑起来。他说："我杨某平时执行国家法令的时候，碍于情面，也许还会做些变通的事情。不过，像今天这种评选诗文的事，即使我心里有什么私念的话，我的眼睛也未必肯同意呀。我可从来不做欺骗天下读书人的事情。"于是，他当着众人的面，打开尹本中送来的众多诗篇，从中选了鲍恂、张翼等四人的作品。杨维桢举起诗稿对在场的众人说："选这几首诗，是因为写得不错，别的诗嘛，我看还得脱胎换骨才行呢。"偏偏在场几位的大作一篇都没有被选到，好不尴尬。大家面面相觑，苦苦哀求杨维桢把选诗的标准放宽一些，甚至还有人跪了下来，流着眼泪向他请求。杨维桢却毫不动心，将他们通通请了出去。他关上门，灭灯上床的时候，又是鄙夷，又是生气，不禁轻轻地叹了一声：“真是风雅扫地了。”

4　时代叛逆狂放客

某些文人的狂放，如果从个人的性格和经历来看，则往往与他们学识相关，换言之，透辟的见解、超前的思想、非凡的气概，使他们的行为举止在当时看起来令人感到惊世骇俗。这种天才式的人物，像夜空中的流星，虽然瞬间即逝，却在历史上留下了难以磨灭的痕迹。

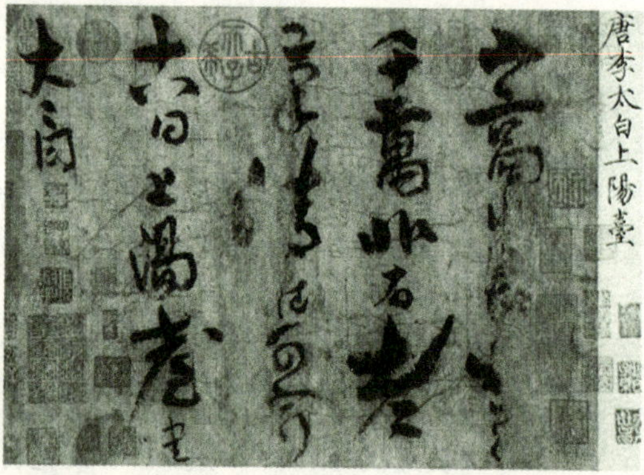

◎李白书法

李白在唐开元年间谒见宰相的时候，封上一枚用木板制成的名片，上面题着“海上钓鳌客李白”。宰相问他：“先生在茫茫沧海中钓巨鳌，用什么来作钩线呢?”李白回答说：“我的情感奔逸在风波中，志向纵横于宇宙间，我以天上的虹霓为线，以明月为钩。”宰相又问道：“那用什么来做鱼饵呢？”李白脱口而出道：“用天下没有义气的男儿做鱼饵。”一番震人心魄的豪言壮语，令闻者失色。

到了封建社会后期的明代，儒生中不循规蹈矩的人物显然更多了一些，其中最具有离经叛道精神的，大概要属李贽了。生活在明朝嘉靖、万历年间的李贽，从科举仕官到弃官绝仕抛妻别雏，最后寄身佛门，一生的大部分时间，都是一个浪迹天涯的独行者，一个被正统派视作异端的危险人物。他不拘物议的品性，似乎有几分魏晋名士的卓异风范，但是，他的思想见解，显然要比嵇康、阮籍深刻，因此，用狂士来称呼他，要来得更确切一些。

李贽的著作有《藏书》、《焚书》等，自许其书乃“万世治平之书”，在今天看来，这些对历代治乱所作的辨述中，确实有很多非同寻常的见解。比如他推崇的政治家是历史上的李悝、李斯、桑弧羊，一直到明朝中期的张居正，这些人物说得好听一些，叫铁腕宰相，在历代著书立说的文人那里，遭到的骂名可是太多了。还有被欧阳修痛斥的五代时的四朝“长乐宰相”冯道，李贽也对他甚有好感。得到他称颂的帝王则是秦始皇、武则天。显而易见，李贽不在乎历史人物道德上的可议之处，颇有只求目的、不择手段的实用主义精神。他的学术观点是否偏颇，我们姑且不论，但是，如果设想一下他是处于明代理学一统天下的森严壁垒的背景下，我们不由得不对李贽的勇气肃然起敬。

李贽平时的举止行为也很独特，比如在交友上选择极严，与知心朋友交谈，谈笑风生，滔滔不绝，几个时辰都不露倦意。但是，遇上合不来的人造访，则常常一言不发。如果有他所谓的俗客来访，一经交谈，便毫不客气地让他坐得远远的，据说是嫌其气息“臭秽”。他平生痛恨虚伪的道学，甚至认为听这些峨冠大带的道学家的胡说八道，还不如去听妓女们唱小曲，所谓“携歌姬舞女，浅斟低唱”，这句带有开玩笑成分的气话，后来成了别人攻击他的罪名之一。他在麻城龙潭湖芝佛院讲学的时候，常常有女子前来听讲，有人说女人见识短，不能学道，李贽大不以为然,说:“人有男女,见识难道也分男女么?再说她们能为了听法而前来听讲,比起一些男人来强多了”。

生活在明末清初的归庄则是另一种类型的狂生。他曾参加过地方上的抗清活动,后恐遭到迫害,一度亡命为僧,号普明头陀。说到归庄的名字,他曾经改动过多次,最奇特的是叫做“归妹”和“归乎来”。虽然从表面看起来是出于生性好奇,实际上是他愤世嫉俗的内心世界的表现。归庄虽然极有文才,生活环境却很不好,不仅家徒四壁,甚至连门窗都破到了关不起来的程度,椅子也朽损到不能坐人。归庄只得用几根绳子将这些破烂货捆扎起来,才能勉强使用。令人啼笑皆非的是,他老先生居然还在一块匾额上大书了“结绳而治”四个字,挂在这堆破桌烂椅上面。这句一直被人们用来形容上古时期纯朴宁静生活的话,此刻在这里让人感到滑稽可笑,同时更具有绝妙的讽刺效果。

归庄的书法在当时很有点名气,行书和草书都很精妙。相传他当年应院试的时候,带着酒壶,边饮边写,未到黄昏,八股文中的应对题目便写完了七题,还别出心裁地用隶、篆、真、草来书写五经的文字,颇引人注目。他的书法出了名以后,上门来求墨宝的人很不少,但是,归庄总是写一些狂放不羁的话语给别人,人们拿回家后,多半只好把他的墨迹珍藏起来,因为那些内容常常是既不便挂在墙上,又不可轻易示人的,久而久之,人们就称呼他为“归痴”。别人觉得他写的内容不可轻易示人,他自己倒常常满不在乎地把它们挂了出来,一看,果然都是些惊世骇俗的话。比如农历大年三十,他在门上贴了一副春联:“一枪戳出穷鬼去,双钩搭进富神来。”还有一次过年,归庄又在家门口贴出一副春联,这回只见上联是“北平都督佥事”,下联是“南台御史大夫”。前来拜年的人看了,都不理解是什么意思,便向他请教,不料他说道:“我也和大家一样,不过是图个吉利,平平安安过个年罢了。”弄得人们莫名其妙。其实，归庄此举意在讽刺那些在春联上求吉利、保发财的庸俗内容，其意义如同阮咸用竹竿挑破短裤来映照北阮的炫耀财富是一样的。

最叫人感到惊骇的，莫过于归庄结庐墓侧的举止了。他隐居放达，一度结庐先人墓侧，建几间草屋，日夜与坟堆相伴。在旁人看来，萧然寥落，一副鬼气森森的情景，归庄却不以为然，甚至还和老妻时常悠然对酌，很有几分“心远地自偏”的味道。据说，他后来还为自己的茅屋题写了一副对联，上联是“两口寄安乐之窝，妻太聪明夫太怪”；下联写道“四邻接幽冥之宅，人何寥落鬼何多”。目击此景，人们只能是边摇头边笑。

5 旷达放任亦天才

文人的怪诞，与他们的过人才学有关，同时，往往也与他们的经历有着密切的联系。对有的文人来说，仕途上的穷通显黜，有时会像一剂思想上的催化剂，突然使人领悟到了社会人生的真谛。这种彻悟表现在他们日常言行方面的不凡，也常被世人看作是一种旷达乃至于怪诞的行为。

晚唐著名的诗人、曾经官至中书舍人的司空图，见朝政日非，宦官掌权，天下之大乱势在难免，自己却又无可奈何，即弃官隐居到离家乡不远的中条山王官谷，与一些名僧优游其间。为了远避祸患，他自号“耐辱居士”，还题了一首《耐辱居士歌》在他平时栖息游玩的“休休亭”上。从歌中“一局棋，一炉药，天意时情可料度。白日偏催快活人，黄金难买堪骑鹤”来看，与其说是在道家思想的影响下追求现实人生的享乐，不如说是逃避现实生活中的矛盾和冲突。隐居期间,河中节度使王重荣父子十分推重司空图的名声,常常派人给他送来各种礼物,都被他一一拒绝了。有一次,他为王氏作了一篇碑记,作为稿酬,也就是当时人称的"润笔",王重荣派人送来了绢帛数千匹,司空图无法推辞,就请人将绢帛全部搬到市场上,让人们免费拿取,一天时间里,全部散尽。司空图的这些举止,自然被时人目为怪诞。

司空图到了晚年,思想上更为旷达。他为自己预置了棺木,还设计并修筑好了墓穴,可说把自己的后事都安排妥了。令人称奇的是,如遇朋友来访,司空图还喜欢请客人到他的墓穴去,就在墓穴里点起蜡烛,宴请客人。来客难免不被墓穴里阴森森的气氛和他这种奇特的方式震慑,既不便推却,又不能不感到几分毛骨悚然。司空图倒是振振有词地开导来人:"达观的人对待生死问题的看法是非常通脱的。你不过偶尔来这儿做一次客,我将来还要永远在这里呢,我尚且不在乎,你还紧张什么?"他饮酒赋诗,引吭高歌,一副泰然自若的样子。

文人的狂诞,还表现在有为文怪诞而不中程法者。被目为放诞不羁而极富才学的清初文人金圣叹,便是这类奇特的天才人物。金圣叹曾多次参加科举考试,都是因为文章写得怪诞,不为主考者所取。他似乎并不在乎,依然我行我素,在试卷上肆意表达他那独特且闪露着天才光芒的思想。

有一次考试,以"如此则动心否乎"命题,从试题的要求来看,似应以君子何以抵御外界利诱,保持气节,维护理性的内容答之。金圣叹很鄙夷那些明清时期愈益流于虚伪的道学先生们,于是,他在试卷的末尾写道:"空山穷谷之中,黄金万两;露白葭苍而外,有美女一人。试问夫子动心否乎?曰: 动! 动! 动!"真是令人感到痛快淋漓。还有一次考试,是以"孟子将朝王"为题,金圣叹干脆在卷子的四个角上各写了一个"吁"字便交卷了事,根本懒得去费神写那些迂阔无际的空泛之论。这样的应试，屡屡遭黜当然是意料之中的了。不过，金圣叹本人毫不在意，他笑着对朋友说："这样一来，倒是还我一个自由身了。"朋友问道："自由身三个字有什么出典？"金圣叹答道："'酒边多是自由身'，唐朝张籍的诗句；'忙闲皆是自由身'，司空图的诗句；'世间难得自由身'，罗隐的诗句；'无荣无辱自由身'，宋朝寇准的诗句；'三山虽好在，惜取自由身'，朱熹的诗句。"金圣叹读书之多，以及他的学问之渊博固然令人惊叹，而他那自由不羁的思想，以及对封建科举考试的深刻认识，在当时的社会条件下，更是极其难得。

金圣叹曾经批点过六部才子书，有《庄子》、《离骚》、《史记》、《杜诗》、《水浒传》、《西厢记》，可以说是他呕心沥血之作，据说连顺治皇帝看了他批点的才子书，也很赏识他的才华。然而对许多人来说，金圣叹的讲经，更加吸引他们。金圣叹的讲经范围很广，从读书人的经史子集、诸家笺疏，到佛道典籍、稗官野史，三教九流的内容都涉及了，简直是上下贯通，左右逢源，而且信手拈来，皆成妙语。听者不仅有读书人，还包括一些出家的僧人，他们为他的精彩讲经吸引，甚至可说到了顶礼膜拜的地步。金圣叹每逢开讲，事先还要吃上一通狗肉，才会精神抖擞。"食狗肉讲经"，使得一些道学先生既恨又怕，自然视其为狂放不羁的人物。

清代还有一位文人邢昉，19岁入学为诸生，考试成绩常为优等。然而，有一次应试，考官不喜欢他那不加约束的奔放思想，在他的卷子上写了一个"狂"，看到最后一场的考卷，竟再批下一个"更狂"，结果当然没有被录取。邢昉知道了考官对自己的评语后，满不在乎地对朋友说："读书人写文章，得到'狂'的名已经足够了，还要关心其他的什么呢?!"于是，他不再费精力去应付这类科举考试，而是一心创作诗歌和古文，还到各地去漫游，与海内的名家去相争，诗歌写得越来越好。最后，定居在家乡，以卖酒为生。在今天看来，这种带有叛逆特点的性格的出现，已透露出思想界一股新风气的端倪，预示着一个新的社会时期的将要到来。

6 书生意气多可爱

中国人在形容文人的方正、木讷以及某些性格方面的褊狭、执拗等带有普遍性的特点时，常喜欢用上一个现成的名词——书呆子。从一个“呆”字，我们可以感觉到带有几分贬义的调侃口吻，同时，也是在世人眼睛里文人怪异的一种表现。其实，这种怪异，若是细细加以辨析的话，除去多了一点认真、少了几分世故之外，大多数情况下，文人自身并无值得归咎的地方，有时甚至会感到呆气中有几分可爱。

熟悉北宋历史的人，一定知道开封城里的大相国寺。当年，这座著名的寺院不仅以其规制宏丽、佛事兴盛闻名，其后院还每个月开放五次，用作商品交易的市场，是京华最热闹的商业区之一。届时常常有来自全国各地的商贩集中此地，经营的商品，除了日常生活用的衣物器皿、地方特产、香料药材之外，还包括文房四宝、古玩书籍等，所以也常常吸引了不少文人墨客流连此地。据说黄庭坚曾经在这里买到过一册宋祁的《新唐史》手稿，回去以后细细揣摩他修改文章的方法，因此写作水平有了很大的提高。

相国寺的市场里，在售书的摊位上一度流传着这么个笑话，事情居然还与北宋颇有文名的穆修有关。穆修很爱读唐代韩愈和柳宗元的文章,有一次,他得到了一部《柳宗元文集》,非常喜欢,不知是经人指点后开了窍,还是受到什么事情的启发,他居然也产生了一点商品经济的意识,花钱请人刻了一部书版,印了几百部,然后带到开封,打算在相国寺设摊出售。不料,买卖开张了好长时间,竟然一部也没卖出。这是什么缘故呢?原来,穆修卖书的时候,每当有读书人驻足书摊前,拿起书翻看披览时,他总是喜欢一把夺过书,眼睛一闭,说道:“你若是能读通一篇,又能做到没有一处破句的话,我就送你一部。”古时候刻印的书籍,向来是不断句的,没有一定的学问基础,难免有读不懂而出现破句的地方。穆修大概太喜欢柳宗元的文章了,有意与人交流读书心得,却在卖书时搞起了学问测试。不知有人得到过他送的文集没有,但是,在人们看来,这种做法显然太不近人情,渐渐地便不再有人光顾他的书摊了。

还有一次,亳县有一个富豪捐钱修了一座庙宇。亳县的知县正好是穆修的朋友,他遂推荐穆修撰写一篇记文,记述修庙的经过。以穆修的文才,写这么一篇记文,当然不会有困难,况且还能得到一笔丰厚的润笔呢。可是,把穆修写好的记文拿出来一看,文中却没有一处地方提到这个捐资者的姓名。这个富豪花了钱却没能扬名,觉得很失望,便请人又送了五百两银子给穆修,求他把自己的名字题上去。谁知见了来人,听明白了来意,穆修勃然大怒,竟把银子一把推到地上,拂袖而去。富豪多次托人来求情,穆修始终不予理睬,并说:“我宁可四处流浪,也不能让这类心术不正的人玷污了我的文章。”穆修一生果然都是在穷困的生活中度过,大约就与他这种清高的处事原则有关。

其实,文人的清高,正与他们有着一定的理想有关。当然,不可否认,在文人中间也不乏既胸无点墨,又素好夸耀标榜自己的虚伪之徒。明代吴敬梓的小说《儒林外史》塑造的诸多文人形象中，就有许多生动的典型。像小说里的权勿用之流，其言行之酸腐，生活中兴许更有过之者呢。清代阮葵生在《茶余客话》中，便为我们勾勒出了一幅十足的伪君子的速写像。

清代江阴人是镜，平时以行为方正的虚名在社会上颇能迷惑一些人。从他家到他教书的书院，大约有几里路。此外，还有一条小路，其间只需跨越一条小河，便能省去几十步路的距离。是镜平时总是走大道，为的是显示自己行止端方，行必由正路。

然而，有一天，归途中正好遇上下雨，是镜走到小河旁，见四面没人，便一反常规，跨过小河，走上了小路。没想到旁边的桥底下有一个孩子正在躲雨，他看到是镜也走起小路来，觉得很稀罕，不由得喊了出来："是先生，您也走小路呀？"是镜没想到自己的举动竟被人看见了，慌忙从口袋里摸出几个铜钱，塞给孩子，嘱咐他不可将此事讲给别人听。这个孩子回到家后，口袋里的钱被家长发现了，在大人的一再追问之下，孩子把看到是镜跨小河走小路的事情讲了一遍。从此，是镜的虚伪人格就成了人们的笑谈资料。

正是与这种虚伪的举止相比，我们更加感到一些被视为怪诞的文人行为，其实是一种可敬的人格的表现。元代陶宗仪《南村辍耕录》记载的吕起猷的故事，就让人对他的学问和安贫乐道的人生观肃然起敬。

吕起猷博学多才，擅长诗文创作，由于家里很贫穷，他还经常做一些农活，以应付家用。然而，他在文学方面的成就，使他在家乡附近享有很高的声誉。有一年冬天，他到一户大户人家去买稻种，正好遇上下大雪，他先等在门洞里，半天没人搭理他，又过了一会，他便踱步到庭前，听得东阁里正有几个人在分韵作吟雪诗。其中一人分得滕字韵，反复吟咏未成诗句，吕起猷听了，不觉笑出声来。阁中的富家子弟听见外面的笑声，探出头问道：“你是什么人？”吕起猷没有正面回答，只说自己是来买稻种的。众人见他衣着寒酸，脚上穿的是布袜草鞋，就很不客气地问他笑什么，吕起猷没办法，只得说：“刚才我正好想到了唐代滕王李元婴善画蝴蝶的典故。”大家一听，极为佩服，知道他来历非凡，一定读过不少书，即请入座，并请以“藤滕”二字为韵，作一首咏雪景的诗。吕起猷再三推辞，不得已提起笔写道：“天上九龙施法水，人间一鼠啮枯藤。鹭鹅声乱功收蔡，蝴蝶飞来妙过滕。”众人益发叹服，再请以“昙”字韵作一首诗。吕起猷略一思索，又随手写道：“万里关河冻欲含，浑如天地尚函三。桥边驴子诗何思，帐底羔儿酒正酣。竹委长身寒郭索，松理短发老瞿昙。不如乘此擒元济，一洗江南草木惭。”写罢，他便要起身告辞了。

众人苦苦留他不住，又请教他的姓名，他皆不作答。有人猜测他可能就是吕起猷，便恭敬地说：“我们久仰吕处士的大名，您先生莫不就是吕处士？”吕起猷很不高兴地答声：“什么处士不处士，我不过是个种田的。”说罢便要买稻种。众人觉得已猜出个七八分了，给他称了稻种后，坚持不收他的钱。不料，吕起猷更加不高兴了，发怒道：“我岂能不明不白地拿别人的东西！”坚持按价付了钱，坐船走了。

7　苦吟只为觅佳句

关于文人在创作时因为入神而至于走火入魔的故事，历来在笔记小说中都有大量的记载，如贾岛边走路边苦吟“鸟宿池边树，僧推月下门”诗句，走了神，不觉冲撞了京兆尹韩愈的车

◎贾岛

驾。好在韩愈也是个好学深思的学者,不但不以为怪,两人还一起琢磨起来,最后得出了用"敲"字胜于用"推"的结论,这则关于"推敲"的佳话,早已成为文学史上的典故。在古时候,文人读书,固然不乏"书中自有黄金屋"、"书中自有颜如玉"的现实功利目的,也确实有许多文人出自内心的爱好,或读书成癖,或苦心吟诵,或议论风发,以致忘情而被人目为怪物。这些怪诞的举止,常常成为关于文人的种种趣闻。

王安石是北宋著名的政治家,也是文学史上著名的古文"唐宋八大家"之一。他酷爱读书,据说他中进士不久,担任类似书记一类的佥判官,常常通宵达旦地读书,只是在天明以前略睡上一会,便匆匆忙忙赶去上班了。有时稍稍多睡一会,甚至连脸都顾不上洗,便赶到官府。当时负责的官员是韩琦,韩琦误以为他晚上是在外面饮酒作乐,有一天便委婉地劝他趁着年轻的时光,多读点书,莫荒废了前程。王安石听了也没说什么,只是在后来与朋友聊天的时候,说起了此事。感叹道:"韩公看来还并不了解我啊!"

王安石对自己的作品非常认真,无论写诗作文,语意不到新奇的境地,决不罢休。一字的改动,往往经过多次反复的斟酌,就拿我们熟悉的《泊京口》诗来说,从他手稿的改动情况来看,其中"春风又绿江南岸"一句,"绿"字之前,先是拟"到",后又改"入",前后共考虑了十多个字,最后才定作"绿"。王安石整日沉湎于学问,难免也会闹出点笑话来。他在常州做知州的时候,有一次大会宾客幕僚,还特意邀请了艺人在现场进行表演。

看到一半的时候，人们发现王安石忽然大笑起来，觉得很稀奇，因为王安石平素不管在什么场合，总是一副若有所思的神情，很少对这类表演加以注意。于是，大家认为一定是今天的表演格外精彩，能使知州发笑，便重重地赏赐了这班艺人。不过，也有一个有心人感到王的发笑也许有别的原因，事后便找了个机会问他，王安石回答说："刚才，你们在欣赏表演，我是在琢磨《周易》里的《咸》、《常》两个卦，忽然一下子领悟了其中的要义，豁然开朗，高兴极了，便不觉笑出声来了。"

清代学者林云铭也是一个书痴。据说林云铭年轻时非常喜欢读书，每当他被书中的内容吸引，苦索精思，往往一天不吃饭都感觉不到。有一回，天气很热，家人为他在浴盆里准备好了洗澡水，请他入浴，没想到林云铭此时正在冥思苦想问题，衣带未解，便和衣入盆，直到衣衫全部浸湿了才惊觉过来。家里人见他浑身水淋淋地从浴盆里爬起来的样子，又好气，又好笑，从此，"书痴"的雅号便传开了。

在清人的笔记中，还有一则因为创作而入神的文人与浴盆相关的轶事。赵翼是乾隆时期的著名学者，才思敏捷，倜傥不羁，除了《陔余丛考》和《廿二史札记》这两部乾嘉史学的考证名著外，他还以工诗著称。当时，他的诗作与袁枚、蒋士铨的作品鼎峙而立，并为乾嘉诗坛的卓然大家。他有一首题名《论诗》的绝句："李杜诗篇万口传，至今已觉不新鲜。江山代有才人出，各领风骚数百年。"无论从文学发展的规律，或从作品本身的气势来看，都可说是英气跃然，故而一直脍炙人口。我们读赵翼的诗作，固然感到出色，又有谁知道在这几十个字后面，他付出的艰辛劳动呢。据《两般秋雨庵随笔》所记，赵翼有一次作了一首题名《不倒翁》的诗，其中上句用了"黄胖春游"四字，苦苦思索而未得其对。到了第二天，他坐在浴盆里洗澡的时候，还在思忖，忽然想到用“白题胡舞”四个字，无论从意思，从字面来看，都可谓对得天衣无缝。得到这个绝对，赵翼不觉喜不自禁，在浴盆里手舞足蹈起来，竟然把浴盆都蹬破了，淌了一地的洗澡水，他还高兴得合不拢嘴。家人见他这副样子，只好对他苦笑。

这些人因为吟诗作文入了迷，而被人们称作“书痴”，其实也可以说是对他们刻苦治学精神的一种褒称。对于治学，孔夫子早就有过“知之不如好之，好之不如乐之”的见解，沉溺于学问，食不甘，寝不安，旁人或以为苦，其实，正如鱼饮冷水，其滋味自知，不然，何以“衣带渐宽终不悔”呢。再说，自古以来，哪一件名山事业不是“痴人”做出来的呢?

不过，事情亦不可趋于极端，倘若痴迷而至于不近人情，那就不免让人敬而远之了。

清代的名诗人黄景仁，才名很高，曾在太白楼赋诗，顷刻成数百言，一时士子间传写黄的诗作，成为风气。黄景仁曾经与洪亮吉一起在安徽学政朱筠处做幕僚，黄景仁诗兴上来的时候，精神亢奋，往往彻夜赋诗，每当有了得意的佳句，便不管别人睡着与否，常常喊醒了一起诵读欣赏。幕僚们白天得忙着批阅试卷，一天下来，精力已经不济，晚上休息时又被他数次搞醒，于是，原先曾和他一起居住的同事都感到苦不堪言，纷纷搬到别的房间去了，唯独洪亮吉还算支持下来了，每逢黄景仁诗兴大发的时候，一晚上洪亮吉数次被他弄醒，甚至还闹得通宵不寐。

8　眼高四海空无人

文人毕竟是文人，性格中难免有一些先天的缺陷，比如自视甚高，孤芳自赏等等，有时候，这种心理在个别文人的身上，表现得十分突出，便成为一种狂傲自大的毛病。文人的狂诞，也包括这类恃才狂傲的表现。

唐代著名诗人杜甫的祖父杜审言，就是一个自负才高，傲视同辈，弄得许多文人不喜欢与他来往的怪人。杜审言于高宗时举进士，做过县尉之类的小官，后来得到武则天的赏识，提拔做了著作佐郎，又迁膳部员外郎。武则天死后，他受到牵累，贬到峰州，后来又被召回做国子监主簿、修文馆值学士。杜审言年轻的时候，与李峤、崔融、苏味道同被时人称为“文章四友”，即为文典丽、辞理精密的四大才子，名著一时，是为朝廷起草文书的笔杆子。

可是，杜审言常常出言极为狂妄，有点语不惊人不罢休的意思。苏味道做天官侍郎的时候，他为苏拟判文，出来后便对人说：“味道必死”，闻者大吃一惊，忙问他今天发生了什么事情，杜审言不紧不慢地说：“他见了我写的判文，肯定会羞死。”他曾对人夸口说：“我的文章应该让屈原、宋玉来当我的衙官（即为他当文书一类的下手）；我的书法，王羲之见了也应该对我恭敬有礼。”也许他的才能确实有过人之处，但是，这样不加约束地口出狂言，文人中却是不多见，而且极易让人反感的。他自高自大的毛病可以说至死不变，病危临终前，宋之问、武平一等人来探视他，问起他的病情，他答道：“这造化小儿弄得我好苦啊！不过，我在世的话，就把你们几位都给压住了。这样看来，等我一死，当然也可让诸位感到宽慰啦。遗憾的是，像我这样真正有才能的人不会再有了。”

当然，敢于口出大言，只要有真本事，拿出来震慑众人，那就不仅不会有人取笑，也许就会一举成名了。这时候的“狂妄”二字，便有了褒义的成分在里头。唐代的才子皇甫湜就是这样一个敢于狂放的文人。皇甫湜曾经在裴度手下当幕僚，裴度在洛阳修福先寺的时候，打算给在长安秘书监的白居易写一封信，请他为即将修葺好的福先寺撰写一篇碑文。说起这事的时候，皇甫湜正好在座，他闻声而勃然大怒，对裴度说道："我坐在您的面前，您倒是看不见，反而要去求远在京都的白居易来写文章。看来，肯定是我得罪过您大人了。别的不说，我的文章和白居易的文章相比，一个是瑶琴宝瑟奏出来的雅乐，一个不过是桑间濮上的通俗小曲啊，这个区别您难道还看不出来吗！既然如此，我要向您告辞了。说句老实话，哪个王侯显贵的大门我走不进去呢！"

座中宾客听了这番话，无不大吃一惊。裴度倒很有雅量，听了这番大言，只是用非常婉转的语言表示了自己的歉意。他说："先生误会了。我起先不敢劳驾你，是恐怕被你这样的大手笔拒绝啊。请你来撰写碑文，就是我本来的愿望，原先只是不敢想而已。"皇甫湜听了这些话，怒气才算平息了下来，结果，他提了一斗酒回家了。回到家里，他先一口气喝掉了半斗酒，酣睡了半晌，便起来乘着醉意落笔写碑文，洋洋洒洒，一挥而就。第二天，他就把文稿誊清了交给裴度。裴度拿起皇甫湜写的碑文，只见文字古奥，词义晦涩，琢磨了半天，有些地方还不能理解。裴度不禁叹息道："这样深奥的文章，简直就是汉朝木华的《海赋》和郭景纯的《江赋》一类的美文啊！"

为了表示酬谢，裴度特意送给皇甫湜宝车名马，以及价值千余缗钱的器物。没想到皇甫湜又拿起架子来，他说："我的文章，可不是一般的文字啊，除了曾为顾况的文集作过序之外，我轻易是不为别人动笔的。今天为您撰写这篇碑文，是因为受了先生的厚恩的缘故。但是，全篇约三千来个字，每个字三匹绢，半个钱也不能少。"

裴度的气度的确不一般，听了他的这番话，只是笑着说了一句：“真是罕见的天才啊！”立刻命令手下的人按照皇甫湜说的标准给他酬金。

皇甫湜的狂傲，幸而有裴度为他创造了一个施展的机会，裴度还有赏识他的气度，所以，还说得上是恃才狂放，不失名士风流。有的狂士，在历史上默默无名，则只有在前人留下的笔记中让我们一睹其人的“风采”了。

清人王应奎的《柳南随笔》里，记述了一个名叫许俊的“狂士”举止。许俊的才学颇高，记忆力也非常好，他喜欢读书，热衷功名，虽然考运不佳，落魄不得志，但是，自信心很强，常常大话连篇，在旁人看起来，自我感觉极好，所以被人称作“狂士”。许俊到南京参加省试的时候，曾给家里人写了一封信，内容非常有趣。他告诉家人说：“我一到了南京，饭量就大增，早餐三大碗饭，中午又是三大碗饭，到了吃晚饭的时候，我照样还能吃他三大碗，这么好的胃口，精神怎么会不充沛呢？如此充沛的精神，文章怎么会写不好呢？写出这么好的文章，怎么会考不取呢?!家里那简陋的篱笆墙快点给我拔掉，再给我把墙门漆成黑色的。士刚、士柔这两个孩子，就准备好做公子哥儿吧”。

许俊的想象力也够丰富的，他从自己的吃饭联想到了考试，又联想到了考中之后的种种情景，居然连拆掉篱笆、油漆门户，以便到时候让报喜的人畅通，以及如何显示绅士气派之类的细节都考虑好了，唯独没有想到失败的可能性。许俊的考运大约依然不济，这封信的内容，便成为一则笑话流传下来。不过，从这个故事，我们也可以感受到，在明清时代，由科举的途径取得功名富贵，在士子心目中有着何等强烈的诱惑力，无怪乎《儒林外史》中的范进，在骤然获知自己中举的消息后，会作出近乎癫狂的强烈反应呢。

九 文人的秽行

据说，清代的乾隆皇帝在一次江南之行的时候，驻跸镇江，登上了屹立在长江中的焦山。望着南来北往的船只，星星点点，缀满了辽阔的大江水面，乾隆忽然提出了一个奇怪的问题："你们能说出江面上有多少只船么？"左右大臣皆面面相觑，不知如何回答，唯有大学士纪昀微微一笑，迅即答道："两只"。乾隆瞟了纪昀一眼，嘴角露出了一丝笑容。

纪昀确实揣摩到了乾隆发问的用意，他的回答方式也颇含禅宗的机锋。所谓两只"船"，实际上，只具有抽象的概念上的意义，一只指的是名，一只指的是利。然而，古往今来，江上往来人，出没风波里，非求学考试希图博取功名的文人学士，即贩货浮水而追求厚利的商贾，熙熙攘攘的人流，舍此又有何为？名和利的追求，倘若求之有道，不失为人生建功扬名的一项事业，然而，舍弃了道德人格是非的标准，则其行径必定斜邪。千百年来的社会历史，正如滚滚江水，在奔腾不息的流动中，泥沙俱下。受利欲之驱使，少数文人亦不能例外，于是，儒雅的外表之下，也许有那么些不太光彩的行迹，遗留在人们的记忆之中，姑且称之为文人的秽行。

1　求名反被声名误

在古代文人的思想观念里，富贵固然是价值评判的一个重要标准，但追求青史留名似乎有着更重要的意义。司马迁曾经说过“古者富贵而名磨灭不可胜记，唯倜傥非常之人称焉”，文天祥“留取丹心照汗青”的名言更是脍炙人口。在很多情况下，文人们的努力，似乎就是要在社会和历史上留下自己的痕迹。

西汉社会的前期，经过一段时间的休养生息，经济生活得到了很大程度的恢复，逐渐呈现出繁荣的景象，统治者也开始比较注重文化事业的发展。从汉武帝起，连续几次向全国颁发征求书籍的诏令，凡是将自己收藏的珍贵书籍上交给国家的人，都能得到奖赏，贡献大的，还可以封官晋爵。这样一来，相当于国家图书馆的秘书监果然得到许多散轶多年的书籍。可是，有一部非常重要的儒家经典《尚书》，却一直没能得到可靠的全本。于是，在汉成帝的时候，特意再下诏书，征求古文《尚书》。

此时，在山东东莱，有一个名叫张霸的人，他希望能够通过献书得到封赏，更能够藉以留名后世。他费了一番工夫，先将流传的29篇古文《尚书》析成数十篇，又把《左传》的相关文字和原来的《书叙》作为全书的首尾，这样，便凭空编造出了一部102篇的《尚书》。他还编造了一个故事，说这部《尚书》是从他的父亲那里得来的，父亲有一个弟子叫樊并，后来因为樊并谋反，这部书便留了下来。但是，这部百二篇的古文《尚书》送到长安后，经过学者的研究，立即被发现是一部破绽百出的伪书，不但其将一篇拆为数篇的手法极其拙劣，自己凭空增添的内容又是文意浅陋，经过鉴定，张霸献伪书的事被揭穿了。照理说，这种事情如果按欺君之罪来论定的话，必是死罪无疑，幸好汉成帝觉得张霸还算有点才，再说这件事情的实际危害也不大，大约也有鼓励大家献书的意思吧，最后，赦免了他的罪行，还允许将这部百二篇的所谓古文《尚书》保留了下来。张霸虽然没有丢掉脑袋，但在保住性命的同时，也在历史上留下了一个撰伪书的秽名。

编写伪书，自古至今一直是个层出不穷的现象。即以《尚书》为例，其真伪之辨几乎一直是个疑案。从宋代起，就有人开始怀疑，一直到了清代乾嘉时期，著名的考据大师阎若璩才作出了充分的证据，证明被奉若神明的儒家经典《尚书》，内容竟然是靠不住的。

即便书的可信度没有疑问，然由于古书流传既久，辗转传抄过程中，难免出现讹误，而时隔久远，文字字义上的变化，又给后人在阅读上造成了一定的困难。所以，给古书作笺注，就成了历代学者的一项重要工作。对于一部有价值的古书，这种劳动当然很有意义，同时，从事这项工作的人们也能借以留下自己的名声。不过，正是由于如此，在注书的劳动成果中，也就出现了真伪的争论。在注书的真伪之辨中，最有名的悬案之一，就是《庄子》注文的版权之争了。由于《庄子》里面所表达的那种旷达、飘逸的思想，非常适宜魏晋、南朝时期文人士大夫的胃口，一时间，注家蜂起，流传的竟有数十家之多。多了就难免庞杂，说起来，几乎没有一家探究到《庄子》一书的主旨，唯有向秀例外。向秀的注释，超越了各家的水平，阐发出了大家未曾发明的奇妙意旨，大大推动了当时谈玄的风气。唯一遗憾的是，其中《秋水》和《至乐》两篇未及注完，向秀就去世了。向秀死的时候，他的孩子还很幼小，没有继承他的学说，渐渐地他的学术也就被湮没了。

郭向是和向秀同一个时代的人，他是个才气很高的年轻人，但是品行却不太好。郭向看到向秀对《庄子》的见解极有见地，却不太为人所知，就设法从向秀家里搞到了他注解《庄子》的副本，将《秋水》和《至乐》两篇注解完成后，又对《马蹄》一篇的注解作了修改，其余部分只在个别文字的表达上略加润饰，居然就作为自己的成果公之于世。一时间，人们只知道郭向注的《庄子》意旨精妙深远，纷纷传抄，逐渐流布开来。直到后来，向秀家里注解《庄子》的稿本重新被人发现，又流传了开来，人们才知道，郭向原来是剽窃向秀的学术成果。所以，从阐发的义理来看，我们今天看到的向、郭两家注本，大致是相似的。这两家注本虽然并存于世，不过，郭向却是以剽窃的耻名存在于人们的心目中的。

依靠一部可以藏之名山的著作，博得流芳百世的名声，假如又有"搭顺车"的机会的话，实在是一件诱惑人的美事。但是，假的就是假的，一旦西洋镜被戳穿，不但斯文扫地，恐怕姓名就一辈子被钉在耻辱柱上了。说是这么说，在这条道上接踵而行者，古往今来，依旧是川流不息。姑且还是举一个古代文人的例子。

在流传至今的正史，即二十四史中，除了《史记》、《汉书》、《后汉书》和《三国志》外，大约《明史》算得上是编修比较精善的一种了。假如我们只是粗粗地翻看一下书序，只知道这部数百卷的官修史书是在乾隆年间由大学士张廷玉领衔，组织了史馆的编修班子，在王鸿绪的《明史稿》基础上增删而成的。其实，所谓王鸿绪的书稿是子虚乌有的。当初，清廷组织明史馆的时候，名义上王是几位总裁之一，实际上的稿子多出于特意从江南聘请到北京来的著名史学家万斯同之手。万斯同撰史的态度极其严谨，而且，在京十来年时间，虽常与达官贵人来往，在取材、笔法上，却丝毫不肯屈从人意。所以，一般来说，廿四史中，除去前四史是出自个人之手，因而受人另眼相看之外，官修史因不免受到种种条件的限制，给人们的印象都不太好，唯独《明史》却是一个例外，原因就是因为它墓本上是在万斯同积十几年的独家功力才完成的五百卷《明史稿》的基础上编撰的。

万斯同在完成《明史稿》的工作以后不久，便在北京去世了。去世的时候，身边也没有亲属，他所收藏的数十万卷书被别人瓜分了，王鸿绪则弄到了这部书稿。最可恨的是，他得了这部书稿后，特意雇人另抄了一部，不但在每一卷上都题上了“王鸿绪著”的字样，而且，连抄写用的稿纸都是特意印制的，版心印有“横云山人集”几个字，因为王鸿绪的别号就是“横云山人”。他这样做，自以为天衣无缝，便拿着这部稿子去进呈，果然也一时得计了。

但是，天下毕竟有知道内情的人，和他同时代的另一位史学家钱大昕便指出，《明史》所据王氏《明史稿》而增删，而所谓王氏《明史稿》，其实大部分出自万斯同之手。不久，人们便知道王鸿绪公然偷了万斯同《明史稿》的丑行。随着《明史》传世，王鸿绪当然也在历史上留下了自己的大名，不过，却是一个秽名。

2　以文挟人秉史笔

在古人看来，史官由于掌握了一支秉笔直书的史笔，虽然远没有生杀予夺的大权那般厉害，却直接关联到一个人身后的名声，因而具有精神上的震慑作用。所以，孔子编撰了《春秋》后，据说连乱臣贼子都感到几分惧怕。其实，细想起来，这种说法也未必足信，对于只顾生前及时行乐，哪怕身后遭到万世骂名的极端现实主义者来讲，只要能满足眼前享乐的欲望，一部《春秋》之类的书籍，岂能够约束他的胡作非为。

话又说回来了，大多数人，尤其那些与文字关联较多的文人，也许是对文字的痕迹感情较深的关系，还是十分看重史官们如何在史书上记载自己的形象。那么，问题就来了，秉持着这么一支责任重大、意义非凡的如椽之笔，史官们个个都能像《春秋》上所说的董狐那样公正无私吗？史才不等于史德，古往今来的史官中，即便是为后人留下了如《三国志》这样传世之作的陈寿，都因为自己行为上的不够检点，在后人看起来感到未免遗憾。

据《晋书·陈寿传》记载，陈寿年纪很轻时就非常刻苦努力地学习，他曾经师从著名的史学家谯周，很得老师的器重。三国鼎立之时，他在蜀国任观阁令史，不愿意屈从当时专弄威权的宦官黄皓，所以，一直受到压抑。蜀平后，晋朝的司空张华发现了陈寿的才学，在他编撰了《蜀相诸葛亮集》以后，授官著作郎，陈寿接着又编撰了《三国志》，共65篇。《三国志》成书后，陈寿善于叙事的良史之才，几乎得到了世人的一致肯定，据说当时有个叫夏侯湛的史学家正在编修《魏书》，见了《三国志》，便叹了口气，将自己的稿子废弃了。张华甚至对陈寿许诺，将来把为晋朝修史的工作也交给他。

但是，据一些人说，陈寿史才虽好，可在有些事情上做得并不光彩。原先魏国的丁仪、丁廙是当时非常著名的人士，可是《三国志》的《魏志》里却不见二丁的传记。什么缘故呢？据说陈寿在撰《魏志》的时候，曾经到丁仪的儿子家里去借一批米，还表示自己正在修史，如果借米给我的话，本人一定把你们家老太爷的传记写得很漂亮云云。不知是这番话丁家觉得不中听呢，还是丁公子很有几分豪士气概，反正米没有借到，丁仪和丁廙也未得立传。陈寿是蜀人，按理说对蜀国的情况了解最详细，可是，恰恰对蜀国的一些主要人物，人们觉得他的评价颇多有失公允之处。街亭失守之后，诸葛亮挥泪斩马谡，陈寿的父亲也因受到牵累而被处罚。所以，在《蜀志》里，陈寿对诸葛亮作的评价认为，指挥作战并不是他的特长，而且诸葛亮还缺少应敌之才。这显然与事实太不相合了。诸葛亮的儿子诸葛瞻一向看不起陈寿，两人关系不和。后来，诸葛瞻任都护卫将军，魏国的邓艾从阴平进攻成都的时候，曾经派人与他联络，企图买通他暗中接应。诸葛瞻怒斩来使，最后，在绵竹率军作战，不幸阵亡。陈寿却说他并无什么本事，名过于实，只是书法还不错。尽管陈寿的史才很不错，人们却对他借修史的机会来报私怨的做法非常鄙视。

不过，和北齐的魏收比起来，陈寿则只是小巫见大巫了。魏收很年轻的时候，就以文才著称，在北魏时担任太学博士，起草文书往往下笔立就，连草稿都不用拟。他才思敏捷，文辞清丽，与温子升、邢劭三人一起，被誉为当时的三大才子。后来到了北齐，更加得到重用，凡是诏书册命之类，几乎全都出自他的手笔，被授为中书令兼著作佐郎。魏收虽然文才很好，品行却很成问题，举止轻薄，喜欢女色，他的部下新买了婢女，他几乎都要搞上一手，史书上描写他“遍行奸秽”。因此，得了一个“魏收惊蛱蝶”的外号。

魏收以他的文才，不过才26岁，就担任了典起居注并修国史的重要职位。但是，他的品行实在太差，公然假公济私，凡是和他旧日有怨的人，他一律采用将其优点和长处简化甚至略去不彰的做法。魏收甚至还恬不知耻地公开宣称："哪个小子敢和我魏收较劲儿！凭我的一支笔，我想要抬举谁，就能把他捧到天上去；我想要贬斥谁，就能把他踩到地底下。"魏收这么说，也是这么做的。他在仕途上的进展，曾经得到过阳休的帮助，于是，他便对阳休说："我没有什么其他的东西可以报答你，就让我为你们家撰写一篇文字漂亮的传记吧。"阳休的父亲阳固，北魏时任平北太守，贪赃枉法，劣迹斑斑，后因遭到李平的弹劾被免官。可是，在魏收的笔下，阳固担任平北太守时，"甚有惠政"，甚至还捏造说，李平非常器重阳固的勇敢，军务方面的大事，都要与他商量。由此看来，即便魏收的文字再漂亮，这种行为，真是下作到极点。他大概以为，凭他一支笔来做舆论的导向，就能为所欲为地给历史这个"小女孩"来梳妆打扮，岂料到自己过人的文才，都被无耻的行径掩盖住了。后来的人们，只知道历史上有个无耻文人叫魏收，就连他编撰的《魏史》，也被看作是一部秽史。

3　官高鼻息干虹霓

文人因为有自己追求的精神境界，心气高傲本无足非议，但是，倘若因为自己境遇的变化，而对旧日朋友的态度也变得前恭而后倨，用现代人的话来说，人一阔，脸就变，这在尤其看重自尊心的文人来讲，是十分不齿和鄙夷的。唐代元和年间的进士李绅，身材短小精悍，时号"短李"，年轻时就很有诗名，却恰恰就是这么个习性，所以，在文人的圈子里，名声自然也就不大好听了。

据唐代的一部笔记《云溪友议》记载，评事李元将曾一度居住在江都。当时，李绅尚未取得功名，常在江湖上奔波，南来北往，经过扬州的时候，就住在李元将的家里。两人算起来还是本家，李绅的年齿稍幼，见面总是客气地称李元将为宗叔。后来，李绅中举以后，官运亨通，没几年便荣华富贵起来。有一次，李元将去拜访李绅，见了面，李元将很知趣，先是以弟自称，后来又以侄辈自称，不料李绅的面部表情始终不悦，直到李元将谦卑地自称是李绅的孙辈，李绅的面色才一点点地开朗起来，待客的举止也稍稍讲究一点礼节了。

还有一个姓崔的巡官，与李绅是同科进士，按照科场上的说法叫作“同年”。在封建时代，官官相护，讲究官场上的彼此提携，同年的关系应该说是非常密切的了。李绅发迹以后，在开封做地方官，这崔巡官特意赶到开封去拜访他。到了开封的当天，便找个旅馆住了下来。不知为了什么小事，他的随行仆人和一个本地人发生争执，吵了起来，结果，两人都被送到了官府。李绅问起当事者是何许人，那个仆人便报了自己是宣州馆驿崔巡官的下人，心想凭着这么个关系，总不致会吃亏吧。没想到李绅一听，居然把这位与自己同年的崔巡官也一起抓来了。

李绅把崔巡官的仆人以及与他争执的那个本地人都判了重刑，又大声呵斥崔某道：“你既然与我旧曾相识，为何到了此地，不先来拜访我？”崔巡官此时已经吓得面无人色，叩头谢罪道：“我是特意来拜访您的，可是，我们到了开封，天色已经不早了，您的身分这么尊贵，岂敢在夜间打扰。请您可怜可怜我，就让我捡一条命回家吧。”李绅把崔巡官押解进监牢，施行了一顿鞭刑，后来，还派人把他当作犯人押解出境，一直过了金陵，才放了他。崔巡官吃的这场苦头，真叫做飞来横祸，满腹的委屈和辛酸，只好暗暗抽泣，竟不敢哭出声来。

知道李绅这些行径的人们无不为之叹息。大家都说:“李公的宗叔会变作孙子,老朋友忽然成了流放的囚犯。”言下之意,人一发迹,就翻脸不认人了。

4　文人亦为文稿累

在唐代,如果能够通过进士科的考试,取得功名,由此而步入仕途,对一个文人来说,人生的事业基本上可以说是成功了。而唐代的科举考试主要是以诗赋为重,试策和帖经并不十分为人们看重。在唐代,科举考试尚未实行糊名制度,有哪些人参加考试,哪份卷子是谁的,主考官事先都能了解到,所以,在参加考试之前,如果将自己的旧作呈送给某些有地位而影响又比较大的名人,留个好印象,能得到他们的推荐,就非常重要了,这就是唐代文人在考试之前的行卷之风。了解了这个背景,我们就能理解为什么文人那么重视自己的文稿,因为这不仅仅能显露自己的才能,而且于人生前途也有着十分密切的关联。不过,也正是这个原因,一些品行不太好,才气又不高,又急切地想通过考试一举成名者,就想方设法去搞一些他人的佳作,假冒为自己的作品,说得白一点,就是偷文稿了。

唐代元和年间的进士李播,便亲身经历过这么一件叫他哭笑不得的事情。李播在蕲州做刺史的时候,有一个姓李的书生前来拜谒他,目的是想请李播在他参加进士考试的时候,利用关系向考官推荐一下自己。李播打开他带来的诗卷一看,竟然是自己旧日文稿的手抄本,不由大吃一惊,便问他这些旧稿,是从什么地方搞来的。李生倒也老实,说是自己二十年前在京都的一家书铺里买来的，已经随身带着在江淮一带转了好多年了。他还说："没想到今天竟然这么巧，遇上了大作的真正主人，真是我的荣幸。您反正现在也不在乎这些了，就请让我冒用一次您的著作权，暂且算我的文稿得了。"

李播见来人也是一副可怜相，就同意了他的请求。又聊了一会，李播便问他接下来还上哪儿去。李生答道，到江陵投靠表亲卢尚书去。李播一听，更加吃惊了，他问李生："卢尚书可是我的表亲啊，怎么也成了你的亲戚了呢？"听了这话，李生窘极了，脸皮一厚，再次恳求李播说："阁下刚才已经慷慨地把自己的文稿赐给我了，这回索性将卢尚书这个表亲关系也一起借给我吧。"

《唐诗纪事》还记了一件更有趣的事情。杨衡是一个做诗十分下工夫的年轻诗人，无论是在声韵上，还是在用典方面，都不愿意受别人的影响，所以，他的作品，给人一种清新不俗的感觉。他一度隐居在庐山，而他的一些构思新颖奇特的作品，则不胫而走，流传很广，据说还有人盗用了他的诗句，得以考试中举。

杨衡后来也离开了庐山，到长安应试，一举而及第，正好窃用了他诗句的那位仁兄也是这一科，可谓"人赃俱获"。杨衡见了那人，不由大怒，斥责他为什么做这种不光彩的事情。不料，对方是个油滑之辈，一味嬉皮笑脸地说好话。杨衡又问道："我有一句'一一鹤声飞上天'的诗句，你偷用了没有？"那人急忙一本正经地回答说："我知道老兄最珍惜这句了，不敢偷，不敢偷。"这句话说得杨衡大为高兴，本来绷着的脸放松了，扑哧一声笑了出来，说道："那还差不多。"便也没有再追究下去。

盗用别人的文稿，虽然是不光彩的事情，总还算肯定了文人的劳动成果。对后人来说，不管是用谁的名义，作品还是得以流传下来了。不幸的是，有些时候，个别文人心理狭隘阴暗，竟然会以毁灭他人文稿的手法，来满足自己的报复心理，这就是非常卑劣而可鄙的行为了。

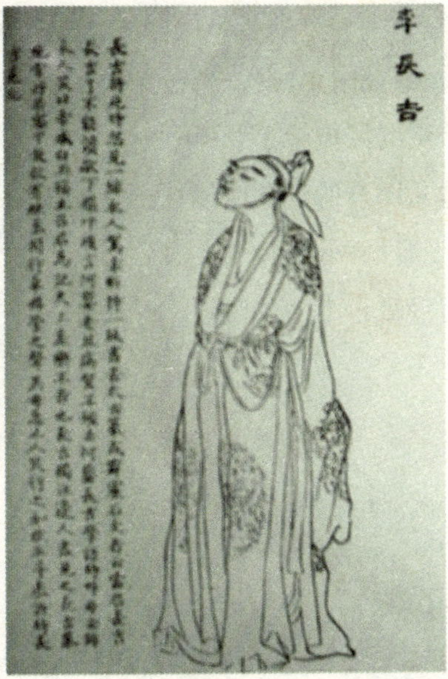

◎李贺

李贺是唐朝中期一位极富才华的诗人。算起来，他也是唐宗室后裔，然早已家道中落，而且又体弱多病，后来，居然还被一些人以其父亲名“晋肃”为由，说他不应赴进士试。之后，李贺在28岁之时，便郁郁而死了。他平时作诗时，与众不同，常背着锦囊，骑着驴子，一有作诗的材料，或脑海中瞬间闪过的佳语，立刻记在小纸片上，投入锦囊。晚上回到家里，将锦囊里的小纸片取出，一一加以整理。所以，他的母亲总是说：“这孩子作诗，简直是把心都呕出来了。”

李贺死的时候很年轻，生前也从来没有好好整理过自己的作品，而喜欢他诗作的人很多，侍郎李播就是其中之一。李侍郎收集了不少李贺的诗，打算将来编成一部集子。一个偶然的机会，他认识了李贺的一个表兄，而且是和李贺小时候一起同窗读过书的，李侍郎便请他帮忙收集一些散轶在外的诗篇。他满口应允，而且还主动建议说：“表弟的许多诗我都很熟悉，有些诗我记得他曾经修改过好多次，你不妨把已经收集到的诗都让我看一遍，以便改正其中的错误。”李侍郎听了非常高兴，就把辛苦收集到的诗篇全部交给了李贺的表兄。

时间很快过去了，李播却一直没见到那位表兄的踪影。差不多过去一年了，李播派人把他招来，问他诗集的补辑工作是否已经做完。万万没想到他竟然说:“我与表弟李贺确实从小同窗,但是,因为他从小就恃才傲慢,不把我放在眼里。我一直想报复他,可是苦于没有机会。上次你把李贺的诗稿给了我,正好是个机会,我已经把你给我的,连同我这儿旧有的李贺诗作,通统丢到粪池里去了。”李播听了他这番无耻的言语,又气又恨,只得喝令他滚出去。据说,李贺的作品后世流传不多,就是这个缘故。

5 文章助虐实可恶

文人以文笔起家,安身立命用的是笔,青史留名的也是一支笔。然而纵观古往今来的历史,又有多多少少的文人,抵挡不住种种诱惑,亏节自损,以自己的秽行,助纣为虐,为虎作伥,令后人读到他们的斑斑劣迹的时候,油然而生鄙夷之心。令人感慨万千的是,遍观每个朝代,文人的这种卖身投靠的现象,似乎都是一道不可缺少的风景线。

西汉末年,王莽的女儿被汉平帝聘为皇后。由于当时王莽已经拥有极大的权势,炙手可热,因而举国上下颂声大作,朝臣中间,就像在举办一场以阿谀奉承为主题的征文大奖赛。陈崇本来不是擅长写文章的人,然而,在这么个关键时刻,忠心不忠心,就要看行动了。于是,陈崇找到他的好朋友张竦,请他代笔,争取有个出人头地的表演。

说到张竦,应该说是名门之后了,他的祖父就是著名的宰相张敞,他本人确实是写文章、尤其是写奏章的好手。这回代陈崇捉刀,写的是称颂王莽的奏章,可说是空前的广征博引,用了大量的华丽辞藻，颂扬他的功德。什么“折节行仁，克己履礼，拂世矫俗，确然特立”，又说他“恶衣恶食，陋车驽马”，“清净乐道，温良下士，惠于旧故，笃于师友”，从国家大政到个人品行，包括家庭内部的和谐，到师友之间的笃爱，人世间的一切美德懿行，都集中体现在王莽的身上了。把王莽吹捧成空前绝后的圣人，任何封赏都不足当其功德于万一，甚至请元后（也就是王莽的女儿）仿成王封周公的故事，再对他加封行赏。这样一封超级奏章奏上，其他的奏章都黯然失色，奏主陈崇洋洋得意，乘机得以邀宠。

文人品行之等而下之者，除了像张竦这样运用自己的文思，来替朋友，同时也是替自己的政治前程进行铺垫外，还有一种类型的文人，他们长于舞文弄墨，确实也不乏才气，但是毫无社会责任心，也缺少政治见解，最后，心甘情愿地成了那些醉生梦死的昏庸君主的殉葬品。南朝陈后主是历史上著名的荒淫皇帝，围绕在他身边的那些文人，便是以制词作曲见长，特别擅长写作“艳诗”的几名才子，其中，最有名的是江总和孔范二人，他们既是写那些宫体诗的能手，也算是陈后主手下的重臣。

“宫体诗”起于南朝的萧梁，其特点便是特别讲究字面的华丽，以及声律的和谐工整。其笔触纤丽细巧，内容多描写女性的容颜体貌，和所谓男欢女爱的风流韵事，趣味十分低下，充满了淫邪的色彩，所以，在文学史上，并没有什么特别的地位。江总和孔范都是很有文才的人，一个以“笃学有辞采”著名，一个以“文章赡丽，又善五言”见称，但是，情趣如此低下，也只得算是无赖文人了。但他俩正好遇上这么个既好色喜淫，又留意文艺的陈后主，真是躬逢其盛，很快都成了擅写枕上绸缪、被中恩爱的宫体诗高手。

陈后主即位时，陈朝的江山已经岌岌可危，然而，他对此却毫不在意,自以为有着长江天堑这么一道屏障,全然不把一江之隔的隋军放在心上,而把精力依然投放在吃喝玩乐之中,酒色诗赋便是他每天生活的主要内容。江总的地位相当于宰相,他不去料理政务,却一门心思地投入到他的“文学创作活动”中去,成天只是在琢磨着如何写出字面更加新奇,内容更加冶荡艳丽的诗赋,用来取悦皇帝。其时,他已经是年届花甲的老人了,为了增加这方面的生活积累,获取撰写这类艳诗的灵感,江总老当益壮,居然每天抖擞起精神,出入宫廷,陪伴陈后主及其身边的后宫嫔妃,混杂于孔范、陈暄等后生辈中,成为“天子狎客”中的一员老将。君臣相伴,歌舞不绝,酣饮而通宵达旦是习以为常的事。江总这把年纪,为了邀宠,真是把命都豁上了。

6　虚伪人生陶学士

公元960年,正值新春佳节,当时还是后周首都的汴京城里,关于北汉和契丹正在联合南下进犯的传说搞得全城人心惶惶。在紧张的气氛中,年仅六岁的周恭帝与摄政的太后命殿前都点检赵匡胤率军北上迎敌。不料,大军出征不远,就在陈桥驿发生了所谓“黄袍加身”的兵变,赵匡胤被拥立为皇帝。浩浩荡荡的军队旋即返回汴京,在后周朝臣的一片混乱中,赵匡胤倚恃着身边的一大群武将,准备举行一个禅代仪式,取后周而代之。有意思的是,当人们发现还缺少一篇公布天下的文告时,站在后周旧臣中间的陶谷却居然喊了一声:“我这儿已经准备好了。”说着,他从袖中掏出了现成的禅代诏书,遂派上了大用场。不过,赵匡胤却反而因此鄙夷陶谷的为人。

陶谷后来在入宋以后，依旧保持了原来的职位，任翰林承旨这样一个清要的官。他的大部分经历，是在五代的后晋、后汉和后周度过的。据史书上说，他强记嗜学，博通经史，而且还广泛涉及诸子百家乃至佛老典籍，是一个文才很好，而且知识非常渊博的学者。他还喜欢收藏名人字画，自己的书法造诣也很高，与人交谈的时候，常常口若悬河，非常雄辩，而且谈吐十分风雅。应该说，像陶谷这样有学问而又十分有教养的人，是一种传统的理想文人形象，为什么人们那么鄙视他呢？原因就在于他为人处事过于精明，总是替自己的利益打小算盘，而且凡事总要做得像是很会做人情的样子。比方说看到文才好的青年人，他总是用一些十分夸张的美言到处说他们的好话；而与他地位差不多的人，如果声誉很高，口碑甚好的话，他就往往用一些很巧妙的话语，不露痕迹地散布对他们不利的言论。他这样做，无非是感到后者如果声望高过自己，无疑会造成对本人的威胁，而对年轻一辈多栽花、少栽刺的话，既不至于影响到自己的前程，无形中也是一种投资，将来会得到加倍的回报。由此可见他的精明。

但是，精明不等于高明，陶谷在几次代表朝廷出使的时候，无意之中显露了自己本来的面目，不但得了一个虚伪贪婪的名声，最终也失去了宋太祖对他的信任，变成文人中间行径虚伪、声名狼藉的典型。

有一次，陶谷出使到吴越，吴越王钱镠摆开场面十分豪华的酒宴来招待他，席间行令罚酒用的一套小金钟，制作得极为精致可爱，给陶谷留下了很深的印象。没过几天，陶谷生病了，躺在驿馆里休息，出于礼节，吴越王派人来探视，还问起他如有什么需要，他们可以做到的话，就一定满足他。陶谷虽在病中，却念念不忘前几天见过的那套小金钟，居然把这作为要求提出来了。于是,吴越王钱镠便满足了他的请求,将小金钟送了十副给他。陶谷得到心爱之物,极其高兴,甚至连自己的身分都忘记了,在写诗回谢的时候,竟然用了“乞与金钟病眼明”这样低三下四、有辱人格,更是有辱国格的诗句。后来,他的使命完成了,大概自己想想那首诗的措辞有点不妥,在临离开吴越国之前,又鼓起底气,在驿馆里写了一首气势颇壮的诗,想掩饰一下前一次的失态和无耻表现,诗里说道:“井蛙休恃重溟险,泽马曾来九曲滨。”无非是想用中原大国的口气,抖一抖威风,还想让人广为传诵呢。殊不知吴越国的君臣,谁还不知道陶谷的卑污人品。

这跟他在南唐的一次出使经历比起来,还算好的。因为就是那次出使南唐,中了别人设下的圈套,羞得他当时真恨不得地上有个缝可以钻下去,回来之后,又受到了处罚,真是里外丢人。

陶谷出使南唐,依仗着自己的才学,多半也是觉得李煜的南唐小朝廷不过是在仰承宋朝的鼻息,苟延残喘罢了,所以态度非常傲慢,摆出一副欺凌和蔑视的表情,让接待他的人左也不是,右也不是,非常为难。直到后来,李煜手下有一个极会动脑子的人,想出了一个计策,捉弄了陶谷一次,方才挫了他的傲气。

南唐的大臣们特意选了一个长得十分漂亮动人的妓女,假扮作驿馆里一个驿卒的寡妇之女,穿着粗布衣裙,头戴荆钗,天天在陶谷住的驿馆里打扫院子,惹人怜爱。陶谷本来就是个伪君子,面前忽然出现了这么一个可爱的女孩,岂有不动心的道理?两三天下来,便与她熟悉起来,一了解她的身世,又是如此不幸,似乎占点便宜也没问题,时间一长,就对这个女孩下了手,不但发生了关系,兴致上来了,居然还填了一首词送给她。

他自以为风雅，实在是拿肉麻当有趣。

然而，过了几天，这个扫院子的女孩忽然不再出现了。正当陶谷还在惦念她的时候，一天，国主设宴招待陶谷，只见在诸多陪酒的歌舞妓女簇拥下，这个所谓的"驿卒寡妻之女"，浓妆艳抹、衣着华丽地出现在酒宴上，大大方方地站在陶谷面前，唱起了前些日子陶谷送给她的"邮亭一夜眠"的小曲(邮亭即驿馆的意思)。陶谷看到南唐君臣一个个笑眯眯地望着他的样子，知道中了圈套，羞愧万分，脸都不敢抬起来，一个劲地闷头喝酒，一会儿便大醉了。酒醒以后，陶谷对南唐的君臣，再也不敢傲慢无礼了。这件丑闻却仍然传了开来，回朝以后，陶谷因此也受到了严厉的处罚。

后来，陶谷还托人在宋太祖面前活动，认为自己文才很好，一直是在翰林院起草文告的笔杆子，希望还能得到大用。太祖本来就鄙薄他的人品，见他自我感觉还那么好，便笑着说道："起草制文又有什么学问可言，不过是照着前人的样子，换几个词语，依样画画葫芦罢了。"陶谷心中颇生怨气，写了一首发牢骚的诗，其中，就自我解嘲地说道："堪笑翰林陶学士，年年依样画葫芦。"此诗被太祖知道了，对他更加没有好感，加上他在文人中的名声那么不好，就再也没有起用过他。

7　文人无德遭诟病

如果按照古人在儒家的经典《毛诗传序》上的说法，"文人"一词的释义是"文德之人也"，意思是有着美好德行的人。当然，自魏晋时期开始，文人一词有了比较固定的定义，具体地说是指有着一定的文化素养,在诗词书画之类被称作艺文的方面有所成就的知识分子。而古代的知识分子为了应付科举考试的需要,至少在文章诗词上都必须有那么一些基础,就像俗话说的那样,能写一手漂亮的毛笔字,吟诵几首诗,再读过几篇儒家的经典,记诵几篇范文,似乎就是文人一词在广义上的解释了。不管怎么说,“文”在意思上总归还含有行为和人品美的意思。

可是,在文人中间,偏偏就有那么一些人,从艺文方面的成就来看,称其为卓然大家,当之无愧,甚至可以说,时至今日,他在艺术上的造诣,尚鲜有人能够企及。但令人遗憾的是,在个人的品行方面,却因为一些众人不齿的举止,被人指为卑劣污秽。在同一个人身上,高雅美好和丑陋恶俗的东西,竟然奇特地结合在一起了。客观地说,两者其实是并不相碍的,从他留给我们的艺术品中,依然能给人的精神和情绪上一种极为美好的感受,但是,如果我们联想到有关他的种种丑闻传说,多多少少会在我们的审美情绪上洒上那么一点阴影。明代著名的书法家、画家董其昌,恰恰就是这么一个充满矛盾的人物。

董其昌字元宰,号思白,松江华亭人,明万历年间的进士。他因为学问极好的缘故,做到翰林编修,又当上了皇长子的讲官。可惜这位皇长子没能做成皇上,结果,董其昌在仕途上的发展也就可想而知了。后来,他出为湖广副使,又做过督湖广学政。到了天启皇帝的时候,地位又显赫起来,先是负责编修《神宗实录》,又拜官南京礼部尚书,到他告老还乡的时候,朝廷还加封太子太保。

董其昌虽然官位不可不算崇高,但是,真正使他名扬四海,而且留名后世的,是他在书画艺术上取得的成就。记载他事迹的文字几乎都称他“天才俊逸”,年纪很轻的时候就享有很高的名声。他的书法先以号为“北宋四大家”之一的米芾为宗,后来,又吸收了元代著名书法家赵孟頫的特点，中年以后，逐渐形成自己的鲜明风格，集宋元诸家之长，独探神妙，成了社会公认成就在南北各宗之上的大家，名声远播海内外。他的文人画也很有功力，他的手笔在当时即被视为绝品，而他的尺素短札，流布在社会上，即成为收藏家争购的对象。

说到董其昌的人品，也有他的特别之处。比如，在明朝中期以后的政治舞台上，宦官倚恃着皇帝的宠信，几度秉持政事，而且权势炙人，朝官很少敢得罪他们的。就像张居正这样的铁腕政治家，也曾经依靠大宦官冯保作为自己在政治上的联盟。可是，据说董其昌偏偏不肯买他们的账，凡是阉人请书，一概拒之。另外，他在仕途上不能一直保持春风得意，部分原因也是他作官时不大愿意给人面子，因而惹得一些权势之家对他很不高兴，也许，这就是他性格中属于文人的一点傲气吧。

可是，在自己的家乡，董其昌的名声却不是那么好，甚至可说是非常的糟糕。他和他的家属，乃至家人仆佣，贪婪霸道，横行乡里，几乎到了声名狼藉的地步。有一次，事情闹到后来，激化成四方乡人与他一家之间的冲突，结果演成一场“民抄董宦”的事变，这在历史上是不多见的。

事情一开始是起于一个小名叫绿英的女孩，她原是松江一名绅士陆绍芳的仆人之女，虽然尚未成年，却长得颇有几分姿色，董其昌听说以后，很感兴趣，就授意自己的儿子董祖常，乘着一个月黑之夜，带上几个家人将她抢了过来。陆绍芳得知此事后，觉得董家欺人太甚，遂遍告各地的亲戚朋友，准备用这件事来叫董其昌难堪。后来，经地方上的另外两位豪绅何三畏和吴玄水出面斡旋，事情算是勉强平息下去了。没想到一波将平，一波又起。由于董其昌平时与四方乡里结怨太多，便有仇家将这件事情写成一部小说，题名《黑白传》（因陆的肤色较黑，董氏父子较白），第一回的标题叫做《白公子夜打陆家庄，黑秀才大闹龙门里》，龙门里即董其昌宅第所在。书中对董家父子极尽讽刺挖苦之能事，文笔既辛辣又令人发噱，很快由书商刻印发行，流传很广。

董其昌得知此事后，心中大为恼怒，又无法查知是何人所为，无从下手报复。他怀疑是附近一个姓范的书生干的好事，于是几乎天天上范家去，威逼利诱，迫其承认此事是他所为。哪知没过几天，这位范生忽然得了暴病，居然就一命呜呼了。范母觉得自己的儿子是被董其昌逼死的，死得冤枉，就带上女仆，来到董宅大门口辱骂董家。董祖常见围观看热闹的路人越来越多，似乎还都带着讥讽和取笑的神色望着自己，不由大怒，便派家人把范氏主仆拖进家院，剥去他们衣服，进行辱骂和鞭打。

董家的暴行终于激怒了围观的人们。聚集在董氏宅院门口的人们开始骚动起来，大家的情绪越来越激动，最后冲开了大门，潮水般地涌进了宅院。以往，董其昌凭恃自己的地位，虽然退休在家，地方官员仍对他极为恭敬优礼，而受他欺负凌辱的四方乡邻则不得不忍气吞声。此刻，大家正好借此机会发泄一下心里的积怨，也许还有人是出于其他的目的，一片混乱之中，打的打，砸的砸，董氏父子见势不好，赶忙从后门逃之夭夭。而部分唯恐天下不乱的好事者，则干脆从灶房里点起一把火来，一座规模宏丽的大宅院，顿时烧去了大半。

十　文人之死

“纵有千年铁门限，终须一个土馒头”。南宋诗人范成大的这两句诗，道出了古代文人对人生以及死亡的一种通达的观点。死亡，是一个人生命的归宿，对于任何人来说，这都是一个既无从回避，又不得不正视的问题。虽然只有极少数的人似乎能够选择如何走向生命终端的形式，但是，千百年来，依然有一些文人，在生死之际的短暂瞬间，以各自不同的方式，表露出他们生命的光华，完成了自己人生形象的最后塑造。在今天看来，这些文人在生命终结时刻的表现，同样包含着他们对生活、社会和理想的理解，对我们来说，则是对人生的一种更加耐人寻味的解读。

1　众人皆醉我独醒

气节和忠贞，是中国文人的人格精神中最优秀和最宝贵的品质。早在春秋时期，人们对忠贞二字就作过“临患不忘国”和“图国忘死”的解释，意思是说，即便处于危难之际，仍应始终把国家和民族的利益置于首位，甚至牺牲自己的生命都在所不惜。这种观念对文人的人格塑造起了非常积极的作用，尤其在激烈的民族斗争中，以生命为代价，来实现自身理想和价值，此即所谓舍生取义、杀身成仁。几乎在每一个风云变幻的时代，都会涌现出这么一些可歌可泣的人物，令人在千百年之后，追述他们的往事，依然扼腕慨叹不已。

生活在两千多年前的楚国贵族屈原，就是一个因为报国无门，眼看国君昏庸，奸佞用事，最后愤而投水自沉的爱国知识分子的典型。说到屈原，便不得不说到楚辞，因为屈原虽然是楚国著名的政治家，却又是中国文学史上第一个伟大的诗人。他继承和发展了《诗经》的四言形式，又在楚国民歌的基础上，创造了一种句法参差错落、变化灵活的新诗歌形式，这便是楚辞。这种新的诗歌形式，辞藻华美，对偶工整，与《诗经》相比，在形式上，更便于抒发奔腾澎湃的激情，在内容上，更可以表达丰富深刻的社会内容。

从我国积极浪漫主义文学传统来看，屈原也称得上是一个奠基者。《离骚》描写了天国的漫游求爱，神巫的卜卦求问，上天下地的遨游和追求，神话、寓言、奇特非凡的艺术形象，令人目不暇接。以香草比喻具有美德之人，以臭草比喻恶德小人，其他如风云雷电、日月星辰，无不在他的手中被赋以鲜明的感情色彩，对文学创作的手法来说，又是一场革命性的发展。将屈原的《离骚》称为文学史上的伟大作品，是毫不夸张的。

可是，正当屈原对楚怀王提出改革内政、连横抗秦的时候，上官大夫为了在怀王面前争宠，竟然夺去了屈原草拟的宪令稿，又在怀王面前进谗言，此后，屈原就遭到了罢黜的命运。虽然如此，他的心中无时无刻不在关心着楚国的命运，期待着能够重新回到朝廷，为国家所用；同时，他切齿愤恨群小当道，祸国害民，《离骚》就是他借以抒发自己志向的作品。屈原被放逐以后，流徙彷徨于山川大泽之间，成天愁闷嗟叹。他在楚国先王的宗庙以及公卿的祠堂里，看到了墙上壁画中的天地山川、神灵怪兽，便将自己的各种疑问，以文字的形式书于壁上，实则借以抒发自己胸中的愤懑和愁思。

屈原的大部分作品都产生在被放逐之后。比如，当秦将白起攻克郢都之后，楚国先王的陵墓被夷为平地，人民流离失所，痛心疾首的屈原写下了《哀郢》，表达了自己对楚国政治前景的失望。相传当屈原被放逐之时，神色憔悴，在江边踯躅徘徊，披散着头发，口中不时地吟诵着自己写下的诗篇。一位相识的渔父便好意地劝他，说："即便是圣人，也应该顺应潮流，而不必拘泥刻板啊，这才能随同世道一起前进。既然是一个污浊的世界，既然众人都是如同饮醉酒般地昏昏然，何苦一个人为了自己的理想，为追求无法实现的洁净和清醒，而感受那么多的痛苦呢？"屈原回答道："刚洗罢头发和身体的人，都习惯地要将帽子和衣服上的尘土掸去，何况我们自身是如此洁净，怎能与污浊的势力同流合污呢？我宁可葬身在湘江游鱼的腹中，也不愿让自己洁净的身体，蒙上这恶俗的尘埃啊。"

◎屈原《九歌》

当屈原对楚国的前景感到彻底的失望后，便来到长沙，选择这块楚国始祖的最初封地，作为"鸟飞还故乡，狐死必首丘"的最后归宿。他决意以一死来保全自己的清白之身和高洁之怀，葬身清流，与这个污浊的世界决裂，也向世人昭明自己的忠贞爱国之心。临终之前，作了一篇《怀沙》之赋，于是，抱着石头，自沉在汨罗江中。

屈原所选择的归宿方式，不但显示了自己的忠贞之心，同时，也含有一种悲凉和凄壮的美学意义。其实，理想和现实的矛盾，像幽灵一样，始终困扰着以天下为己任的文人，因此，屈原的自沉，对后世文人的行为产生了深远的影响，人民也永远缅怀这样的人物。据说，屈原是在五月初五这一天投水身死的，而且还传说他死后成了水仙，他的精灵常常出现在湘水之滨。追慕他的楚国人民，为他立了祠堂，每年祭祀他。几千年来相沿成俗的端午食粽子、赛龙舟的习惯，就是对这位爱国诗人的最高赞美和纪念。

2　入水捉月与水解成仙

浪漫的文人不但在文学创作的思维上充满了各种奇异瑰丽的色彩，而且在他们的生活方式上，也常常表现出迥异于他人的特点，以致关于他们如何走向人生旅途的最后归宿，也流传着一个个美妙动人的传奇故事。

◎李白《静夜思》

关于李白的各种传说，几乎包括了盛唐时期文人的各种特点：鄙视一般意义上的文士生涯，喜欢仗剑壮游，怀抱经纶大志，追求为国建立奇功大业，以自己的不世之才获得君主的格外青睐，以及酣饮酒楼，醉卧不醒，醉后则文思泉涌。这一切，既是盛唐气象的结果，又是那个充满朝气和热情的时代的主要特征。

李白很年轻的时候，就对生活充满了热情的向往，其中包括了不亚于追求功名的求仙的愿望。“十五游神仙，仙游未曾歇”，当他看到自己世俗的功名仕途出现一线曙光的时候，这种求仙的热情有所减退。然而，他很快发现那只不过是一片可望而不可及的海市蜃楼，被赐金放还以后，他的神仙道教热情便更加强烈起来。他热切地期待通过修炼，有一天能够得道升天，以至于“攀条摘朱实，服药炼金丹。安得生羽毛，千春卧莲阙”。

李白浪漫主义的瑰丽诗篇，和他那求仙得道的理想，使人们对他如何离开这个世界的方式，也流传着各种美妙的传说，最普遍的一种说法是说他入水捉月而死。传说李白62岁的时候，来到了位于长江边的当涂，寄住在族叔李阳冰的家里。一个月明之夜，他在采石矶上游玩，傲然自得，依旧是原来的风采，由于带着几分醉意，他恍恍惚惚觉得天上的明月就在伸手可及的手边，于是，他伸出了双手，去捧捉那晶莹如冰盘的月亮。实际上，那是映照在江水中的明月的倒影，于是，诗人便坠入了江水，他离开了这个世界，再也没有回来。

有着“烟波钓徒”称号的唐人张志和，也是一个以李白式的浪漫形式离开人世间的著名文人。张志和16岁的时候即明经及第，后来又以策论受到唐肃宗的重视，待诏翰林，可见他的才华是引人瞩目的。但是，他极不适应官场的生活，后来，他以服丧为理由去职之后，就再也没有回到官场中来。据《唐才子传》上说，张志和喜欢过自由自在的生活，啸傲江湖，无拘无束。他在越州筑有别墅，茅茨数椽，花竹掩映，简朴而无半点俗韵，正体现了他厌倦尘世、崇尚清净自然的高雅情趣。他喜欢在溪水边钓鱼，却从来不撒鱼饵，看来，鱼并非是他的目的，钓鱼的时候，聆听着潺潺溪水，欣赏着眼前的翠竹绿树，身处青山环绕的大自然中，这才是钓鱼的真正乐趣。正是这种热爱大自然的心态，读张志和的诗仿佛是展开一卷山水画，而他在酒酣之际，合着歌舞的节拍，信手挥就的山水画，被人称作“须臾之间千变万化，蓬壶仿佛而隐见，天水微茫而昭合”，这是艺术上的一种最高的意境了。

这样一位超凡脱俗，简直是在天上和人世之间飘逸往来的人物，自然界的生命规律似乎也不能约束他。至少在他的好朋友，以著名的“颜体”书法垂名千古的颜真卿看来，张志和是以一种水解仙逝的方式离开尘世的。据《太平广记》上说，颜真卿亲眼目睹了张志和仙逝的过程。有一次，颜真卿和张志和以及其他一些朋友东游平望驿，酒酣之余，张志和乘兴为大家作水上表演。按照中国古代的传统说法，只有经过多年修炼，而且修得正道的人，才可以做到身轻如燕，具备在水面上行走的功夫。张志和在水面上铺了一张席子，独自走了上去，并且，在席子上坐了下来，酌酒自饮，谈笑自如。最神奇的是，席子居然能够忽左忽右、忽急忽缓地在水面上来回移动，还发出了如同舟行水面时的声音。不久，飞来了几只白色的仙鹤，盘旋在席子的上方，在岸边观看的颜真卿和其他的客人都惊讶得说不出话来。只见张志和在水面上笑吟吟地向大家挥手道别，随即就升空而去，再也没有回来了。

如果说入水捉月的传说，是人们在李白醉酒之后，不慎坠水而死的基础上加以演化出来的美丽故事的话，张志和的水解仙逝，则纯然是一个想象中的神话故事了。当时之所以产生这类神话，显然反映了广泛存在于古代文人思想中羽化登仙的理想。

3 顾视日影索弦琴

虽然说文人通常是以文才著称于世,但他们中间也不乏像晋代潘岳这样风姿秀美、仪态大方者。当然,这种才和貌都超越常人的文人不会很多,况且,仪容和风姿的秀美,并不足以说明内心世界的美好，像上面提到的潘岳便是一个谄媚权贵的人物。但是,在历史上,确实有一些文人,他们不但在日常举止中表现出美好的风姿仪容,而且在留给后人的作品里也展示了内心极其恬静的襟怀,甚至遭遇不测之惨祸的时候,能以一种非常潇洒的态度,来面对常人视为恐惧的死亡,这样的人当然就是凤毛麟角的了。这并非仅是一种简单的引颈就戮的形式,更绝非精神上麻木不仁的表现,因为从对待死亡的态度,追溯到其生前的生活,我们常常可以揭示出一个文人精神世界里的某些特殊品质来。

晋文帝时的著名文士嵇康,就是一个有着独特精神风采的文人。据《晋书·嵇康传》里记载,嵇康身长七尺八寸,谈吐风雅,仪表举止极有风度,而这一切,又都毫无半点做作的色彩,以致人们认为他即便穿用最普通的装饰,举手投足,都有一种天生自然的龙章凤姿,连他饮酒大醉后步履踉跄的姿势,也被时人形容为“玉山倾倒”。像魏晋时期的许多名士一样,他喜好老庄之学,博览群书,常常喜欢和朋友一起讨论养性服食的一套理论,或者弹着琴,吟诵着诗篇,借以抒发自己的襟怀。

因为与魏的宗室结婚，嵇康便与篡魏建晋的司马氏集团有了天然的隔阂。因为追求禀之自然的神仙养生理论，他的举止又常常越出了司马氏集团奉为至上的一套虚伪的名教约束。他的朋友山涛后来投靠了司马氏，得以升迁高官，遂想让嵇康出来接替自己的原来职务。嵇康得知此事后，立即写了一封信给山涛，斥责他不该拿这类无聊的事情来纠缠自己，说自己本性爱自然，不受拘束，对所谓的礼教，有不堪和不能接受的地方多处。这就是文学史上有名的《与山巨源绝交书》，文章尖锐辛辣，行文痛快淋漓，表现了嵇康公然与时政对抗的姿态。

毕竟嵇康在当时的士人中有较大的影响，司马氏集团还是希望他能和当局采取合作的态度。一个同样有声望而又十分得宠的名士钟会，曾经专程拜访他。嵇康有一个锻打铁器的业余爱好，他的住宅院子里有一棵大柳树，他常常在这棵柳树下和朋友一起打铁。钟会来看他的时候，嵇康没有对他行礼，甚至连手中的锤子也没有放下，依旧打铁不辍。钟会站在旁边看了一会，觉得很没趣，只得悻悻地走开了。此时，嵇康才开口问他："何所闻而来？何所见而去？"钟会没好气地回答说："闻所闻而来，见所见而去。"在他心里对嵇康的举动充满了怨恨。晋文帝非常信任钟会，后来，嵇康因为受好友吕安一案的牵累，被捕下狱，文帝曾经向钟会问起嵇康的人品，钟会乘机进言，对文帝说，嵇康如同卧龙，如要做到天下无忧的话，必须考虑到嵇康这一类人的存在。言下之意，还是趁现在的机会除掉为好。

于是，嵇康在洛阳将被押解东市就刑。那一天，据说有太学生三千人向当局请愿，希望能够以嵇康为师，换言之，即请求当局能够赦免对嵇康的死刑，结果没有得到允许。公开为一位文人的受刑而举行如此规模的集体行动，大概也是中国古代历史上仅有的一次了。

据史载，嵇康在受刑之前，神情依然从容不迫。他凝神看了一会自己在日光之下的身影，然后，要求在临死之前能再把他的琴取来弹奏一次。他调好弦音，弹起了《广陵散》，一曲奏罢，余音尚袅绕未绝。接着，嵇康长长地叹了一口气，用惋惜的口气说道："当年，袁采尼要跟我学这首曲子，我没有答应教他，看来，从今以后，《广陵散》只怕就成绝响了。"说罢，便站了起来，引颈受戮。

假如说嵇康临刑之前顾影自怜，以一曲《广陵散》的绝响来告别人生，是以文人的清高，最后一次显示对权贵的蔑视的话，那么，清末"戊戌变法"的六君子之一谭嗣同在变法失败的时候，决心为变法流血，表现出来的则是甘为社会的进步，不惜以牺牲自己的生命为代价，激励昏昧未醒的人们的壮烈之举。

谭嗣同字壮飞，湖南浏阳人。当慈禧太后将光绪皇帝软禁起来，变法失败的时候，他本来完全有机会逃走，可是，他却视死如归，毅然选择了牺牲生命的道路。事变发生以后，他先赶到日本使馆，与先于他到达那儿的梁启超会面，将所携带的诗文稿件数本，以及若干家书，一起托付给梁启超，明确地表示："不有行者，无以图将来；不有死者，无以酬圣主。"当时，梁启超和日本朋友苦劝他不要牺牲生命，以图将来的革命大业。再三劝告，谭嗣同依然不肯改变自己的决心，并充满豪情地说道："各国变法，无不从流血而成。今中国未闻有因变法而流血者，此国之所以不昌也。有之，请自嗣同始。"这真是一番掷地可作金石之声的语言。

谭嗣同留在北京寓中，等候前来捕捉他的清兵。在监狱中，他自知生命的限数已经屈指可数，遂在狱中墙上留下了一首绝命辞，其中，至今仍让人感到回肠荡气的两句是："我自横刀向天笑，去留肝胆两昆仑。"

光绪二十四年(1898),农历八月十三,谭嗣同与参与变法的其余五人一起遇难。在刑场上,围观者上万人,他神色从容自若,慷慨激昂的气势不减往常。看到监斩官是军机大臣刚毅,他大声招呼说:“我还有一句话要对你说。”倒是刚毅此刻已为谭的气势所慑,佯作没有听见。于是,谭嗣同从容地走向刽子手的屠刀,以自己的行为,在中国历史上写下了最为壮烈的一页。

4 调侃和哀叹的绝响

说到文人的死,最惨的莫过于因为被统治者认为触犯了大忌,遭到腰斩、砍头,乃至家产籍没,家人亦受到牵累,遭到鞭笞、流放。清初的著名文人金圣叹,得知自己无意之中触犯了所谓的大清法律,被判处斩首,而且妻子也将被遣送到东北地区的宁古塔为奴时,至死都在大惑不解地问自己:“砍头是人生最痛苦的事,籍没是人世最悲惨的事,而我金圣叹无意之中两件事情都得到了,这不是太离奇了吗?”其实,以金圣叹的才智,焉得不识自己成为牺牲品的个中道理,他只不过在哀叹自己的不幸命运,更确切地说,是在愤怒地控诉社会的黑暗无道罢了。

金圣叹是清朝初期江南一带负有盛名的才子,他的才学,不是那种在应付八股文考试的科举考场上夺得个状元、榜眼之类的本事,而是真正的才华横溢,学识超群。大约也正因为如此,所以,金圣叹的放诞不拘礼法,也是出了名的。他讲经的时候,内容遍涉经史百家,乃至佛道典籍、稗官野史。他又好评稗史词曲，见识亦远在时人之上。当时的读书人都爱看他批注过的书，以致一些坊间书商，都以翻刻他的书来发财，用今天的话来说，就是一股流行的“金圣叹热”。在刻书事业发达的江南地区，差不多到了家家都藏有金圣叹批点的才子书的程度，由此我们可以想见他在当时文人心目中的影响和地位。

祸端肇始于顺治十八年(1661)。当时正值顺治皇帝去世，遗诏送到江苏后，按照清代政府规定的礼制，属于苏州府的大小地方官员都须云集在府治苏州，设奠祭吊大行皇帝。吴县是苏州府下的一个县，该县的知县任惟初，此时上任不过一年多时间，治民之苛刻却远近闻名，此人且凶暴成性，平时遇到那些拖欠钱粮的农民，一律下令用浸在粪水里的毛竹片加以抽打，受刑之后的人，往往连身都站不直，百姓对他既恨又怕。吴县的秀才们久知百姓为其治民苛虐所苦，早就心怀不平，此次想利用江苏巡抚朱国治在此的机会，状告其人之过。他们满心以为，这样向上把问题一反映，便可获得青天大老爷雷厉风行地解决了。一百来个秀才们聚在文庙，正议论此事，又有一些人闻讯赶来，前后大约齐集了千把人，议论汹汹，群情激愤，都高呼起驱逐任惟初的口号来。

秀才毕竟是秀才，将问题看得太简单了一些，不曾料想到朱国治与任惟初原来关系甚密，同是狼狈为奸的狐朋狗友。恰恰又在同时，发生了郑成功占据台湾后，率领水军，沿着长江溯水而上，打算要攻打镇江的事件。朱国治等人有如惊弓之鸟，唯恐秀才们告状的事情酿成一场民变。这样一来，本来属于反映民情的事情，便被当作政治问题来对待了。朱国治当场下令，以惊了大行皇帝灵位的罪名抓了几个人。第二天，秀才们又聚集在文庙里痛哭诉冤，巡抚再次下令抓了十多人，一并带到江宁加以审讯。审讯的结果，有人供出了金圣叹是这次哭庙喊冤的主谋，前后共连及 18 个人，定下的罪名是扰乱官府接遗诏，属于大不敬的罪名，故而一律判处斩首，籍没家产。

金圣叹也毕竟是金圣叹。就在临刑的前夕，他的儿子到死囚狱来送别，只见他谈笑举止依旧不改往日的风貌。望着悲凄无语的儿子，他忽然开口说道："我有一个对子，不妨来考考你，看你如何对法。上句是，'莲子心中苦'，下句你来试试看。"莲、怜谐音，莲子二字，实则蕴含了金圣叹一片爱子之意，而心中之痛苦，自不言而喻了。儿子闻此，早已泣不成声，不想金圣叹又开口道："傻儿子，这种事值得你伤心吗？还是让我来教你如何对对子吧。下句我来替你对了，叫做'梨儿腹中酸'。"梨、离同样是谐音字，这无疑是指自己想到即将与儿子诀别，内心有不尽的酸楚了。如此凄凉惨痛的情景，如此悲恸之极的心情，恐怕也只有金圣叹式的才能和胸襟，方能在这惨绝人寰的时刻，既表露自己内中无尽的痛苦，同时，又不失诙谐和机智。对于他遭受的惨祸，即便经历了数百年的光阴之后，我们每每在读到这种才子式的语言时，依然能够对封建专制的罪恶，充满刻骨铭心的憎恶，并为金圣叹的悲惨命运欷歔不已。

金圣叹生前行为放诞，举止常常出人意料之外，不少轶事早为人熟知。据说他在临刑之前，还用这种在传统文人中并不多见的幽默感，与那些利用权力，对他施以淫威的人们开了一个不大不小的玩笑。金圣叹临刑之前，曾提出托狱卒带了一封信给家人，狱卒则先将这封信交给了狱吏。狱吏猜想，以金圣叹之才，又蒙受如此莫须有之罪，里面少不得会有为自己谤污叫屈，甚或是诽谤朝廷的言论，遂打开来进行认真仔细的检查。谁知里面竟是让人哭笑不得的几句话："字付大儿看：盐菜与黄豆同吃，大有胡桃滋味。此法得传，我无遗憾矣。"一辈子习惯以嬉笑怒骂的形式来表达自己思想的金圣叹,预先想象到了狱吏们将以何等认真的态度来翻检一个死囚的信件,便设计了这么一个含有调侃意味的金圣叹式玩笑,让那些草菅人命的封建国家机器的执行者们,在他离开了人世之后,再来品尝一下遭受戏弄的滋味。

5 卷入绞肉机的文人

以文章命世的文人,常常会身不由己地卷入到政治漩涡的中心去。这其中部分的原因,是儒家思想中鼓吹积极入世、拯济生民的观念,以及大多数文人思想上追求功名的欲望,在其中起了一种推动作用。此外,文人对统治者的人格,还或多或少地存在着一些不切实际的天真幻想。尽管早就有人明智地说过“伴君如伴虎”一类的话,可是,无论是哪个朝代,总有那么一些文人,或者主动,或者被动地被搅入这些漩涡之中,前仆后继地丢掉性命。现代政治术语中常常把利用国家机器作为杀人的手段譬为“绞肉机”,联想到一些古代文人的悲惨结局,借用这个名词来一个今为古用,较之“伴虎”的比喻,似更要传神得多了。

当然,各个王朝的情况有所不同,大致来说,越是在封建社会后期,高度集中的专制主义的程度就越高,不幸而罹难的文人,其下场便更惨。明清两代是中国封建专制主义发展到顶峰的时期,文人的命运就可想而知了。

明代初期的著名诗人高启,是当时诗坛上的“吴中四杰”之一,且被后人公认在四人之中,无论才气,还是声望,都远在其他三人之上。高启还只有16岁的时候，临川人饶介之慕其才名，请他在倪云林的《竹木图》上题诗，诗成后，饶大为惊异，劝他出来作官，高启笑而不答。18岁那年，高启前往探视病中的名士周仲健，周拿出一幅《芦雁图》命他题诗，高援笔立就，诗为“西风吹折荻花枝，好鸟飞来羽翮垂。沙阔水寒鱼不见，满身风露立多时”。周见了大为赏识，于是便将女儿许给了高启。

明太祖朱元璋建国后，招募天下英才，高启应召入朝，参加修纂《元史》的工作。史书修成后，被授翰林院编修，又受命教授诸王，即当这些朱家龙子龙孙的老师。但是，高启生性孤高耿介，对仕途进程并无兴趣。洪武二年，朱元璋召见高启，表示要提拔他作户部侍郎。不料高启竟然以自己年轻，缺少管理天下财赋的经验为由，婉言拒绝了皇帝的任命，搞得朱元璋好没面子。然而，朱元璋还是让他还乡了，并赐他白金一镒，作为他训诲皇室子弟的酬谢。后来，据说高启又有一首题名《宫女图》的诗传到了朱元璋的手里，里面有两句是“小犬隔花空吠影，夜深宫禁有谁来”，写的是宫禁里的风流事情，朱元璋见了更加恼火，觉得是在蓄意讽刺他。这些事情，都为高启日后的命运布下了阴影。

高启回家乡后，没过上太久的清净日子，就大祸临头了。事情其实是由新到苏州任知府的老朋友魏观引起的。魏观到苏州上任不久，觉得旧的衙门比较狭小，不敷使用，便在元代的府衙旧址上重新建了一座。按照旧时的习俗，建新房的时候，须请一位文章高手撰写一篇《上梁文》，图个吉利。魏观和高启在北京时来往就很密切，意气相投，当然上梁文请高启来写是最合适不过的了。然而，元代苏州知府的旧址，一度曾是元末农民大起义中自封吴王的张士诚王府所在，这实在是极容易让人抓到口实的忌讳事情，可惜他们二人都没有意识到这一点。结果，房子造好了，却让居心叵测的人一封密奏上报中央，来了一个"上纲上线"，便与图谋不轨、打算造反之类骇人听闻的罪名挂上了。于是，写《上梁文》的高启罪名当然就不可饶恕了。结果，魏观被判斩首，对高启的处理，则有点新账老账一起算的意思，更加严重，竟受到了腰斩的重惩。这一年，高启 39 岁，对一个文人来说，这正是经历、感受和人生的积累最丰富的时候。今天，当我们读到根据他的遗作编成的《高青丘集》，看到那些才华横溢的文章和诗歌，便不能不想到这位在文学事业上正当其年的才子，最终命运竟会落到如此悲惨的地步。

不过，与后来死于明成祖朱棣之手的方孝孺相比，遭腰斩的高启还真是可以算"从轻发落"的呢。

明建文四年，燕王朱棣以"清君侧"的名义，发动了一场所谓的"靖难之变"，夺取了他的侄子建文帝的帝位，登上了皇帝的宝座。在当时的人们看来，这种篡权夺位的举动是不正当的，因此在朝的文武官员大多采取逃避或不合作的态度，令朱棣大为恼怒。担任侍讲学士的方孝孺是明初著名的文学家宋濂的得意门生，据说当时公认他的文章为天下第一，每出一篇，人们都争相传诵，所以有"海内文宗"之美誉。朱棣夺取帝位之后，便命令方孝孺为他起草一篇即位诏书，以显示他做皇帝的正统性。

谁知应召而来的方孝孺竟然是披麻戴孝，而且号啕大哭，以此显示对建文帝的一片忠心。不管朱棣如何软硬兼施，他依旧大哭不止，声震殿堂。最后，朱棣命人将他带到书案前，说道："朕的即位诏书，非有劳先生这样的一代儒宗不可，请勿再推辞。"方孝孺拿起笔，在纸上愤然写下"燕贼篡位"四个字，便将笔甩在地上，继而边哭边骂："要杀就杀，让我起草诏书则休想。”朱棣见自己威逼利诱都没能起作用，勃然大怒，厉声喝道：“如此放肆狂妄，就算你不怕死，株连你家九族，难道你都不在乎吗?! ”方孝孺毫不示弱地顶嘴道：“株连九族？就是灭我十族又能怎样?! ”

可怜就是这么一句话，便演出了有史以来人世间最惨的一幕悲剧。朱棣命人先将方孝孺的嘴巴割开，一直裂到耳际，关进狱中。又下令将方家的九族亲戚，即父族、母族和妻族的上下数代亲属，再“史无前例”地连带上他的门生故旧，算是凑集了十族，全部处以死刑。而且每杀一人，都要先牵到方孝孺跟前过目，在精神上对他加以折磨。这场刑罚一共执行了八天，被杀者达 873 人。最后，对方孝孺本人处死的方式则是磔刑，即活活地将其身体扯裂成碎块。至于牵连到此案而被流放到东北荒漠之地的人究竟有多少，就很难说清了。

据说当年朱棣起兵之初，他的谋士姚广孝曾对他说：“您攻下南京城以后，方孝孺是决不会投降的。此人学术文章海内第一，无人可与他相匹。不管他做了什么，都请您千万不要把他杀了，杀了方孝孺，就绝了天下读书的种子了。”然而，恰恰就是在对方孝孺的处理上，明成祖的帝王淫威达到了极致。

耐人寻味的是，过了一百多年，到了明朝后期，同一个大明王朝的统治者，又发布了一道诏令，内容是表彰方孝孺的忠烈义行，当年流配到黑龙江地区的方氏家族后人，也被恩准回到了故乡。不消说，站在统治者的立场，像方孝孺这样愚忠的文人当然是越多越好，这就是为方孝孺恢复名誉的真正用意。然而，在我们今天看起来，以自己的身家性命及亲属故旧一共几百口人为代价，得到了这么一个忠臣义士气节的名声，为的仅仅是朱家皇室内部所谓的正统之争，传统文人的价值观念自身，难道就没有值得反省和深思的地方吗？

6 一死以平众纷扰

在很多文人的笔下，明朝末年的柳如是主要是以名妓的身分活跃在文人中间的。其实，无论是从她的行为举止，还是她后来在诗文方面的积累来看，她都是一个很有性格，不乏才学的女性。在历史上，与文人多有交往的名妓，除了自身的某些特点以外，多半都还具有一定的文学修养，熟悉诗书文章的典故，甚至本人就能吟诗填词，唐朝中期居住在成都的薛涛，就是一个才艺双绝的名妓。平心而论，以文学上的成就来说，薛涛，还有柳如是，都应该算作文人一类才是。

柳如是本是秦淮名妓，后来嫁给了著名的文人钱谦益。钱是明朝末年东南地区文坛的领袖人物，诗文俱极出色，与当时文坛上的许多人物都有来往，又富于藏书，所以，后来还编过一种《列朝诗集小传》，专门记述明朝诗人的简历和有关的轶事，很有价值。钱谦益纳柳如是为妾之后，两人感情一直很好。清人褚人获的笔记《坚瓠广集》里还记有钱、柳之间的一个小笑话，说两人结合之后不久，钱谦益有一次当着柳如是说道，自己爱她，是爱她的“乌个头发白个肉”，柳如是马上接口说道，我也爱你，是爱你的“白个头发乌个肉”。话语刚落，便逗得在座的客人们大笑而绝倒。除了两人间的感情外，这个笑话也反映了柳如是性格之活泼和对答的机敏。

钱谦益平生最喜欢的事情便是读书，到了晚年尤其如此。他藏书很多，后来，还专门盖了一座藏书楼，取名绛云楼，每天到楼上展卷阅读，是他最大的乐趣。柳如是嫁进来之后，也喜欢在绛云楼里翻书看，天长日久，书便翻得熟了。她天生悟性高，记忆力又好，钱谦益有时候要找一些资料，或者核查什么内容，请她帮忙，每查必得，往往还能精确地找到某书某页，百无一失。书看得多了，有时觉得钱谦益文章中记事微有不确的地方，也能随时加以指出。甚至来了客人，士大夫间谈古论今，柳如是也常常能提出颇有见解的观点来，令客人称奇。钱谦益高兴起来，常常开玩笑地称柳如是作“柳儒士”，还好在朋友面前说“此吾高弟，亦良记室也”，意思是说她是自己的得意门生，兼作一个称职的秘书。

然而，就在这位有着千种风情、万般柔肠的弱女子身上，也有着性格刚烈的一面。钱谦益在明朝曾担任过南京礼部尚书的职务，明朝灭亡之后，柳如是几次劝钱应该像历史上的一些忠臣节士那样，以一死来为明王朝殉节，可是，钱谦益没有听从她的劝告。无奈之下，柳如是打算用自己的死来激发钱谦益的义气，几次流露出这样的想法，并计划好就在自家门前的池水中自沉。这些念头被钱谦益觉察出来了，他一方面对柳如是苦苦相劝，一方面只得派家人密切守护着她的一举一动，直到随着岁月的流逝，柳如是放弃了自杀的念头为止。事后，钱谦益亦在文字中对柳誓死相殉的勇气和决心表示了极大的敬重之意。不幸的是，若干年之后，柳如是仍不得不以自己的双手来结束自己的生命。

钱谦益后来因病去世了。封建时代，一个大户人家的户主去世，倘若继承人尚未成年的话，常常会在遗产的继承方面出现一些风波。钱谦益身后留下了一些遗产，加上他生前的地位和名望，引起了宗族里许多人的猜测和疑问，以为数额必定巨大，且所继者不过是势薄力弱的孤儿寡母，都想乘机来捞他一把。一些所谓的宗长族亲，此时都露出了一副气势汹汹的样子，在钱谦益尸骨未寒的时候，日日上门来纠缠，逼迫柳如是尽早分割遗产。柳如是自知以自己的身分，根本不会被这些人放在眼睛里，而他们提出的要求，自己也无法满足，面对这种近乎凌辱的纠缠，她决心以一死来换取这场风波的平息。

于是，柳如是与这些钱家的族亲们约定了日子，共同商议分配遗产的事，暗中却作了极周密的布置。她安排了数名身强力壮的家人，预备了捆人用的大绳，先一日密藏在一间暗房中，约定外面一出现大的动静，便冲出房门捉拿为首的闹事者。又事先关照了两个家丁，待客人来齐后，暗暗将大门锁上，令其不得外出。一切布置停当，迎进了这批来意不善的宗长族亲们，她不露声色，请他们到客厅一一就座，又命令家人上酒菜款待，自己在场相陪。席间，当他们喧闹呼叫着要柳如是将田契房据以及金银细软通统拿出来分配的时候，柳如是泰然自若地答应上楼去取下来给大家过目，请大家且自酌自用。然而，登楼之后，却久久不见人下来。家人亦觉得有些蹊跷，派人上楼一瞧，却见柳如是已经穿戴整齐地悬梁自尽了。只见她临终前还用毛笔大书数字在墙上，大意为先把在楼底下饮酒的那伙人捆起来，再派人去官府报案。她的嗣子和家人见如此情状，不禁悲痛之极，号啕大哭起来。楼下正饮着酒的族人们一看出了人命，惊慌起来，纷纷站起身来打算往外走，却见大门早已被锁得紧紧的，一个人也无法走脱。当屋里屋外正乱作一团的时候，前一天藏在暗房里的家人听得外面的动静，便拿了绳子冲了出来，把几个带头闹得最凶的人全都捆起来了。不多一会，因为听报信的说钱谦益家中为分遗产闹出了人命，官府派出的人也赶到了，闹得最凶的几个人都被关进了监狱，无一得脱。

这件事自起始起，其发展的过程和可能出现的后果都在柳如是的意料之中，已见她见识之不凡。奇的是，她事先作了如此仔细周密的安排，环环紧扣，竟无一丝破绽。更奇的是，她的这一系列安排的成功，必以她的性命为代价，而她在明知自己生命即将终结前的数日，乃至只剩片刻的时间里，家中大小事务一应安排妥帖，且言谈举止依旧一如平时的镇定自若，其性格里的柔韧和刚强的成分，早已化合为一体了。这样的奇女子，说她是千载难遇的人物，也绝不过分。

7 著文谢世诉心声

因为有了文字撰作的缘故，文人才被称作文人，人生百年，难免一死，于是，关于文人在告别这个世界之前，与文字相关的种种故事，也和他们的作品一起，流传到了后世。

清代的钱泳，工书法，兼长诗画，撰有《说文识小录》等著作多种。在他的笔记《履园丛话》里，记载了关于邹春帆一个被称作“诗谶”的故事。邹春帆是钱泳的朋友，两人从小过从甚密，一直到中年仍保持着友谊。邹春帆擅长写八股文，可是，在科场上考运不济，屡考屡败，就连在地方上的几次小考，也一次都没有成功，这自然是非常叫人失望的事情了。一次，钱泳偶尔到邹春帆处作客，瞥见桌子上有一首题名《咏荷花》的诗，诗中写道：“花落客心惊，小园鸟乱鸣。春光原是梦，流水本同行。”

钱泳读了这首诗，忽然有一种不祥的预感。他对邹春帆说：“你正值盛年，为什么要写这样的东西呢？这种凄惨哀婉的诗可不该是你写的啊。”邹春帆听了，笑而未置可否。不久，就在这一年的十月，忽然传来了邹春帆病逝的噩耗，钱泳闻之，联想起那首咏荷花的诗，觉得那首诗简直就是预言他将不久人世的诗谶，嗟叹不已。

如果说邹春帆的诗与他的去世，只是时间上的一种偶然巧合，所谓“诗谶”之说，不过是无稽之谈的话，那么，确实有人似乎预知自己的死期，就像要急着去赶火车一般，先将所欠下的文债还了，然后再上路的。

清人钮琇的《觚賸续编》就记载了这么一个故事。明清之际，有一位名叫吴宗潜的文人，他原是明末诸生，入清后便不再追求功名，改救世为救命，行起医来。他的学问好，医道也高明，所以，在当地颇有声望。说到他的诗作，句法上很有奇特之处，比如一首题名《中秋家宴》的诗中写道：“大烹豆腐瓜茄菜，高会荆妻儿女孙”，不今不古，只能说一个怪字。康熙二十五年，他已经高寿八十多岁了，一病不起，自知将不久于人世，苟延残喘之际，忽然一下子坐起身来，对家人说道：“不行，还有诗债未了。”急忙把孙子喊来，口授《挽沈介轩长歌》一首，一共十数韵，并让他工工整整地抄录下来。做完这件事情，他才放心地躺下，然后闭上了眼睛，一会儿工夫，就溘然与世长辞了。

不管是了却诗债也好，临死之前借文字来表达一下内心的感想也罢，因为是即将踏上黄泉之路的前夕留下的文字，俗话说，“鸟之将死，其鸣也哀；人之将亡，其言也善。”此时流露出来的心声，常常能反映出他们对人生的真实的看法来。

明代的著名文学家、戏曲家汤显祖，一生撰写了《牡丹亭》等流传极广、影响极大的剧本多种，他病逝于明万历四十四年(1616),恰与英国的戏剧大师莎士比亚相同,两人的成就和地位也甚相似,真是一种难得的巧合。在《汤显祖诗文集》里,收入了他在去世之前做的题名《诀世语》的五言诗七首,分别题作《祈免哭》、《免僧度》、《免牲》、《免冥钱》、《免奠章》、《免崖木》、《免久露》。我们从这一组诗的题目即不难看出,汤显祖对世俗的一套追悼祭奠仪式是很反感的。其实,说起来道理也很简单,因为汤显祖本人不但在文学上修养功夫极深,而且对人生、对社会都有极深刻的理解,这就是他的剧本何以叫那么多的人流下了眼泪的缘故。他重情感,反道学,甚至对一般人不理解的带有叛逆色彩的思想家李贽也表示了极大的钦佩,可见他的识见不凡。就拿他在《免奠章》这首诗的序言来看吧,他认为"人生而伪,闻誉则悦。既返而真,闻谀则赧。往见奠章,吟扬烂漫。长跪高诵,两为失体"。简直就把世人普遍的心理弱点,以及人世间的事情都看得通体透剔了。所以,在他看起来,这种"长跪高诵,两为失体"的繁文缛节,其实都是多余的东西。读了汤显祖的这番话,不禁让人想起了一位哲人说过的话,即"真正杰出的文学家,同时也就是一个思想家"。

当然也不是说,文人在辞世之际,都能有这么一番真知灼见的表白。但是,一些文人在临死的时候显露出来的一种精神,确实让人肃然起敬。比如五代时期的江为,就是如此。江为善于写诗,文笔也不错,可惜生不逢时,他的才能也没有机会发挥出来。乾祐年间,在福建割据一方的王氏闽国发生了内乱。江为有一位朋友在福州作官,见形势如此混乱,怕遭遇不测,打算弃官不做,投靠到江南的后唐李氏政权去。为此,他特意请江为替他起草了一份文辞甚美的《投江南表》,携在怀里悄悄上路了。谁知不巧得很,还未越过福建的边境,就让人抓了起来，身上那份《投江南表》当然也被搜出来了。江为受此牵累，被一起关进了大狱。既然被视作犯了叛国投敌之罪，下场当然不免是最严厉的斩首了。临刑之前，江为言谈举止都和往常一样，毫无惧色，只是对人说道："昔日嵇康临刑之前，顾视日影，还能弹奏一曲《广陵散》再上路。弹琴我此刻是做不到了，作首诗还是可以的吧。"他要来了笔墨，信手写下了一首五言绝句："衙鼓侵人急，西倾日欲斜。黄泉无旅店，今夜宿谁家？"据说当时见了这首诗的人，没有不落泪的。我们平时说的视死如归，大概就是这样的吧？

说到临死而赋诗，清代的大学者洪亮吉还有个笑话呢。洪亮吉号北江，他的文集就叫《北江文集》。他的学问非常渊博，尤其精于经学、史学、舆地学，诗文亦有奇气。在当时，他作诗与黄景仁齐名，人称"洪黄"；研究经史又与当时的大学者孙星衍论学相长，人称"孙洪"，故而被人视作学界巨子。嘉庆年间，洪亮吉因上书论伊犁开边不当，触忤了皇帝的意旨，被关了起来，而且被判处立斩，即不必等到秋后，随时可能执行。亲友们听到这个消息，悲痛万分，纷纷赶到狱中来与他诀别，囚室里不免一阵阵悲切的哭泣声。洪亮吉看到大家的悲痛样子，反倒开始劝起他们来了。他喃喃地说道，既然要告别这个世界了，口占一首绝句，留给大家作个纪念吧。没想到他脱口吟诵到其中"丈夫自信头颇好，须为朝廷吃一刀"两句时，不伦不类的打油诗风格，与他平时的诗风完全两回事，甚至让人觉得有些好笑，本来流着眼泪的亲友们，都被他弄得破涕为笑了。所幸的是，没过多久，大概是皇帝的怒气平息下去了，洪亮吉的一番忠心得以理解，被赦免出狱，皆大欢喜。不过，在朋友中间，他这句"须为朝廷吃一刀"的笑话倒是传开来了。

8 香消玉殒女诗人

在我国悠久的历史上，与男性诗人比起来，女诗人的数量要少得多，这当然是社会的一种长期偏见造成的后果。但是，即便是这些数量极不相称的作品，也依然显露了她们文学创作的才华，她们往往能以女性独特的视角，以及独有的细腻感受，揭示出社会和人生的某些真谛。因此，在文人群体中间，女性的影响往往要比她们实际的人数大得多。说到女诗人的成就和影响，无疑当属在群星灿烂般的唐代最为突出，相对而言，礼教方面对她们的约束也比较少些。我们此刻的目光投向唐代的两位著名的女诗人上官婉儿和鱼玄机的最终命运，除了她们的归宿是那么令人嗟叹不已，还使人产生一种终究无法摆脱的沉重感觉。

上官婉儿是初唐诗人上官仪的孙女，上官仪曾经因唐高宗不满武则天的跋扈，建议除去她的封号，不料高宗自己动摇之后，却将上官仪当作一个替他受过的牺牲品。上官仪冤死的时候，上官婉儿还未出世。人们传说当她母亲生她时，梦见有人给予一杆大秤，嘱咐说生下的女孩子将来要衡量天下的文章。这显然是从后来的事情向前倒推的一种附会之说，不过，上官婉儿确实继承了家学，写诗作文在当时完全可以说是“巾帼不让须眉”，所以，武则天的时候，她凭藉自己在文学创作上的才能，得到宠信，成为宫中的昭容。这个官位的级别，据说相当于正二品，可见她在当时的风头是多么足了。

上官婉儿不仅自己诗作得好，还帮武则天发现和提拔了许多文人学士，客观地说，这对当时社会提倡文化的风气，也是有积极意义的。所以，有人认为，武则天执政的时候，不管在其他方面如何如何，但是，诗人辈出，总归是一个积极的成就，而这便与上官婉儿的功劳分不开。最出名的一件文苑雅事，便是她受中宗之命品评群臣在昆明池赋诗的故事。据说百余篇诗稿经她之手，从楼阁上一篇一篇地飘下来，最后，只剩沈佺期和宋之问的两篇久决未下。又过了片刻，沈佺期的诗稿飘下来了，也就是说，留在上面的宋之问的诗得了第一。只见上官婉儿在上面批点道："二诗的功力可说是旗鼓相当，但是，沈诗的末句，与宋诗的'不愁明月尽，自有夜珠来'相比，词气似已不足了。"大家见了评语，心悦诚服。由此可见上官的才学了。

不幸的是，以上官婉儿那么超人的才华，在宫廷多年，又得到了那么高的地位，却是落得身首异处的悲惨结局。武则天临去世之前，宰相张柬之等以羽林军杀张昌宗等，迎还太子李显即位，又恢复了国号唐，武氏所改的名称，全部都被改了回来，这可以说是顺应朝野人心的事情。偏偏上官婉儿在好几年之前，已经深深地卷入了上层政治游戏的漩涡之中。她以自己的文才，成为皇帝身边秉笔起草制命诏书的重要人物，甚至连宰相的人选都得经过她的同意，这已经风险够大的了。武则天死后，上官婉儿竟然还与中宗的女儿安乐公主以及武三思等结盟，试图继续保持武家的势力。她的一位表亲已经向上官的母亲提醒过，说再帮武氏在政治上谋取势力，逆天下人心，恐会遭到灭族的下场，上官不以为然。矛盾终于进一步激化，景龙四年，韦后和安乐公主效法武则天所为，毒死了中宗，韦后临朝摄政。其后，临淄王李隆基等愤然起兵杀死了韦后和安乐公主。大军开到皇宫门口，上官急急起草了相王摄政的制命，执烛率宫人去迎接李隆基的人马，可是为时已晚，李隆基下令立即将她斩于旗下。但是，李隆基还是很有雅量的，他做了皇帝以后，特别下令臣下编辑了一本二十卷的《上官昭容集》，可惜此书后来亡佚了，今天，我们只能在《全唐诗》里找到仅存的二十几首她的作品。

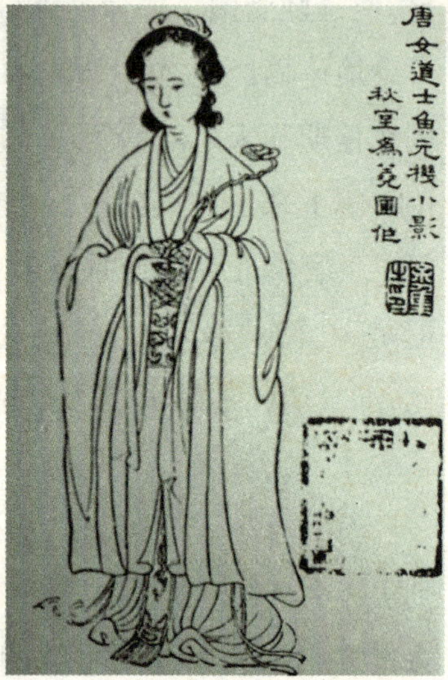

◎鱼玄机

鱼玄机也是唐代最出色的几个女诗人之一。她虽然是一个女道士，却好读书，且才思敏捷，又与当时的许多名士有着密切的往来，互相为诗赠答。她曾经写过一首很大胆的诗，诗名叫《赠邻女》，诗中以劝说邻女的口气，说“易求无价宝，难得有心郎”，借以批评无情无义的男子，又鼓励她大胆地追求自己的爱情，不要怯懦，去争取主动，所以，诗的最后说，“自能窥宋玉，何必恨王昌”。在封建社会里，这样大胆袒露自己风流浪漫情感的作品，的确是不多见的，况且，这还是出自一位女诗人之手。

唐代的佛道二教极为兴盛，因为得到了统治者的支持，和尚道士的生活都过得比一般的农民舒适，而妇女入道，更有一层借以摆脱礼教束缚的意义，因为这样一来，在社会交往中便可以享有更大的自由了。入道还不必像做尼姑那样剪去头发，更易被妇女们接受。所以，相当一部分女道士的生活，其实已经走到了另一个极端，即变得放荡不羁，鱼玄机就是一个例子。这种生活方式在她心理上引起的变化，最终导致了她的死亡。

据皇甫枚《三水小牍》上记载，鱼玄机在入咸宜观当道姑以后，在生活上十分放纵，几乎成了一个妓女式的人物。有一天，一个客人前来访她，适逢她外出不在家，女僮绿翘告以客人之后，客人即离去了。鱼玄机回来以后，得知此事，却怀疑绿翘与客人有私情，反复盘问，却又不相信绿翘的解释，最后，竟将她活活打死了。事情发生之后，鱼玄机才感到不妙，将绿翘的尸体偷偷地埋葬在后院。没过多久，一个客人来鱼玄机处吃饭，偶然到后院小便时，看到院里地面上有一片新土，且上面叮满了苍蝇，驱赶了又飞回来，仔细闻闻，空气中似乎还有一股血腥味。这个客人觉得有点奇怪，便随口讲给自己的仆人听了。仆人后来又将此事告诉了自己的哥哥，后者恰巧是个府衙里的役卒，苦于没有立功发财的机会，一听此事，觉得机会来了。他先到鱼玄机的住处附近暗暗查访，得知邻居们都在为绿翘好久不曾露面而议论纷纷，更增加了疑心。役卒于是约了几个朋友，带上工具，突如其来地冲进了鱼玄机住所的后院，掘开地上的新土，果然发现了绿翘的尸体。案情真相大白之后，鱼玄机被京兆尹判处死刑，遭到处决。

从上面说的两位女诗人的死来看，本身也许并没有什么值得同情的地方。上官有幸进入了社会上层的顶峰，然而却不幸卷入了政治斗争的漩涡，这本身如同是在玩火，很少不被烫着的。而地位环境的改变，显然也刺激了她权力欲望的发展，更增加了她所处地位的危险性，最终，她成了通常是男性进行角逐较量的舞台上的一个牺牲品。鱼玄机则是在一种社会风气的推助之下，内中“恶的欲望”发展成为一种凶残的行为，也可以说是咎由自取。不过，假如社会没有将她们置于这样的条件之下，又能充分让她们展露文学才华，那该多好啊。由于文人中女性的数量是那么少，联想到她们的最终命运，不禁更加让人嗟叹再三。

图书在版编目(CIP)数据

古代文苑/戴扬本著.—2版.—上海:东方出版中心,2008.4

(中国古代社会百态)

ISBN 978-7-80627-317-3

Ⅰ.古… Ⅱ.戴… Ⅲ.知识分子—中国—古代 Ⅳ.D691.71

中国版本图书馆CIP数据核字(2008)第022735号

古代文苑

出版发行:东方出版中心
地　　址:上海市仙霞路345号
电　　话:62417400
邮政编码:200336
经　　销:全国新华书店
印　　刷:上海锦佳装璜印刷发展公司
开　　本:889×1194毫米　1/32
字　　数:173千
印　　张:8
插　　页:2
印　　数:0,001—3,100
版　　次:2008年4月第2版第1次印刷
ISBN　978-7-80627-317-3
定　　价:20.00元
